Ma vie et mon travail

Samuel Crowther, Henry Ford

Writat

Cette édition parue en 2024

ISBN : 9789359944098

Publié par
Writat
email : info@writat.com

Contenu

INTRODUCTION

QUELLE EST L'IDÉE ?

Nous n'avons fait que commencer le développement de notre pays ; nous n'avons pas encore fait, malgré tous nos discours sur de merveilleux progrès, qu'effleurer la surface. Les progrès ont été assez remarquables, mais lorsque nous comparons ce que nous avons fait avec ce qu'il reste à faire, nos réalisations passées ne sont rien. Si l'on considère que l'on utilise plus d'énergie simplement pour labourer le sol que dans tous les établissements industriels du pays réunis, on peut se faire une idée des opportunités qui s'offrent à nous. Et maintenant, alors que de nombreux pays du monde sont en effervescence et avec tant de troubles partout , c'est le moment idéal pour suggérer certaines choses qui peuvent être faites à la lumière de ce qui a été fait.

Quand on parle d'augmentation de la puissance, des machines et de l'industrie, on imagine une sorte de monde froid et métallique dans lequel les grandes usines chasseront les arbres, les fleurs, les oiseaux et les champs verts. Et alors nous aurons un monde composé de machines métalliques et de machines humaines. Avec tout cela, je ne suis pas d'accord. Je pense qu'à moins d'en savoir plus sur les machines et leur utilisation, à moins de mieux comprendre la partie mécanique de la vie, nous ne pouvons pas avoir le temps de profiter des arbres, des oiseaux, des fleurs et des champs verts.

Je pense que nous avons déjà trop fait pour bannir les choses agréables de la vie en pensant qu'il existe une certaine opposition entre vivre et fournir les moyens de vivre. Nous perdons tellement de temps et d'énergie qu'il ne nous reste plus grand-chose pour nous amuser.

Le pouvoir et les machines, l'argent et les biens ne sont utiles que dans la mesure où ils nous rendent libres de vivre. Ils ne sont que des moyens pour parvenir à une fin. Par exemple, je ne considère pas les machines qui portent mon nom comme de simples machines. Si c'était tout ce qu'il y avait à faire, je ferais autre chose. Je les considère comme une preuve concrète de l'élaboration d'une théorie des affaires, qui, je l'espère, est quelque chose de plus qu'une théorie des affaires – une théorie qui vise à rendre ce monde meilleur où vivre. Le fait que le succès commercial de la Ford Motor Company ait été des plus inhabituels n'est important que parce qu'il sert à démontrer, d'une manière que personne ne peut manquer de comprendre, que la théorie actuelle est juste. Considéré uniquement sous cet angle, je peux critiquer le système industriel en vigueur et l'organisation de l'argent et de la société du point de vue de celui qui n'a pas été battu par eux. Les choses étant désormais organisées, je pourrais, si je pensais seulement de manière égoïste, ne demander aucun changement. Si je veux simplement de l'argent, le système actuel me convient ; cela me rapporte beaucoup d'argent. Mais je pense au service. Le système actuel ne permet pas le meilleur service parce qu'il encourage toutes sortes de gaspillages – il empêche de nombreux hommes de tirer le meilleur parti de leur service. Et cela ne mène nulle part. Tout est une question de meilleure planification et d'ajustement.

Je n'ai rien contre l'attitude générale consistant à se moquer des idées nouvelles. Il est préférable d'être sceptique à l'égard de toutes les idées nouvelles et d'insister pour qu'on les montre plutôt que de se précipiter dans un brainstorming continu après chaque nouvelle idée. Le scepticisme, si l'on entend par là la prudence, est le balancier de la civilisation. La plupart des troubles aigus actuels du monde proviennent du fait que l'on adopte de nouvelles idées sans avoir d'abord étudié attentivement si elles sont de bonnes idées. Une idée n'est pas nécessairement bonne parce qu'elle est ancienne, ni nécessairement mauvaise parce qu'elle est nouvelle, mais si une idée ancienne fonctionne, alors toutes les preuves sont en sa faveur. Les idées sont en elles-mêmes extrêmement précieuses, mais une idée n'est qu'une idée. Presque tout le monde peut avoir une idée. Ce qui compte, c'est d'en faire un produit pratique.

Ce qui m'intéresse maintenant, c'est de démontrer pleinement que les idées que nous avons mises en pratique sont susceptibles d'applications les plus vastes, qu'elles n'ont rien à voir spécifiquement avec les automobiles ou les tracteurs, mais forment quelque chose qui ressemble à un code universel. Je suis tout à fait certain que c'est le code naturel et je veux le démontrer si complètement qu'il sera accepté, non pas comme une idée nouvelle, mais comme un code naturel.

La chose naturelle à faire est de travailler, de reconnaître que la prospérité et le bonheur ne peuvent être obtenus que grâce à un effort honnête. Les maux humains découlent en grande partie du fait qu'ils tentent d'échapper à ce cours naturel. Je n'ai aucune suggestion qui va au-delà de l'acceptation dans sa totalité de ce principe de la nature. Je considère comme acquis que nous devons travailler. Tout ce que nous avons fait est le résultat d'une certaine insistance sur le fait que puisqu'il faut travailler, il vaut mieux travailler intelligemment et avec anticipation ; que mieux nous faisons notre travail, mieux nous nous porterons. Tout cela, à mon avis, n'est que du bon sens élémentaire.

Je ne suis pas un réformateur. Je pense qu'il y a trop de tentatives de réforme dans le monde et que nous accordons trop d'attention aux réformateurs. Nous avons deux types de réformateurs. Les deux sont des nuisances. Celui qui se dit réformateur veut tout casser. C'est le genre d'homme qui déchirerait une chemise entière parce que le bouton du col ne correspondait pas à la boutonnière. Il ne lui viendrait jamais à l'idée d'agrandir la boutonnière. Ce genre de réformateur ne sait en aucun cas ce qu'il fait. L'expérience et la réforme ne vont pas de pair. Un réformateur ne peut pas maintenir son zèle à feu vif en présence d'un fait. Il doit écarter tous les faits.

Depuis 1914, un grand nombre de personnes ont reçu des tenues intellectuelles toutes neuves. Beaucoup commencent à réfléchir pour la première fois. Ils ouvrirent les yeux et réalisèrent qu'ils étaient dans le monde. Puis, avec un frisson d'indépendance, ils ont réalisé qu'ils pouvaient porter un regard critique sur le monde. Ils l'ont fait et l'ont trouvé défectueux. L'ivresse d'assumer la position magistrale de critique du système social - que tout homme a le droit d'assumer - est d'abord déséquilibrante. Le très jeune critique est très déséquilibré. Il est fortement favorable à l'élimination de l'ordre ancien et à l'instauration d'un nouveau. Ils ont en fait réussi à créer un nouveau monde en Russie. C'est là que le travail des créateurs du monde peut être le mieux étudié. La Russie nous apprend que c'est la minorité et non la majorité qui décide des actions destructrices. Nous apprenons également que, même si les hommes peuvent décréter des lois sociales en conflit avec les lois naturelles, la nature oppose son veto à ces lois de manière plus impitoyable que ne le faisaient les tsars. La nature a opposé son veto à toute la République soviétique. Car il cherchait à nier la nature. Il niait avant tout le droit aux fruits du travail . Certains disent : « La Russie devra se mettre au travail », mais cela ne décrit pas la situation. Le fait est que la pauvre Russie est à l'œuvre, mais son travail ne compte pour rien. Ce n'est pas un travail gratuit. Aux États-Unis, un ouvrier travaille huit heures par jour ; en Russie, il travaille de douze à quatorze ans. Aux États-Unis, si un ouvrier désire être licencié un jour ou une semaine et qu'il en a les moyens, rien ne l'en empêche. En Russie, sous le soviétisme , l'ouvrier va au travail qu'il le veuille ou non. La liberté du citoyen a disparu dans la discipline d'une monotonie carcérale où tous sont traités de la même manière. C'est ça l'esclavage. La liberté est le droit de travailler pendant une durée décente et de gagner décemment sa vie pour ce faire ; pouvoir régler les petits détails personnels de sa propre vie. C'est l'ensemble de ces éléments de liberté et de bien d'autres qui constitue la grande liberté idéaliste. Les formes mineures de Liberté lubrifient notre vie quotidienne à tous.

La Russie ne pourrait pas vivre sans intelligence et sans expérience. Dès qu'elle commença à diriger ses usines par des comités, celles-ci tombèrent en ruine ; il y a eu plus de débats que de production. Dès qu'ils ont expulsé l'homme habile, des milliers de tonnes de matériaux précieux ont été gâchées. Les fanatiques ont poussé le peuple à mourir de faim. Les Soviétiques offrent maintenant aux ingénieurs, aux administrateurs, aux contremaîtres et aux surintendants qu'ils avaient d'abord chassés, de grosses sommes d'argent, s'ils voulaient revenir. Le bolchevisme réclame désormais les cerveaux et l'expérience qu'il a traités hier avec tant de cruauté. Tout ce que la « réforme » a fait à la Russie, c'est de bloquer la production.

Il y a dans ce pays un élément sinistre qui veut se glisser entre les hommes qui travaillent de leurs mains et les hommes qui pensent et planifient pour les hommes qui travaillent de leurs mains. La même influence qui a chassé les cerveaux, l'expérience et les capacités de Russie s'emploie activement à accroître les préjugés ici. Nous ne devons pas permettre que l'étranger, le destructeur, le haineux de l'humanité heureuse divise notre peuple. C'est dans l'unité que réside la force et la liberté de l'Amérique. D'un autre côté, nous avons un autre type de réformateur qui ne se prétend jamais tel. Il ressemble singulièrement au réformateur radical. Le radical n'a aucune expérience et n'en veut pas. L'autre classe de réformateurs a beaucoup d'expérience, mais cela ne lui sert à rien. Je parle du réactionnaire, qui sera surpris de se trouver placé exactement dans la même classe que le bolcheviste. Il veut revenir à une condition antérieure, non pas parce que c'était la meilleure condition, mais parce qu'il pense connaître cette condition.

Une foule unique veut détruire le monde entier pour en faire un meilleur. L'autre considère le monde comme si bon qu'il pourrait bien rester tel qu'il est – et se dégrader. La deuxième notion surgit, tout comme la première, du fait de ne pas utiliser les yeux pour voir. Il est parfaitement possible de détruire ce monde, mais il n'est pas possible d'en construire un nouveau. Il est possible d'empêcher le monde d'avancer, mais il n'est alors pas possible de l'empêcher de reculer, de se dégrader. Il est insensé de s'attendre à ce que, si tout était bouleversé, tout le monde obtienne trois repas par jour. Ou bien, si tout est pétrifié, on pourra alors payer des intérêts de six pour cent. Le problème est que les réformateurs comme les réactionnaires s'éloignent des réalités, des fonctions premières.

L'un des conseils de prudence est d'être bien certain de ne pas confondre un tournant réactionnaire avec un retour au bon sens. Nous avons traversé une période de feux d'artifice de toutes sortes et de création d'un grand nombre de cartes idéalistes du progrès. Nous ne sommes arrivés nulle part. C'était une convention, pas une marche. De belles choses ont été dites, mais quand nous sommes rentrés à la maison, nous avons découvert que le four était éteint. Les réactionnaires ont souvent profité du recul d'une telle période, et ils ont promis « le bon vieux temps » – ce qui signifie généralement les mauvais vieux abus – et parce qu'ils sont parfaitement dépourvus de vision, ils sont parfois considérés comme des « hommes pratiques ». Leur retour au pouvoir est souvent salué comme le retour du bon sens.

Les fonctions principales sont l'agriculture, la fabrication et le transport. La vie communautaire est impossible sans eux. Ils maintiennent le monde ensemble. Élever des choses, fabriquer des choses et gagner des choses sont aussi primitifs que les besoins humains et pourtant aussi modernes que tout peut l'être. Ils font partie de l'essence de la vie physique. Quand ils cessent, la vie communautaire cesse. Les choses se déforment dans le monde actuel, sous le système actuel, mais nous pouvons espérer une amélioration si les fondations tiennent bon. La grande illusion est de croire que l'on peut changer les fondements, usurper la part du destin dans le processus social. Les fondements de la société sont les hommes et les moyens pour *cultiver*, *fabriquer* et *transporter* des choses. Tant que l'agriculture, l'industrie manufacturière et les transports survivent, le monde peut survivre à tout changement économique ou social. En servant notre emploi, nous servons le monde.

Il y a beaucoup de travail à faire. Les affaires ne sont que du travail. Spéculer sur des choses déjà produites, ce n'est pas du business. C'est juste une corruption plus ou moins respectable. Mais on ne peut pas légiférer pour qu'il n'existe plus. Les lois ne peuvent pas faire grand-chose. La loi ne fait jamais rien de constructif. Elle ne peut jamais être plus qu'un simple policier, et c'est donc une perte de temps que de se tourner vers les capitales de nos États ou vers Washington pour faire ce pour quoi la loi n'a pas été conçue. Tant que nous nous tournerons vers une législation visant à guérir la pauvreté ou à abolir les privilèges spéciaux, nous verrons la pauvreté se propager et les privilèges spéciaux croître. Nous en avons assez de nous tourner vers Washington et nous en avons assez des législateurs – mais pas autant dans ce pays que dans d'autres pays – qui promettent des lois pour faire ce que les lois ne peuvent pas faire.

Lorsqu'un pays tout entier – comme le nôtre – pense que Washington est une sorte de paradis et que derrière ses nuages se cachent l'omniscience et l'omnipotence, vous éduquez ce pays dans un état d'esprit dépendant qui augure mal de l'avenir. Notre aide ne vient pas de Washington, mais de nous-mêmes ; notre aide peut cependant être acheminée vers Washington comme une sorte de point central de distribution où tous nos efforts sont coordonnés pour le bien général. Nous pouvons aider le gouvernement ; le gouvernement ne peut pas nous aider. Le slogan « moins de gouvernement dans les affaires et plus de business dans le gouvernement » est très bon, non pas principalement pour le compte des entreprises ou du gouvernement, mais pour le compte du peuple. Les affaires ne sont pas la raison pour laquelle les États-Unis ont été fondés. La Déclaration d'Indépendance n'est pas une charte commerciale, pas plus que la Constitution des États-Unis n'est un programme commercial. Les États-Unis – leur terre, leur peuple, leur gouvernement et leurs entreprises – ne sont que des méthodes grâce auxquelles la vie du peuple vaut la peine . Le gouvernement est un serviteur et ne devrait jamais être autre chose qu'un serviteur. Dès l'instant où le peuple devient auxiliaire du gouvernement, alors la loi du châtiment commence à s'appliquer, car une telle relation est contre nature, immorale et inhumaine. Nous ne pouvons pas vivre sans entreprises et nous ne pouvons pas vivre sans gouvernement. Les entreprises et le gouvernement sont nécessaires en tant que serviteurs, comme l'eau et les céréales ; en maîtres, ils renversent l'ordre naturel.

Le bien-être du pays dépend entièrement de nous en tant qu'individus. C'est là que cela devrait être et c'est là que c'est le plus sûr. Les gouvernements peuvent promettre quelque chose gratuitement, mais ils ne peuvent pas tenir leurs promesses. Ils peuvent jongler avec les monnaies comme ils l'ont fait en Europe (et comme le font les banquiers du monde entier, à condition qu'ils puissent tirer profit de la jonglerie) avec un crépitement d'absurdités solennelles. Mais c'est le travail, et le travail seul, qui peut continuer à produire les résultats escomptés – et c'est ce que tout homme sait, au plus profond de son cœur.

Il y a peu de chances qu'un peuple intelligent comme le nôtre ruine les processus fondamentaux de la vie économique. La plupart des hommes savent qu'ils ne peuvent pas obtenir quelque chose gratuitement. La plupart des hommes pensent – même s'ils ne le savent pas – que l'argent n'est pas une richesse. Les théories ordinaires, qui promettent tout à tout le monde et n'exigent rien de personne, sont promptement niées par les instincts de l'homme ordinaire, même lorsqu'il ne trouve aucune raison de s'y opposer. Il *sait* qu'ils ont tort. C'est assez. L'ordre actuel, toujours maladroit, souvent stupide et imparfait à bien des égards, a cet avantage sur tout autre : il fonctionne.

Sans aucun doute, notre ordre se fondra peu à peu dans un autre, et le nouveau fonctionnera également, mais pas tant en raison de ce qu'il est qu'en raison de ce que les hommes y apporteront. La raison pour laquelle le bolchevisme n'a pas fonctionné et ne peut pas fonctionner n'est pas économique. Peu importe que l'industrie soit gérée par le secteur privé ou contrôlée socialement ; peu importe que vous appeliez la part des travailleurs « salaires » ou « dividendes » ; peu importe que vous enrégimentiez les gens en matière de nourriture, de vêtements et d'abri, ou que vous leur permettiez de manger, de s'habiller et de vivre comme ils l'entendent. Ce ne sont que des questions de détail. L'incapacité des dirigeants bolchevistes est démontrée par le tapage qu'ils ont fait sur de tels détails. Le bolchevisme a échoué parce qu'il était à la fois contre nature et immoral. Notre système tient. Est-ce faux? Bien sûr, c'est faux, sur mille points ! Est-ce maladroit ? Bien sûr, c'est maladroit. En toute logique, il devrait s'effondrer. Mais ce n'est pas le cas – parce qu'il est instinctif avec certains fondamentaux économiques et moraux.

Le fondamental économique est le travail . Le travail est l'élément humain qui rend les saisons fécondes de la terre utiles aux hommes. C'est le travail des hommes qui fait de la récolte ce qu'elle est. C'est là le fondamental économique : chacun d'entre nous travaille avec une matière que nous n'avons pas et n'avons pas pu créer, mais qui nous a été présentée par la Nature.

Le principe moral fondamental est le droit de l'homme dans son travail . Ceci est diversement exprimé. On l'appelle parfois « le droit de propriété ». Il est parfois masqué par le commandement : « Tu ne voleras pas ». C'est le droit de l'autre sur ses biens qui fait du vol un crime. Quand un homme a gagné son pain, il a droit à ce pain. Si un autre le vole, il fait plus que voler du pain ; il envahit un droit humain sacré. Si nous ne pouvons pas produire, nous ne pouvons pas avoir – mais certains disent que si nous produisons, ce n'est que pour les capitalistes. Les capitalistes qui le deviennent parce qu'ils fournissent de meilleurs moyens de production constituent le fondement de la société. Ils n'ont vraiment rien à eux. Ils gèrent simplement la propriété au profit des autres. Les capitalistes qui le deviennent grâce au commerce de l'argent constituent un mal temporairement nécessaire. Ils ne sont peut-être pas mauvais du tout si leur argent va à la production. Si leur argent sert à compliquer la distribution – à élever des barrières entre le producteur et le consommateur – alors ce sont de mauvais capitalistes et ils disparaîtront lorsque l'argent sera mieux adapté au travail ; et l'argent sera mieux adapté au travail lorsqu'on comprendra pleinement que c'est grâce au travail et au travail seul que la santé, la richesse et le bonheur peuvent inévitablement être assurés.

Il n'y a aucune raison pour qu'un homme disposé à travailler ne soit pas capable de travailler et de recevoir la pleine valeur de son travail. Il n'y a également aucune raison pour qu'un homme qui peut mais ne veut pas travailler ne reçoive pas la pleine valeur de ses services à la communauté. Il lui sera certainement permis de retirer à la communauté l'équivalent de ce qu'il y apporte. S'il n'apporte rien, il ne doit rien retirer. Il devrait avoir la liberté de mourir de faim. Nous n'allons nulle part lorsque nous insistons sur le fait que chaque homme devrait avoir plus que ce qu'il mérite – simplement parce que certains obtiennent plus que ce qu'ils méritent.

Il ne peut y avoir de plus grande absurdité ni de plus grand préjudice rendu à l'humanité en général que d'insister sur le fait que tous les hommes sont égaux. Il est certain que tous les hommes ne sont pas égaux, et toute conception démocratique qui s'efforce de rendre les hommes égaux n'est qu'un effort pour bloquer le progrès. Les hommes ne peuvent pas rendre un service égal. Les hommes de plus grande capacité sont moins nombreux que les hommes de moindre capacité ; Il est possible qu'une masse d'hommes plus petits tirent vers le bas les plus grands – mais ce faisant, ils se tirent eux-mêmes vers le bas. Ce sont les hommes les plus grands qui dirigent la communauté et permettent aux hommes les plus petits de vivre avec moins d'efforts.

La conception de la démocratie qui appelle à un nivellement par le bas des capacités est un gaspillage. Il n'y a pas deux choses identiques dans la nature. Nous construisons nos voitures absolument interchangeables. Toutes les pièces sont aussi semblables que l'analyse chimique, les machines les plus fines et la finition la plus fine peuvent les fabriquer. Aucun montage d'aucune sorte n'est requis, et il semblerait certainement que deux Ford côte à côte, se ressemblant exactement et fabriquées si exactement de la même manière que n'importe quelle pièce puisse être retirée de l'une et mise dans l'autre, seraient identiques. Mais ce n'est pas le cas. Ils auront des habitudes routières différentes. Nous avons des hommes qui ont conduit des centaines, et dans certains cas des milliers de Ford, et ils disent qu'il n'y en a jamais deux qui agissent exactement de la même façon : que s'ils conduisaient une voiture neuve pendant une heure ou même moins, et que la voiture était ensuite mélangée à une autre, un tas d'autres nouveaux, également conduits chacun pendant une heure et dans les mêmes conditions, qui, même s'ils ne pouvaient pas reconnaître la voiture qu'ils conduisaient simplement en la regardant, ils pouvaient le faire en la conduisant.

J'ai parlé en termes généraux. Soyons plus concrets. Un homme doit pouvoir vivre à une échelle proportionnelle au service qu'il rend. C'est plutôt le bon moment pour parler de ce point, car nous avons récemment traversé une période où rendre service était la dernière chose à laquelle la plupart des gens pensaient. Nous arrivions à un point où personne ne se souciait des coûts ou du service. Les commandes sont arrivées sans effort. Alors qu'autrefois c'était le client qui favorisait le commerçant en traitant avec lui, les conditions ont changé jusqu'à ce que ce soit le commerçant qui favorisait le client en lui vendant. C'est mauvais pour les affaires. Le monopole est mauvais pour les affaires. Le profit est mauvais pour les affaires. Le manque de nécessité de se dépêcher est mauvais pour les affaires. Les affaires ne sont jamais aussi saines que lorsque, comme un poulet, il doit gratter un certain nombre de fois pour obtenir ce qu'il obtient. Les choses allaient trop facilement. Le principe selon lequel une relation honnête devrait exister entre les valeurs et les prix a été abandonné. Il n'était plus nécessaire de « s'occuper » du public. Il y avait même une attitude de « damnation du public » dans de nombreux endroits. C'était extrêmement mauvais pour les affaires. Certains hommes appelaient cette condition anormale « la prospérité ». Ce n'était pas de la prospérité, c'était juste une course à l'argent inutile. La course à l'argent n'est pas une affaire.

Il est très facile, à moins de garder un plan bien à l'esprit, de s'encombrer d'argent et ensuite, dans un effort pour gagner plus d'argent, d'oublier de vendre aux gens ce qu'ils veulent. Les affaires sur une base lucrative sont des plus précaires. Il s'agit d'une affaire de va-et-vient, se déplaçant de manière irrégulière et rarement sur plusieurs années et qui représente beaucoup. C'est la fonction des entreprises de produire pour la consommation et non pour l'argent ou la spéculation. Produire pour la consommation implique que la qualité de l'article produit soit élevée et que le prix soit bas – que l'article soit un article qui serve le peuple et pas seulement le producteur. Si l'aspect monétaire est détourné de sa juste perspective, alors la production sera déformée pour servir le producteur.

Le producteur dépend pour sa prospérité du service au peuple. Il se peut qu'il se débrouille pendant un certain temps en se servant lui-même, mais s'il le fait, ce sera purement accidentel, et lorsque les gens se rendront compte qu'ils ne sont pas servis, la fin de ce producteur est en vue. Pendant la période de boom, le plus grand effort de production était de servir ses propres intérêts et par conséquent, dès que les gens se sont réveillés, de nombreux producteurs se sont effondrés. Ils ont déclaré qu'ils étaient entrés dans une « période de dépression ». En réalité, ce n'était pas le cas. Ils essayaient simplement d'opposer le non-sens au sens, ce qui ne peut pas être fait avec succès. Être avide d'argent est le moyen le plus sûr de ne pas en obtenir, mais quand on sert pour le service – pour la satisfaction de faire ce qu'on croit être juste – alors l'argent prend soin de lui-même en abondance.

L'argent vient naturellement du service. Et il faut absolument avoir de l'argent. Mais nous ne voulons pas oublier que la fin de l'argent n'est pas une facilité mais la possibilité de rendre plus de service. Dans mon esprit, rien n'est plus odieux qu'une vie facile. Aucun de nous n'a le droit à la facilité. Il n'y a pas de place dans la civilisation pour le fainéant. Tout projet visant à abolir la monnaie ne fait que rendre les choses plus complexes, car il nous faut une mesure. Que notre système monétaire actuel constitue une base d'échange satisfaisante est un sujet de doute sérieux. C'est une question dont je parlerai dans un chapitre ultérieur. L'essentiel de mon objection au système monétaire actuel est qu'il tend à devenir une chose en soi et à bloquer la production au lieu de la faciliter.

Mon effort va dans le sens de la simplicité. Les gens en général ont si peu et cela coûte très cher d'acheter même le strict nécessaire (sans parler de la part du luxe à laquelle, je pense, tout le monde a droit) parce que presque tout ce que nous fabriquons est beaucoup plus complexe qu'il ne devrait l'être. Nos vêtements, notre nourriture, nos meubles de maison – tout pourrait être beaucoup plus simple qu'aujourd'hui et en même temps être plus beau. Les choses des époques passées étaient faites d'une certaine manière et les créateurs depuis lors ont simplement suivi.

Je ne veux pas dire que nous devrions adopter des styles bizarres. Il n'est pas nécessaire que les vêtements soient un sac percé d'un trou. Cela pourrait être facile à réaliser, mais ce serait peu pratique à porter. Une couverture ne nécessite pas beaucoup de couture, mais aucun d'entre nous ne pourrait faire beaucoup de travail si nous nous promenions à la mode indienne avec des couvertures. La vraie simplicité signifie celle qui offre le meilleur service et qui est la plus pratique à utiliser. Le problème des réformes drastiques, c'est qu'elles insistent toujours pour qu'un homme soit transformé afin d'utiliser certains articles conçus. Je pense que la réforme vestimentaire pour les femmes – ce qui semble signifier des vêtements laids – doit toujours provenir de femmes simples qui veulent que tout le monde paraisse simple. Ce n'est pas le bon processus. Commencez par un article qui vous convient, puis étudiez pour trouver un moyen d'éliminer les parties totalement inutiles. Cela s'applique à tout : une chaussure, une robe, une maison, une machinerie, un chemin de fer, un bateau à vapeur, un avion. En supprimant les pièces inutiles et en simplifiant celles qui sont nécessaires, nous réduisons également les coûts de fabrication. C'est une logique simple, mais curieusement, le processus ordinaire commence par une réduction du coût de fabrication au lieu d'une simplification de l'article. Le début devrait être par l'article. Nous devons d'abord vérifier s'il est aussi bien fait qu'il devrait l'être : rend-il le meilleur service possible ? Alors : les matériaux sont-ils les meilleurs ou simplement les plus chers ? Alors, sa complexité et son poids peuvent-ils être réduits ? Et ainsi de suite.

Il n'y a pas plus de sens à avoir un poids supplémentaire dans un article que dans la cocarde d'un chapeau de cocher. En fait, il n'y en a pas autant. Car la cocarde peut aider le cocher à identifier son chapeau alors que le poids supplémentaire n'est qu'une perte de force. Je ne peux pas imaginer d'où vient l'illusion selon laquelle le poids est synonyme de force. Tout cela est très bien dans un marteau-piqueur, mais pourquoi déplacer un poids lourd si nous ne voulons rien heurter avec ? Dans le transport, pourquoi mettre du poids supplémentaire dans une machine ? Pourquoi ne pas l'ajouter à la charge pour laquelle la machine est conçue ? Les hommes gros ne peuvent pas courir aussi vite que les hommes minces, mais nous construisons la plupart de nos véhicules comme si la graisse comme un poids mort augmentait la vitesse ! Une grande partie de la pauvreté résulte du transport d'un excès de poids. Un jour, nous découvrirons comment continuer à perdre du poids. Prenons le bois, par exemple. Pour certaines utilisations, le bois est aujourd'hui la meilleure substance que nous connaissions, mais il constitue un gaspillage considérable. Le bois d'une voiture Ford contient trente livres d'eau. Il doit y avoir un moyen de faire mieux que cela. Il doit exister une méthode par laquelle nous pouvons acquérir la même résistance et la même élasticité sans avoir à trimballer un poids inutile. Et ainsi de suite à travers mille processus.

L'agriculteur fait de son travail quotidien une affaire trop complexe. Je crois que l'agriculteur moyen consacre à un usage réellement utile seulement 5 pour cent environ de l'énergie qu'il dépense. Si jamais quelqu'un équipait une usine dans le style, par exemple, d'une ferme moyenne, l'endroit serait encombré d'hommes. La pire usine d'Europe n'est pas aussi mauvaise qu'une ferme moyenne. Le pouvoir est utilisé au minimum possible. Non seulement tout est fait à la main, mais on pense rarement à un arrangement logique. Un agriculteur qui accomplit ses tâches va monter et descendre une échelle branlante une douzaine de fois. Il transportera de l'eau pendant des années au lieu d'installer quelques longueurs de canalisations. Son idée, quand il y a du travail supplémentaire à faire, est d'embaucher des hommes supplémentaires. Pour lui, investir dans des améliorations est une dépense. Les produits agricoles à leurs prix les plus bas sont plus chers qu'ils ne devraient l'être. Les bénéfices agricoles à leur plus haut niveau sont inférieurs à ce qu'ils devraient être. C'est le gaspillage – le gaspillage des efforts – qui fait monter les prix agricoles et baisser les profits.

Dans ma propre ferme à Dearborn, nous faisons tout avec des machines. Nous avons éliminé un grand nombre de gaspillages, mais nous n'avons pas encore touché à l'économie réelle. Nous n'avons pas encore pu consacrer cinq ou dix années d'études intenses, nuit et jour, pour découvrir ce qu'il fallait réellement faire. Nous avons laissé plus de choses à faire que nous n'en avons fait. Pourtant, à aucun moment – quelle que soit la valeur des récoltes – nous n'avons manqué de réaliser un profit de premier ordre. Nous ne sommes pas des agriculteurs, nous sommes des industriels à la ferme. Dès que l'agriculteur se considérera comme un industriel, ayant horreur du gaspillage, soit en matériel, soit en hommes, alors nous aurons des produits agricoles à des prix si bas que tous auront à manger à leur faim, et les profits seront si satisfaisants que l'agriculture sera considérée comme l'un des métiers les moins dangereux et les plus rentables.

Le manque de connaissance de ce qui se passe et le manque de connaissance de ce qu'est réellement le travail et de la meilleure façon de le faire sont les raisons pour lesquelles l'agriculture est considérée comme non payante. Rien ne pourrait payer la façon dont l'agriculture est menée. Le fermier suit la chance et ses ancêtres. Il ne sait pas comment produire de manière économique, ni comment commercialiser. Un fabricant qui ne savait ni produire ni commercialiser ne resterait pas longtemps en activité. Le fait que l'agriculteur puisse rester montre à quel point l'agriculture peut être merveilleusement rentable.

La manière d'atteindre une production à bas prix et en grand volume dans l'usine ou à la ferme – et une production à bas prix et en grand volume signifie beaucoup pour tout le monde – est assez simple. Le problème est que la tendance générale est à compliquer les choses très simples. Prenons, par exemple, une « amélioration ».

Lorsque nous parlons d'améliorations, nous pensons généralement à un changement dans un produit. Un produit « amélioré » est un produit qui a été modifié. Ce n'est pas mon idée. Je ne crois pas qu'il faut commencer à créer avant d'avoir découvert la meilleure chose possible. Ceci, bien sûr, ne signifie pas qu'un produit ne doit jamais être modifié, mais je pense qu'il s'avérera finalement plus économique de ne même pas essayer de produire un article avant d'être pleinement satisfait de son utilité, de sa conception et de ses matériaux. sont les meilleurs. Si vos recherches ne vous donnent pas cette confiance, continuez vos recherches jusqu'à ce que vous trouviez confiance. Le point de départ de la fabrication est l'article. L'usine, l'organisation, la vente et les plans financiers s'adapteront à l'article. Vous aurez un tranchant sur votre ciseau professionnel et au final vous gagnerez du temps. Se lancer en toute hâte dans la fabrication sans être certain du produit est la cause méconnue de nombreuses faillites d'entreprises. Les gens semblent penser que l'essentiel, c'est l'usine, le magasin, le soutien financier ou la direction. L'essentiel est le produit, et toute hâte de se lancer dans la fabrication avant que les conceptions ne soient terminées est une perte de temps. J'ai passé douze ans avant d'avoir un modèle T - ce qu'on appelle aujourd'hui la voiture Ford - qui me convenait. Nous n'avons pas tenté de lancer une véritable production avant d'avoir un vrai produit. Ce produit n'a pas été fondamentalement modifié.

Nous expérimentons constamment de nouvelles idées. Si vous parcourez les routes du quartier de Dearborn, vous pourrez trouver toutes sortes de modèles de voitures Ford. Ce sont des voitures expérimentales, ce ne sont pas de nouveaux modèles. Je ne crois pas qu'il faille laisser passer une bonne idée, mais je ne déciderai pas rapidement si une idée est bonne ou mauvaise. Si une idée semble bonne ou semble même avoir des possibilités, je crois qu'il faut faire tout ce qui est nécessaire pour tester l'idée sous tous les angles. Mais tester l'idée est quelque chose de très différent de faire un changement dans la voiture. Là où la plupart des fabricants se trouvent plus prompts à modifier le produit que la méthode de fabrication, nous suivons exactement la voie inverse.

Nos grands changements ont concerné les méthodes de fabrication. Ils ne restent jamais immobiles. Je crois qu'il n'y a pratiquement aucune opération dans la fabrication de notre voiture qui soit la même que lorsque nous avons fabriqué notre première voiture du modèle actuel. C'est pourquoi nous les fabriquons à moindre coût. Les quelques changements qui ont été apportés à la voiture ont été axés sur la commodité d'utilisation ou sur les domaines dans lesquels nous avons constaté qu'un changement dans la conception pourrait donner plus de solidité. Les matériaux présents dans la voiture changent à mesure que nous en apprenons davantage sur les matériaux. De plus, nous ne voulons pas être retardés dans la production ou voir les dépenses de production augmenter en raison d'une éventuelle pénurie d'un matériau particulier, c'est pourquoi nous avons pour la plupart élaboré des matériaux de substitution. L'acier au vanadium, par exemple, est notre principal acier. Grâce à lui, nous pouvons obtenir la plus grande résistance avec le moins de poids, mais ce ne serait pas une bonne affaire de laisser tout notre avenir dépendre de la possibilité d'obtenir de l'acier au vanadium. Nous avons trouvé un substitut. Tous nos aciers sont spéciaux, mais pour chacun d'entre eux, nous disposons d'au moins un, et parfois de plusieurs substituts entièrement éprouvés et testés. Et ainsi de suite avec tous nos matériaux et également avec nos pièces. Au début, nous fabriquions très peu de nos pièces et aucun de nos moteurs. Aujourd'hui, nous fabriquons tous nos moteurs et la plupart de nos pièces parce que nous trouvons cela moins coûteux. Mais nous visons également à fabriquer une partie de chaque pièce afin de ne pas être pris dans une situation d'urgence sur le marché ou paralysé par un fabricant extérieur incapable d'honorer ses commandes. Les prix du verre ont atteint des sommets scandaleux pendant la guerre ; nous sommes parmi les plus grands utilisateurs de verre du pays. Nous construisons désormais notre propre verrerie. Si nous avions consacré toute cette énergie à apporter des modifications au produit, nous ne serions arrivés nulle part ; mais en ne changeant pas le produit, nous pouvons consacrer notre énergie à l'amélioration de la fabrication.

La partie principale d'un ciseau est le tranchant. S'il y a un seul principe sur lequel repose notre activité, c'est bien celui-là. Peu importe la finesse de fabrication d'un ciseau, l'acier splendide qu'il contient ou la qualité de sa forge : s'il n'a pas de tranchant, ce n'est pas un ciseau. C'est juste un morceau de métal. Tout cela étant traduit, cela signifie que c'est ce qu'une chose fait – et non ce qu'elle est censée faire – qui compte. À quoi sert de mettre une force énorme derrière un ciseau émoussé si un léger coup sur un ciseau pointu suffit à faire le travail ? Le ciseau est là pour couper, pas pour être martelé. Le martelage n'est qu'accessoire au travail. Alors si nous voulons travailler, pourquoi ne pas nous concentrer sur le travail et le faire le plus rapidement possible ? Le point culminant du merchandising est le point où le produit touche le consommateur. Un produit insatisfaisant est un produit dont le tranchant est émoussé. Beaucoup d'efforts inutiles sont nécessaires pour y parvenir. La pointe d'une usine, ce sont l'homme et la machine au travail. Si l'homme n'a pas raison, la machine ne peut pas avoir raison ; si la machine n'est pas bonne, l'homme ne peut pas l'être. Le fait que quelqu'un soit obligé d'utiliser plus de force que ce qui est absolument nécessaire pour le travail à accomplir est du gaspillage.

L'essence de mon idée est donc que le gaspillage et la cupidité bloquent la fourniture d'un véritable service. Le gaspillage et la cupidité sont inutiles. Le gaspillage est dû en grande partie au fait de ne pas comprendre ce que l'on fait ou de le faire avec négligence. La cupidité n'est qu'une espèce de myopie. Je me suis efforcé de fabriquer avec un minimum de déchets, tant de matériaux que d'efforts humains, puis de distribuer avec un minimum de profit, le profit total dépendant du volume de distribution. Dans le processus de fabrication, je veux distribuer le maximum de salaire, c'est-à-dire le maximum de pouvoir d'achat. Puisque cela entraîne également un coût minimum et que nous vendons avec un bénéfice minimum, nous pouvons distribuer un produit en fonction de notre pouvoir d'achat. Ainsi, tous ceux qui sont liés à nous – que ce soit en tant que manager, travailleur ou acheteur – s'en portent mieux pour notre existence. L'institution que nous avons érigée rend un service. C'est la seule raison que j'ai pour en parler. Les principes de ce service sont les suivants :

1. Une absence de peur de l'avenir et de vénération pour le passé. Celui qui a peur de l'avenir, qui a peur de l'échec, limite ses activités. L'échec n'est que l'occasion de recommencer plus intelligemment. Il n'y a aucune honte à échouer honnêtement ; il y a une honte à craindre d'échouer. Ce qui est passé n'est utile que dans la mesure où il suggère des voies et moyens de progrès.

2. Un mépris de la concurrence. Celui qui fait le mieux une chose devrait être celui qui la fait. Il est criminel d'essayer d'arracher des affaires à un autre homme – criminel parce que l'on essaie alors d'abaisser la condition de son prochain pour un gain personnel – de gouverner par la force plutôt que par l'intelligence.

3. La mise du service avant le profit. Sans profit, les affaires ne peuvent pas se développer. Il n'y a rien de mal en soi à réaliser un profit. Une entreprise commerciale bien menée ne peut manquer de générer des bénéfices, mais les bénéfices doivent et seront inévitablement une récompense pour un bon service. Cela ne peut pas être la base, cela doit être le résultat du service.

4. Le secteur manufacturier n'achète pas au bas prix et ne vend pas au prix élevé. Il s'agit du processus consistant à acheter des matériaux de manière équitable et, avec le plus petit coût supplémentaire possible, à transformer ces matériaux en un produit consommable et à le donner au consommateur. Le jeu, la spéculation et les transactions frauduleuses ont tendance à entraver cette progression.

Comment tout cela est né, comment cela s'est déroulé et comment cela s'applique en général sont les sujets de ces chapitres.

CHAPITRE I

LE DÉBUT DES AFFAIRES

Le 31 mai 1921, la Ford Motor Company produisit la voiture n° 5 000 000. Il se trouve dans mon musée avec le buggy à essence sur lequel j'ai commencé à travailler trente ans auparavant et qui a fonctionné pour la première fois de manière satisfaisante au printemps 1893. Je le conduisais lorsque les goglus des prés sont arrivés à Dearborn et ils arrivent toujours le 2 avril. Il y a toute la différence du monde dans l'apparence des deux véhicules et presque autant de différence dans la construction et les matériaux, mais dans leurs principes fondamentaux, les deux se ressemblent curieusement, sauf que le vieux buggy a quelques rides que nous n'avons pas encore. tout à fait adopté dans notre voiture moderne. Car cette première voiture ou ce buggy, même s'il n'avait que deux cylindres, ferait vingt milles à l'heure et parcourrait soixante milles avec les trois gallons d'essence que contenait le petit réservoir et est aussi bon aujourd'hui qu'au jour de sa construction. Le développement des méthodes de fabrication et des matériaux a été plus important que celui de la conception de base. L'ensemble du design a été affiné ; la voiture Ford actuelle, qui est le « Modèle T », a quatre cylindres et un démarreur automatique – c'est à tous égards une voiture plus pratique et plus facile à conduire. C'est plus simple que la première voiture. Mais presque tous les points se retrouvent également dans la première voiture. Les changements ont été provoqués par l'expérience en cours d'élaboration et non par un changement dans le principe de base - ce que je considère comme un fait important démontrant que, étant donné une bonne idée de départ, il vaut mieux se concentrer sur son perfectionnement que de la perfectionner. cherchez une nouvelle idée. Une idée à la fois représente tout ce que chacun peut gérer.

C'est la vie à la ferme qui m'a poussé à trouver des moyens d'améliorer les transports. Je suis né le 30 juillet 1863 dans une ferme à Dearborn, dans le Michigan, et mon premier souvenir est que, compte tenu des résultats, il y avait trop de travail sur place. C'est toujours ce que je ressens à propos de l'agriculture. Il existe une légende selon laquelle mes parents étaient très pauvres et que les débuts ont été difficiles. Certes, ils n'étaient pas riches, mais ils n'étaient pas non plus pauvres. Au fur et à mesure que les agriculteurs du Michigan disparaissaient, nous étions prospères. La maison dans laquelle je suis né est toujours debout et elle fait partie, ainsi que la ferme, de mon exploitation actuelle.

Il y avait trop de travail manuel pénible dans notre propre ferme et dans toutes les autres fermes de l'époque. Même très jeune, je soupçonnais que beaucoup de choses pourraient être faites de manière meilleure. C'est ce qui m'a amené à la mécanique, même si ma mère a toujours dit que j'étais née mécanicienne. J'avais une sorte d'atelier avec des bric-à-brac de métal pour outils avant d'avoir autre chose. À cette époque, nous n'avions pas les jouets d'aujourd'hui ; ce que nous avions était fait maison . Mes jouets étaient tous des outils – ils le sont toujours ! Et chaque fragment de machinerie était un trésor.

Le plus grand événement de ces premières années a été notre rencontre avec un moteur routier à environ huit miles de Détroit, un jour alors que nous nous rendions en ville. J'avais alors douze ans. Le deuxième plus grand événement était l'achat d'une montre, ce qui s'est produit la même année. Je me souviens de ce moteur comme si je l'avais vu hier, car c'était le premier véhicule autre qu'un véhicule hippomobile que j'aie jamais vu. Il était principalement destiné à l'entraînement des batteuses et des scieries et n'était qu'un moteur portable et une chaudière montés sur roues avec un réservoir d'eau et un chariot à charbon derrière lui. J'avais vu beaucoup de ces moteurs traînés par des chevaux, mais celui-ci avait une chaîne qui faisait la liaison entre le moteur et les roues arrière du châssis en forme de wagon sur lequel la chaudière était montée. Le moteur était placé au-dessus de la chaudière et un homme debout sur la plate-forme derrière la chaudière pelletait du charbon, gérait l'accélérateur et dirigeait. Il avait été réalisé par Nichols, Shepard & Company de Battle Creek. Je l'ai découvert tout de suite. Le moteur s'était arrêté pour nous laisser passer avec nos chevaux et j'étais descendu du chariot et je parlais à l'ingénieur avant que mon père, qui conduisait, sache ce que je faisais. L'ingénieur était très heureux d'expliquer toute l'affaire. Il en était fier. Il m'a montré comment la chaîne était déconnectée de la roue motrice et une courroie mise en place pour entraîner d'autres machines. Il m'a dit que le moteur faisait deux cents tours par minute et que le pignon de chaîne pouvait être déplacé pour permettre au chariot de s'arrêter pendant que le moteur tournait encore. Cette dernière caractéristique est une caractéristique qui, bien que de manière différente, est incorporée dans les automobiles modernes. Ce n'était pas important avec les moteurs à vapeur, qui s'arrêtent et démarrent facilement, mais cela est devenu très important avec le moteur à essence. C'est ce moteur qui m'a amené au transport automobile. J'ai essayé d'en faire des modèles réduits, et quelques années plus tard, j'en ai fabriqué un qui fonctionnait très bien, mais depuis le moment où j'ai vu ce moteur routier quand j'avais douze ans jusqu'à aujourd'hui, mon grand intérêt a été de fabriquer un modèle réduit. machine qui parcourrait les routes. En allant en ville, j'avais toujours une poche pleine de bibelots : écrous, rondelles et bric-à-brac de machines. Souvent, je prenais une montre cassée et j'essayais de la remonter. Quand j'avais treize ans, j'ai réussi pour la première fois à assembler une montre pour qu'elle indique l'heure. À quinze ans, je savais presque tout faire en réparation de montres, même si mes outils étaient des plus rudimentaires. Il y a énormément à apprendre simplement en bricolant les choses. Il n'est pas possible d'apprendre dans les livres comment tout est fabriqué – et un vrai mécanicien devrait savoir comment presque tout est fabriqué. Les machines sont pour un mécanicien ce que les livres sont pour un écrivain. Il en tire des idées, et s'il a un peu d'intelligence, il appliquera ces idées.

Dès le début, je n'ai jamais pu susciter beaucoup d'intérêt pour le travail agricole. Je voulais avoir quelque chose à voir avec les machines. Mon père n'était pas entièrement en sympathie avec mon penchant pour la mécanique. Il pensait que je devrais être agriculteur. Quand j'ai quitté l'école à dix-sept ans et que je suis devenu apprenti dans l'atelier d'usinage de Drydock Engine Works, j'étais pratiquement perdu. J'ai passé mon apprentissage sans problème - c'est-à-dire que j'étais qualifié pour être machiniste bien avant l'expiration de mon mandat de trois ans - et ayant le goût du beau travail et un penchant pour les montres, je travaillais la nuit à la réparation dans une bijouterie. À une époque de ces débuts, je pense que je devais avoir au moins trois cents montres. Je pensais pouvoir fabriquer une montre utilisable pour environ trente centimes et j'ai failli me lancer dans le métier. Mais je ne l'ai pas fait parce que j'avais compris que les montres n'étaient pas des nécessités universelles et que, par conséquent, les gens ne les achèteraient généralement pas. Je suis incapable de dire exactement comment je suis parvenu à cette surprenante conclusion. Je n'aimais pas le travail ordinaire de bijouterie et d'horlogerie, sauf là où le travail était difficile à réaliser. Même alors, je voulais faire quelque chose en quantité. C'était à peu près au moment où l'heure standard des chemins de fer était en train d'être arrangée. Autrefois, nous étions à l'heure du soleil et depuis un certain temps, tout comme à l'heure actuelle, l'heure des chemins de fer différait de l'heure locale. Cela m'a beaucoup gêné et j'ai donc réussi à fabriquer une montre qui gardait les deux heures. Elle avait deux cadrans et c'était toute une curiosité dans le quartier .

En 1879, c'est-à-dire environ quatre ans après avoir vu pour la première fois cette machine Nichols-Shepard, j'ai réussi à avoir la chance d'en faire fonctionner une et, une fois mon apprentissage terminé, j'ai travaillé avec un représentant local de la Westinghouse Company de Schenectady en tant qu'expert en la mise en place et la réparation de leurs moteurs routiers. Le moteur qu'ils produisaient était à peu près le même que le moteur Nichols-Shepard, sauf que le moteur était à l'avant, la chaudière à l'arrière et que la puissance était appliquée aux roues arrière par une courroie. Ils pouvaient parcourir douze milles à l'heure sur la route, même si la fonction automotrice n'était qu'un incident de construction. Ils étaient parfois utilisés comme tracteurs pour tirer de lourdes charges et, si le propriétaire exerçait également des batteuses, il attelait sa batteuse et d'autres accessoires au moteur pour se déplacer de ferme en ferme. Ce qui m'a dérangé, c'est le poids et le coût. Ils pesaient quelques tonnes et étaient beaucoup trop chers pour être possédés par un agriculteur possédant de grandes terres. Ils étaient pour la plupart employés par des personnes qui se lançaient dans le battage en tant qu'entreprise ou qui possédaient des scieries ou une autre ligne nécessitant de l'énergie portative.

Même avant cette époque, j'avais eu l'idée de fabriquer une sorte de voiture à vapeur légère qui remplacerait les chevaux, mais plus particulièrement comme tracteur pour accomplir le travail excessivement pénible du labour. Il m'est venu à l'esprit, si je m'en souviens assez vaguement, que exactement la même idée pourrait être appliquée à une voiture ou à un chariot sur la route. Une calèche sans chevaux était une idée courante. On parlait de voitures sans chevaux depuis de nombreuses années – en fait, depuis l'invention de la machine à vapeur – mais au début, l'idée de la voiture ne me semblait pas aussi pratique que celle d'une machine pour accomplir les tâches agricoles les plus difficiles. travail, et de tous les travaux de la ferme, le labour était le plus dur. Nos routes étaient en mauvais état et nous n'avions pas l'habitude de nous déplacer. L'une des caractéristiques les plus remarquables de l'automobile à la ferme est la façon dont elle a élargi la vie de l'agriculteur. Nous tenions simplement pour acquis qu'à moins que la course ne soit urgente , nous n'irions pas en ville, et je pense que nous faisions rarement plus d'un voyage par semaine. Par mauvais temps, nous n'y allions pas souvent.

Étant un machiniste à part entière et disposant d'un atelier très équitable à la ferme, il ne m'a pas été difficile de construire un wagon à vapeur ou un tracteur. Lors de sa construction est née l'idée qu'il pourrait peut-être être conçu pour un usage routier. J'étais parfaitement certain que les chevaux, compte tenu de tous les tracas liés à leur garde et des dépenses liées à leur alimentation, ne méritaient pas leur subsistance. La chose évidente à faire était de concevoir et de construire une machine à vapeur suffisamment légère pour faire fonctionner un chariot ordinaire ou tirer une charrue. J'ai pensé qu'il était plus important de développer d'abord le tracteur. Retirer la chair et le sang des corvées agricoles et les confier à l'acier et aux moteurs a été mon ambition la plus constante. Ce sont les circonstances qui m'ont amené pour la première fois à la fabrication de voitures de route. J'ai finalement découvert que les gens étaient plus intéressés par quelque chose qui se déplaçait sur la route que par quelque chose qui effectuait le travail dans les fermes. En fait, je doute que le tracteur agricole léger aurait pu être introduit sur la ferme si l'agriculteur n'avait pas eu les yeux ouverts lentement mais sûrement par l'automobile. Mais c'est prendre de l'avance sur l'histoire. Je pensais que l'agriculteur serait plus intéressé par le tracteur.

J'ai construit une voiture à vapeur qui fonctionnait. Il avait une chaudière chauffée au kérosène et développait beaucoup de puissance et un contrôle soigné, ce qui est si facile avec un régulateur de vapeur. Mais la chaudière était dangereuse. Pour obtenir la puissance requise sans une centrale électrique trop grosse et lourde, il fallait que le moteur fonctionne sous haute pression ; s'asseoir sur une chaudière à vapeur à haute pression n'est pas tout à fait agréable. Pour le rendre même raisonnablement sûr, il fallait un excès de poids qui annulait l'économie de la haute pression. Pendant deux ans, j'ai continué à expérimenter différents types de chaudières (les problèmes de moteur et de commande étaient assez simples), puis j'ai définitivement abandonné l'idée de faire fonctionner un véhicule routier à la vapeur. Je savais qu'en Angleterre, ils avaient ce qui équivalait à des locomotives circulant sur les routes tirant des lignes de remorques et qu'il n'y avait également aucune difficulté à concevoir un gros tracteur à vapeur destiné à être utilisé dans une grande ferme. Mais nos routes n'étaient pas alors anglaises ; ils auraient calé ou mis en pièces le tracteur routier le plus solide et le plus lourd. Et de toute façon, la fabrication d'un gros tracteur que seuls quelques riches agriculteurs pouvaient acheter ne me paraissait pas rentable .

Mais je n'ai pas abandonné l'idée d'une calèche sans chevaux. Le travail avec le représentant de Westinghouse n'a fait que confirmer l'opinion que je m'étais formée selon laquelle la vapeur n'était pas adaptée aux véhicules légers. C'est pourquoi je ne suis resté qu'un an dans cette entreprise. Les gros tracteurs et moteurs à vapeur ne pouvaient rien m'apprendre de plus et je ne voulais pas perdre de temps sur quelque chose qui ne mènerait nulle part. Quelques années auparavant — c'était alors que j'étais apprenti — j'avais lu dans le *World of Science*, une publication anglaise, le « moteur à gaz silencieux » qui sortait alors en Angleterre. Je pense que c'était le moteur Otto. Il fonctionnait avec du gaz éclairant, possédait un seul grand cylindre et les impulsions de puissance, ainsi intermittentes, nécessitaient un volant d'inertie extrêmement lourd. En ce qui concerne le poids, il ne donnait rien de comparable à la puissance par livre de métal fournie par une machine à vapeur, et l'utilisation de gaz d'éclairage semblait même l'écarter comme une possibilité pour un usage routier. Cela m'intéressait seulement comme toutes les machines étaient intéressantes. J'ai suivi dans les magazines anglais et américains que nous nous procurions en magasin l'évolution du moteur et plus particulièrement les allusions au remplacement éventuel du gaz combustible par un gaz formé par la vaporisation de l'essence. L'idée des moteurs à gaz n'était pas nouvelle, mais c'était la première fois qu'un effort vraiment sérieux était fait pour les mettre sur le marché. Ils furent accueillis avec intérêt plutôt qu'enthousiasme et je ne me souviens pas de quiconque ait pensé que le moteur à combustion interne pourrait un jour avoir une utilité plus que limitée. Tous les sages ont démontré de manière concluante que le moteur ne pouvait pas rivaliser avec la vapeur. Ils n'auraient jamais pensé qu'elle pourrait se forger une carrière. Il en est ainsi des gens sages : ils sont si sages et pratiques qu'ils savent toujours parfaitement pourquoi quelque chose ne peut pas être fait ; ils connaissent toujours les limites. C'est pourquoi je n'emploie jamais un expert en pleine floraison. Si jamais je voulais tuer l'opposition par des moyens injustes, je doterais l'opposition d'experts. Ils auraient tellement de bons conseils que je pourrais être sûr qu'ils feraient peu de travail.

La machine à gaz m'intéressait et j'en suivis les progrès, mais seulement par curiosité, jusqu'aux environs de 1885 ou 1886 où, la machine à vapeur étant abandonnée comme force motrice du wagon que j'avais l'intention de construire un jour , je dus en chercher une autre. une sorte de force motrice. En 1885, j'ai réparé un moteur Otto à Eagle Iron Works à Détroit. Personne en ville ne savait rien d'eux. Il y avait une rumeur selon laquelle je l'avais fait et, même si je n'avais jamais été en contact avec quelqu'un auparavant, j'ai entrepris et mené à bien le travail. Cela m'a donné l'occasion d'étudier le nouveau moteur de première main et, en 1887, j'en ai construit un sur le modèle Otto à quatre temps, juste pour voir si j'en comprenais les principes. « Quatre cycles » signifie que le piston traverse le cylindre quatre fois pour obtenir une impulsion de puissance. Le premier temps aspire le gaz, le deuxième le comprime, le troisième est l'explosion ou le mouvement moteur, tandis que le quatrième temps évacue les gaz résiduaires. Le petit modèle fonctionnait assez bien ; il avait un alésage d'un pouce et une course de trois pouces, fonctionnait à l'essence, et même s'il ne développait pas beaucoup de puissance, il était légèrement plus léger en proportion que les moteurs proposés dans le commerce. Je l'ai offert plus tard à un jeune homme qui le voulait pour quelque chose et dont j'ai oublié le nom ; il a finalement été détruit. Ce fut le début des travaux sur le moteur à combustion interne.

J'étais alors dans la ferme où j'étais revenu, plus parce que je voulais expérimenter que parce que je voulais cultiver, et, étant maintenant machiniste polyvalent , j'avais un atelier de première classe pour remplacer le magasin de jouets d'autrefois. . Mon père m'a offert quarante acres de terres à bois, à condition que je renonce à être machiniste. J'ai accepté à titre provisoire, car couper le bois me donnait une chance de me marier. J'ai équipé une scierie et un moteur portatif et j'ai commencé à découper et scier le bois sur le terrain. Une partie du premier bois de construction est allée dans un chalet de ma nouvelle ferme et c'est là que nous avons commencé notre vie conjugale. Ce n'était pas une grande maison – trente et un pieds carrés et seulement un étage et demi de hauteur – mais c'était un endroit confortable. J'y ai ajouté mon atelier et, lorsque je ne coupais pas de bois, je travaillais sur les moteurs à gaz, apprenant ce qu'ils étaient et comment ils fonctionnaient. J'ai lu tout ce que je pouvais trouver, mais la plus grande connaissance venait du travail. Un moteur à essence est une chose mystérieuse : il ne se déroule pas toujours comme il le devrait. Vous pouvez imaginer comment ces premiers moteurs se comportaient !

C'est en 1890 que je débute sur un moteur bicylindre. Il était tout à fait peu pratique d'envisager le monocylindre à des fins de transport : le volant devait être bien trop lourd. Entre la fabrication du premier moteur à quatre temps du type Otto et le démarrage du bicylindre, j'ai réalisé un grand nombre de moteurs expérimentaux en tubes. Je connaissais assez bien mon chemin. Je pensais que le double cylindre pourrait être appliqué à un véhicule routier et mon idée originale était de le mettre sur un vélo avec une connexion directe au vilebrequin et permettant à la roue arrière du vélo de faire office de balancier. La vitesse allait être modifiée uniquement par l'accélérateur. Je n'ai jamais réalisé ce projet car il est vite devenu évident que le moteur, le réservoir d'essence et les différentes commandes nécessaires seraient bien trop lourds pour un vélo. Le plan des deux cylindres opposés était que, pendant que l'un délivrait de la puissance, l'autre épuisait. Naturellement, cela ne nécessiterait pas un volant d'inertie aussi lourd pour même l'application de la puissance. Les travaux ont commencé dans mon atelier à la ferme. Ensuite, on m'a proposé un emploi à la Detroit Electric Company en tant qu'ingénieur et machiniste à quarante-cinq dollars par mois. Je l'ai pris parce que c'était plus d'argent que ce que la ferme me rapportait et j'avais quand même décidé de m'éloigner de la vie à la ferme. Le bois avait tout été coupé. Nous avons loué une maison sur Bagley Avenue, à Détroit. L'atelier est arrivé et je l'ai installé dans un hangar en brique à l'arrière de la maison. Pendant les premiers mois, j'étais dans l'équipe de nuit à l'usine d'éclairage électrique - ce qui me laissait très peu de temps pour expérimenter - mais après cela, j'étais dans l'équipe de jour et chaque nuit et tout le samedi soir, je travaillais sur le nouveau moteur. Je ne peux pas dire que c'était un travail difficile. Aucun travail avec intérêt n'est jamais difficile. Je suis toujours certain des résultats. Ils viennent toujours si vous travaillez assez dur. Mais c'était une très bonne chose d'avoir ma femme encore plus confiante que moi. Elle a toujours été comme ça.

Je devais travailler à partir de zéro : même si je savais qu'un certain nombre de personnes travaillaient sur des voitures sans chevaux, je ne pouvais pas savoir ce qu'elles faisaient. Les problèmes les plus difficiles à surmonter concernaient la fabrication et la rupture de l'étincelle et la nécessité d'éviter un excès de poids. Pour la transmission, la direction et la construction générale, j'ai pu faire appel à mon expérience des tracteurs à vapeur. En 1892, j'ai achevé ma première automobile, mais ce n'est qu'au printemps de l'année suivante qu'elle a fonctionné à ma satisfaction. Cette première voiture avait quelque chose de l'apparence d'un buggy. Il y avait deux cylindres avec un alésage de deux pouces et demi et une course de six pouces placés côte à côte et sur l'essieu arrière. Je les ai fabriqués à partir du pot d'échappement d'une machine à vapeur que j'avais achetée. Ils développaient environ quatre chevaux. La puissance était transmise du moteur à l'arbre intermédiaire par une courroie et de l'arbre intermédiaire à la roue arrière par une chaîne. La voiture pouvait accueillir deux personnes, le siège étant suspendu à des poteaux et la carrosserie à des ressorts elliptiques. Il y avait deux vitesses – l'une de dix et l'autre de vingt milles à l'heure – obtenues en déplaçant la courroie, ce qui était effectué par un levier d'embrayage situé devant le siège du conducteur. Projeté en avant, le levier passa à la grande vitesse ; rejetée, la faible vitesse ; avec le levier en position verticale, le moteur pourrait tourner librement. Pour démarrer la voiture, il fallait faire tourner le moteur à la main avec l'embrayage libre. Pour arrêter la voiture, il suffisait de relâcher l'embrayage et d'appuyer sur la pédale de frein. Il n'y avait pas de marche arrière et des vitesses autres que celles de la courroie étaient obtenues par l'accélérateur. J'ai acheté la ferronnerie pour le châssis de la voiture ainsi que le siège et les ressorts. Les roues étaient des roues de vélo à rayons de vingt-huit pouces avec des pneus en caoutchouc. Le balancier que j'avais moulé à partir d'un modèle que j'avais réalisé et tout le mécanisme plus délicat que j'avais réalisé moi-même. L'une des caractéristiques que j'ai jugées nécessaires était un engrenage compensateur qui permettait d'appliquer la même puissance à chacune des roues arrière dans les virages. La machine pesait au total environ cinq cents livres. Un réservoir sous le siège contenait trois gallons d'essence qui était acheminée vers le moteur via un petit tuyau et une vanne mélangeuse. L'allumage s'est fait par étincelle électrique. La machine d'origine était refroidie par air ou, pour être plus précis, le moteur n'était tout simplement pas refroidi du tout. J'ai constaté qu'au bout d'une heure ou plus, le moteur chauffait, j'ai donc très rapidement mis une chemise d'eau autour des cylindres et je l'ai acheminée vers un réservoir à l'arrière de la voiture au-dessus des cylindres. Presque toutes ces différentes fonctionnalités avaient été planifiées à l'avance. C'est ainsi que j'ai toujours travaillé. Je dessine un plan et travaille chaque détail sur le plan avant de commencer à construire. Car sinon on perdrait beaucoup de temps en bricolages au fur et à mesure du travail et l'article fini n'aurait pas de cohérence. Ce ne sera pas correctement proportionné. De nombreux inventeurs échouent parce qu'ils ne font pas la distinction entre planification et expérimentation. Les plus grandes difficultés que j'ai rencontrées en matière de construction ont été d'obtenir les matériaux appropriés. Les suivants concernaient les outils. Il a fallu quelques ajustements et changements dans les détails de la conception, mais ce qui m'a le plus retenu, c'est que je n'avais ni le temps ni l'argent pour rechercher le meilleur matériau pour chaque pièce. Mais au printemps 1893, la machine fonctionnait à ma satisfaction partielle et me donnait l'occasion de tester davantage la conception et les matériaux sur la route.

CHAPITRE II

CE QUE J'AI APPRIS SUR LES AFFAIRES

Mon "buggy à essence" fut la première et pendant longtemps la seule automobile à Détroit. On le considérait comme une nuisance, car il faisait du bruit et faisait peur aux chevaux. Cela a également bloqué la circulation. Car si j'arrêtais ma machine n'importe où en ville, il y avait une foule autour d'elle avant que je puisse redémarrer. Si je le laissais tranquille ne serait-ce qu'une minute, une personne curieuse essayait toujours de le faire fonctionner. Finalement, je devais porter une chaîne et l'enchaîner à un lampadaire chaque fois que je la laissais quelque part. Et puis il y a eu des ennuis avec la police. Je ne sais pas exactement pourquoi, car j'ai l'impression qu'à cette époque il n'existait pas de loi limitant la vitesse. Quoi qu'il en soit, j'ai dû obtenir un permis spécial du maire et j'ai donc eu pendant un certain temps la distinction d'être le seul chauffeur agréé en Amérique. J'ai fait rouler cette machine sur environ mille kilomètres en 1895 et 1896, puis je l'ai vendue à Charles Ainsley de Detroit pour deux cents dollars. C'était ma première vente. J'avais construit la voiture non pas pour la vendre mais seulement pour l'expérimenter. Je voulais démarrer une autre voiture. Ainsley voulait acheter. Je pouvais utiliser cet argent et nous n'avons eu aucune difficulté à nous mettre d'accord sur un prix.

Ce n'était pas du tout mon idée de fabriquer des voitures de manière aussi mesquine. J'attendais la production avec impatience, mais avant que cela puisse arriver, je devais avoir quelque chose à produire. Il ne sert à rien de se dépêcher. J'ai démarré une deuxième voiture en 1896 ; c'était un peu comme le premier mais un peu plus léger. Il y avait aussi la transmission par courroie que je n'ai abandonnée que quelque temps plus tard ; les ceintures allaient bien sauf par temps chaud. C'est pourquoi j'ai ensuite adopté les engrenages. J'ai beaucoup appris de cette voiture. D'autres, dans ce pays et à l'étranger, construisaient des voitures à cette époque, et en 1895, j'ai entendu dire qu'une voiture Benz allemande était exposée dans le magasin Macy's à New York. Je suis allé le voir, mais il n'avait aucune fonctionnalité qui semblait en valoir la peine . Il y avait aussi un entraînement par courroie, mais il était beaucoup plus lourd que ma voiture. Je travaillais pour la légèreté ; les fabricants étrangers n'ont jamais semblé apprécier ce que signifie la légèreté. J'ai construit trois voitures en tout dans mon atelier et elles ont toutes roulé pendant des années à Détroit. J'ai encore la première voiture ; Je l'ai racheté quelques années plus tard à un homme à qui M. Ainsley l'avait vendu. Je l'ai payé cent dollars.

Pendant tout ce temps, j'ai conservé mon poste dans la compagnie d'électricité et j'ai progressivement progressé jusqu'au poste d'ingénieur en chef avec un salaire de cent vingt-cinq dollars par mois. Mais mes expériences sur les moteurs à gaz n'étaient pas plus populaires auprès du président de l'entreprise que mes premières connaissances en mécanique ne l'étaient auprès de mon père. Ce n'était pas que mon employeur s'opposait aux expériences, mais seulement aux expériences avec un moteur à gaz. Je l'entends encore dire : « L'électricité, oui, ça vient. Mais le gaz, non.

Il avait de nombreuses raisons d'être sceptique – pour employer les termes les plus doux. Pratiquement personne n'avait la moindre idée de l'avenir du moteur à combustion interne, alors que nous étions à la veille du grand développement électrique. Comme pour toute idée relativement nouvelle, on s'attendait à ce que l'électricité fasse bien plus que ce que nous avons jusqu'à présent d'indications selon lesquelles elle peut faire. Je ne voyais pas l'utilité d'expérimenter l'électricité pour mes besoins. Une voiture de route ne pourrait pas rouler sur un chariot même si les câbles de chariot avaient été moins chers ; aucune batterie de stockage n'était en vue d'un poids pratique. Une voiture électrique devait nécessairement avoir un rayon limité et contenir un grand nombre de machines motrices proportionnellement à la puissance exercée. Cela ne veut pas dire que je détenais ou détiens maintenant l'électricité à un prix bon marché ; nous n'avons pas encore commencé à utiliser l'électricité. Mais il a sa place, et le moteur à combustion interne a sa place. Ni l'un ni l'autre ne peuvent remplacer l'autre, ce qui est extrêmement heureux.

J'ai la dynamo dont j'ai d'abord été responsable à la Detroit Edison Company. Lorsque j'ai démarré notre usine canadienne, je l'ai achetée dans un immeuble de bureaux auquel elle avait été vendue par la compagnie d'électricité, je l'ai fait un peu réaménagée et pendant plusieurs années, elle a fourni un excellent service dans l'usine canadienne. Lorsque nous avons dû construire une nouvelle centrale électrique, en raison de l'augmentation des affaires, j'ai fait emporter le vieux moteur dans mon musée, une salle à Dearborn qui abrite un grand nombre de mes trésors mécaniques.

La société Edison m'a proposé la direction générale de l'entreprise, mais à la condition que j'abandonne mon moteur à gaz et que je me consacre à quelque chose de vraiment utile. J'ai dû choisir entre mon travail et mon automobile. J'ai choisi l'automobile, ou plutôt j'ai abandonné le travail : il n'y avait vraiment aucun choix. Car je savais déjà que cette voiture serait forcément un succès. J'ai quitté mon emploi le 15 août 1899 et je me suis lancé dans le secteur automobile.

Cela pourrait être considéré comme une étape, car je n'avais pas de fonds personnels. L'argent qui restait de la vie était entièrement utilisé pour expérimenter. Mais ma femme était d'accord sur le fait que l'automobile ne pouvait pas être abandonnée – qu'il fallait la réussir ou la défaire. Il n'y avait pas de « demande » pour les automobiles – il n'y en a jamais pour un nouvel article. Ils ont été acceptés à peu près à la manière dont l'avion l'a été plus récemment. Au début, la "voiture sans chevaux" était considérée comme une simple idée bizarre et de nombreux sages expliquaient avec précision pourquoi elle ne pouvait jamais être plus qu'un jouet. Aucun homme riche n'y a même pensé comme une possibilité commerciale. Je ne peux pas imaginer pourquoi chaque nouveau moyen de transport rencontre une telle opposition. Il y en a même aujourd'hui qui hochent la tête et parlent du luxe de l'automobile et admettent seulement à contrecœur que le camion automobile est peut-être utile. Mais au début, personne ne soupçonnait que l'automobile pouvait jouer un rôle important dans l'industrie. Les plus optimistes n'espéraient qu'un développement proche de celui du vélo. Lorsqu'on s'est rendu compte qu'une automobile pouvait vraiment rouler et que plusieurs constructeurs ont commencé à produire des voitures, la question immédiate a été de savoir laquelle irait le plus rapidement. C'était une évolution curieuse mais naturelle : cette idée de course. Je n'ai jamais pensé à la course, mais le public refusait de considérer l'automobile autrement que comme un jouet rapide. C'est pourquoi nous avons dû courir plus tard. L'industrie a été freinée par cette orientation initiale de course, car l'attention des constructeurs a été détournée vers la fabrication de voitures rapides plutôt que de bonnes. C'était une affaire de spéculateurs.

Un groupe d'hommes à l'esprit spéculatif a organisé, dès que j'ai quitté la compagnie d'électricité, la Detroit Automobile Company pour exploiter ma voiture. J'étais l'ingénieur en chef et je détenais une petite partie du stock. Pendant trois ans, nous avons continué à fabriquer des voitures plus ou moins sur le modèle de ma première voiture. Nous en avons vendu très peu ; Je n'ai pu obtenir aucun soutien pour fabriquer de meilleures voitures destinées à être vendues au grand public. L'idée générale était de fabriquer sur commande et d'obtenir le prix le plus élevé possible pour chaque voiture. L'idée principale semblait être d'obtenir de l'argent. Et n'ayant aucune autorité autre que celle que me donnait mon poste d'ingénieur, j'ai découvert que la nouvelle entreprise n'était pas un moyen de réaliser mes idées mais simplement une entreprise lucrative – qui ne rapportait pas beaucoup d'argent. En mars 1902, je démissionnai, bien décidé à ne plus jamais me mettre sous ordre. La Detroit Automobile Company est devenue plus tard la Cadillac Company sous la propriété des Lelands , qui sont arrivés par la suite.

J'ai loué un magasin – un hangar en brique d'un étage – au 81 Park Place pour poursuivre mes expériences et découvrir ce qu'était réellement le commerce. Je pensais que ce devait être quelque chose de différent de ce que cela avait été lors de ma première aventure.

L'année allant de 1902 jusqu'à la création de la Ford Motor Company fut pratiquement une année d'enquête. Dans mon petit magasin de briques d'une seule pièce, j'ai travaillé au développement d'un moteur à quatre cylindres et, de l'extérieur, j'ai essayé de découvrir ce qu'était réellement le commerce et s'il fallait qu'il s'agisse d'une course à l'argent aussi égoïste qu'elle semblait l'être. de ma première courte expérience. Depuis la période de la première voiture que j'ai décrite jusqu'à la création de ma société actuelle, j'ai construit en tout environ vingt-cinq voitures, dont dix-neuf ou vingt ont été construites avec la Detroit Automobile Company. L'automobile était passée du stade initial où le simple fait de pouvoir rouler suffisait, au stade où elle devait faire preuve de vitesse. Alexander Winton de Cleveland, le fondateur de la voiture Winton, était alors le champion de piste du pays et disposé à rencontrer tous les arrivants. J'ai conçu un moteur fermé à deux cylindres d'un type plus compact que celui que j'avais utilisé auparavant, je l'ai installé dans un châssis squelette, j'ai découvert que je pouvais prendre de la vitesse et j'ai organisé une course avec Winton. Nous nous sommes rencontrés sur la piste de Grosse Point à Détroit. Je l'ai battu. C'était ma première course, et cela m'apportait une publicité du seul type que les gens voulaient lire. Le public ne pensait pas à une voiture à moins qu'elle ne prenne de la vitesse — à moins qu'elle ne batte les autres voitures de course. Mon ambition de construire la voiture la plus rapide du monde m'a amené à concevoir un moteur à quatre cylindres. Mais nous en reparlerons plus tard .

La caractéristique la plus surprenante des affaires telles qu'elles étaient menées était la grande attention accordée aux finances et la faible attention au service. Cela m'a semblé inverser le processus naturel selon lequel l'argent devrait venir comme le résultat du travail et non avant le travail. La deuxième caractéristique était l'indifférence générale à l'égard de meilleures méthodes de fabrication tant que ce qui était fait s'en sortait et prenait de l'argent. En d'autres termes, un article n'a apparemment pas été construit en fonction de la mesure dans laquelle il pourrait servir le public, mais en référence uniquement au montant d'argent qu'on pourrait en tirer — et cela sans se soucier particulièrement de savoir si le client était satisfait. Le vendre suffisait. Un client insatisfait n'était pas considéré comme un homme dont la confiance avait été violée, mais soit comme une nuisance, soit comme une source possible d'argent supplémentaire pour réparer le travail qui aurait dû être fait correctement au départ. Par exemple, dans le domaine automobile, on ne s'inquiétait pas beaucoup de ce qui arrivait à la voiture une fois vendue. La quantité d'essence consommée par mile n'avait pas une grande importance ; le niveau de service qu'il rendait réellement n'avait pas d'importance ; et s'il tombait en panne et devait faire remplacer des pièces, alors ce n'était pas de chance pour le propriétaire. Il était considéré comme une bonne affaire de vendre des pièces détachées au prix le plus élevé possible, en partant du principe que, puisque l'homme avait déjà acheté la voiture, il lui suffisait d'avoir la pièce et serait prêt à la payer.

Le secteur automobile ne reposait pas sur ce que j'appellerais une base honnête, sans parler du fait qu'il reposait, du point de vue de la fabrication, sur une base scientifique, mais ce n'était pas pire que le monde des affaires en général. C'était l'époque, on s'en souvient, où de nombreuses sociétés étaient créées et financées. Les banquiers, qui s'étaient auparavant cantonnés aux chemins de fer, se lancent dans l'industrie. Mon idée était alors et est toujours que si un homme faisait bien son travail, le prix qu'il obtiendrait pour ce travail, les bénéfices et toutes les questions financières, prendraient soin de lui-même et qu'une entreprise devrait démarrer petit et se développer et se développer. de ses gains. S'il n'y a pas de revenus, cela indique au propriétaire qu'il perd son temps et qu'il n'a pas sa place dans cette entreprise. Je n'ai jamais jugé nécessaire de changer ces idées, mais j'ai découvert que cette formule simple consistant à faire du bon travail et à être payé pour cela était censée être lente pour les entreprises modernes. Le plan le plus en vogue à l'époque était de commencer avec la plus grande capitalisation possible, puis de vendre toutes les actions et toutes les obligations qui pouvaient être vendues. Tout l'argent qui restait après toutes les dépenses liées à la vente d'actions et d'obligations, les promoteurs, les charges et tout le reste, fut investi à contrecœur dans la fondation de l'entreprise. Une bonne entreprise n'est pas celle qui fait du bon travail et réalise un bénéfice équitable. Une bonne affaire était celle qui donnait la possibilité de faire flotter un grand nombre d'actions et d'obligations à des prix élevés. Ce sont les actions et les obligations, et non le travail, qui comptent. Je ne voyais pas comment on pourrait s'attendre à ce qu'une nouvelle ou une ancienne entreprise soit en mesure d'imputer sur son produit des intérêts obligataires très importants et de vendre ensuite le produit à un prix équitable. Je n'ai jamais pu voir ça.

Je n'ai jamais pu comprendre sur quelle théorie l'investissement initial d'argent peut être imputé à une entreprise. Les hommes d'affaires qui se disent financiers disent que l'argent « vaut » 6 pour cent, ou 5 pour cent, ou un autre pour cent, et que si une entreprise a cent mille dollars investis, l'homme qui a fait l'investissement a le droit de facturer des intérêts sur l'argent, car si, au lieu de placer cet argent dans l'entreprise, il l'avait placé dans une caisse d'épargne ou dans certains titres, il pourrait obtenir un certain rendement fixe. C'est pourquoi ils disent que les intérêts sur cet argent constituent une imputation appropriée sur les dépenses d'exploitation d'une entreprise. Cette idée est à l'origine de nombreuses faillites d'entreprises et de la plupart des défaillances de services. L'argent ne vaut pas un montant particulier. En tant qu'argent, il ne vaut rien, car il ne fera rien de lui-même. La seule utilisation de l'argent est d'acheter des outils avec lesquels travailler ou le produit d'outils. L'argent vaut donc ce qu'il vous aide à produire ou à acheter, et pas plus. Si un homme pense que son argent rapportera 5 ou 6 pour cent, il doit le placer là où il peut obtenir ce rendement, mais l'argent placé dans une entreprise n'est pas une charge pour l'entreprise - ou plutôt, ne devrait pas être. Il cesse d'être de l'argent et devient, ou devrait devenir, un moteur de production, et il vaut donc ce qu'il produit – et non une somme fixe selon une échelle qui n'a aucune incidence sur l'entreprise particulière dans laquelle l'argent a été placé. . Tout retour devrait intervenir après avoir produit, pas avant.

Les hommes d'affaires croyaient qu'on pouvait faire n'importe quoi en le « finançant ». Si le premier financement n'aboutissait pas, l'idée était alors de « refinancer ». Le processus de « refinancement » consistait simplement à envoyer de l'argent après un mauvais paiement. Dans la majorité des cas, le besoin de refinancement naît d'une mauvaise gestion, et le refinancement a simplement pour effet de rémunérer les pauvres managers pour qu'ils maintiennent encore un peu plus longtemps leur mauvaise gestion. Il s'agit simplement d'un report du jour du jugement . Ce refinancement improvisé est un stratagème des financiers spéculatifs. Leur argent ne leur sert à rien s'ils ne peuvent pas le relier à un endroit où un vrai travail est effectué, et cela ils ne peuvent pas le faire à moins que, d'une manière ou d'une autre, cet endroit soit mal géré. Ainsi, les financiers spéculatifs se font l'illusion de mettre leur argent à profit. Ils ne sont pas; ils le gaspillent.

J'étais absolument déterminé à ne jamais rejoindre une entreprise dans laquelle la finance précédait le travail ou dans laquelle les banquiers ou les financiers participaient. Et en plus, s'il n'y avait aucun moyen de me lancer dans le genre d'entreprise que je pensais pouvoir gérer dans l'intérêt du public, alors je ne me lancerais tout simplement pas du tout. Car ma courte expérience, ainsi que ce que je voyais se passer autour de moi, étaient une preuve suffisante que les affaires, en tant que simple jeu pour gagner de l'argent, ne méritaient pas qu'on y réfléchisse et n'étaient clairement pas un endroit pour un homme qui voulait accomplir quoi que ce soit. De plus, cela ne me semblait pas être le moyen de gagner de l'argent. Je n'ai pas encore démontré que c'est la bonne solution. Car le seul fondement d'une véritable entreprise est le service.

Un fabricant n'en a pas fini avec son client lorsqu'une vente est conclue. Il vient alors tout juste de commencer avec son client. Dans le cas d'une automobile, la vente de la machine n'est qu'une introduction. Si la machine ne rend pas service, alors il vaut mieux pour le fabricant qu'il n'ait jamais été présenté, car il aura la pire de toutes les publicités : un client insatisfait. Au début de l'automobile, il y avait quelque chose de plus qu'une tendance à considérer la vente d'une machine comme le véritable accomplissement et que par la suite, ce qui arrivait à l'acheteur n'avait plus d'importance. C'est l'attitude myope du vendeur à la commission. Si un vendeur n'est payé que pour ce qu'il vend, on ne peut pas s'attendre à ce qu'il fasse de grands efforts auprès d'un client sur lequel il ne doit plus toucher de commission. Et c'est justement sur ce point que nous avons présenté plus tard l'argument de vente le plus important en faveur de la Ford. Le prix et la qualité de la voiture auraient sans doute fait un marché, et un grand marché. Nous sommes allés au-delà de cela. Un homme qui achetait une de nos voitures avait, à mon avis, droit à une utilisation continue de cette voiture et, par conséquent, s'il rencontrait une panne de quelque nature que ce soit, il était de notre devoir de veiller à ce que sa machine soit remise en état le plus tôt possible. Dans le succès de la voiture Ford, la fourniture précoce d'un service a été un élément déterminant. La plupart des voitures chères de cette époque étaient mal équipées en stations-service. Si votre voiture tombait en panne, vous deviez dépendre du réparateur local, alors que vous aviez le droit de dépendre du constructeur. Si le réparateur local était une personne habile, gardant à portée de main un bon stock de pièces (même si sur de nombreuses voitures, les pièces n'étaient pas interchangeables), le propriétaire avait de la chance. Mais si le réparateur était une personne sans emploi, avec une connaissance adéquate des automobiles et un désir démesuré de faire une bonne chose avec chaque voiture qui venait chez lui pour des réparations, alors même une légère panne signifiait des semaines d'immobilisation et une énorme somme d'argent. grosse facture de réparation qu'il a fallu payer avant que la voiture puisse être retirée. Les réparateurs constituèrent pendant un certain temps la plus grande menace pour l'industrie automobile. Même en 1910 et 1911, le propriétaire d'une automobile était essentiellement considéré comme un homme riche à qui on devait retirer son argent. Nous avons résolument fait face à cette situation dès le début. Nous ne voudrions pas que notre distribution soit bloquée par des hommes stupides et cupides.

Cela prend quelques années d'avance, mais c'est le contrôle financier qui détruit le service parce qu'il s'intéresse à l'argent immédiat. Si la première considération est de gagner une certaine somme d'argent, alors, à moins que par un coup de chance les choses se passent particulièrement bien et qu'il y ait un excédent pour le service afin que les opérateurs puissent avoir une chance, les affaires futures doivent être sacrifiées. pour le dollar d'aujourd'hui.

Et j'ai également remarqué une tendance chez de nombreux hommes d'affaires à sentir que leur sort était dur – ils travaillaient pour espérer le jour où ils pourraient prendre leur retraite et vivre avec un revenu – sortir du conflit. Pour eux, la vie était une bataille à terminer le plus tôt possible. C'était un autre point que je ne parvenais pas à comprendre, car, comme je le disais, la vie n'est pas une bataille, sauf contre notre propre tendance à nous affaisser sous l' effet de « s'installer ». Si pétrifier est le succès, tout ce qu'il faut faire est de satisfaire le côté paresseux de l'esprit, mais si grandir est le succès, alors il faut se réveiller chaque matin et rester éveillé toute la journée. J'ai vu de grandes entreprises devenir l'ombre d'un nom parce que quelqu'un pensait qu'elles pouvaient être gérées comme elles l'étaient toujours, et même si la gestion était peut-être la plus excellente à son époque, son excellence consistait dans sa vigilance à l'égard de son époque, et non dans sa gestion. dans le suivi servile de ses hiers. La vie, telle que je la vois, n'est pas un lieu, mais un voyage. Même l'homme qui se sent le plus « installé » ne l'est pas — il est probablement en train de s'affaisser. Tout est en mouvement et était censé l'être. La vie coule. Nous avons beau habiter au même numéro de rue, ce n'est jamais le même homme qui y habite.

Et de l'illusion selon laquelle la vie est une bataille qui peut être perdue par un faux mouvement naît, j'ai remarqué, un grand amour pour la régularité. Les hommes tombent dans l'habitude de la demi-vie. Il est rare que le cordonnier adopte une nouvelle façon de serrer les chaussures, et rarement l'artisan adopte volontairement de nouvelles méthodes dans son métier. L'habitude conduit à une certaine inertie, et toute perturbation de celle-ci affecte l'esprit comme un trouble. On se rappellera que lorsqu'une étude fut faite sur les méthodes d'atelier, afin d'apprendre aux ouvriers à produire avec moins de mouvements inutiles et de fatigue, les ouvriers eux-mêmes s'y opposèrent le plus. Même s'ils soupçonnaient qu'il s'agissait simplement d'un jeu visant à en tirer le meilleur parti, ce qui les contrariait le plus était que cela interférait avec les sillons bien usés dans lesquels ils avaient pris l'habitude de se déplacer. Les hommes d'affaires font faillite parce qu'ils aiment tellement l'ancienne méthode qu'ils ne peuvent se résoudre à changer. On les voit partout, des hommes qui ne savent pas qu'hier est passé et qui se sont réveillés ce matin avec leurs idées de l'année dernière. On pourrait presque écrire sous forme de formule que lorsqu'un homme commence à penser qu'il a enfin trouvé sa méthode, il ferait mieux de commencer un examen très approfondi de lui-même pour voir si une partie de son cerveau ne s'est pas endormie. Il y a un danger subtil à ce qu'un homme pense qu'il est « réparé » pour la vie. Cela indique que le prochain coup de roue du progrès va le faire tomber.

Il y a aussi la grande peur de passer pour un imbécile. Beaucoup d'hommes ont peur d'être considérés comme des imbéciles. J'admets que l'opinion publique exerce une puissante influence policière sur ceux qui en ont besoin. Il est peut-être vrai que la majorité des hommes ont besoin de la retenue de l'opinion publique. L'opinion publique peut garder un homme meilleur qu'il ne le serait autrement — sinon meilleur moralement, du moins meilleur en ce qui concerne sa désirabilité sociale. Mais ce n'est pas une mauvaise chose d'être un insensé pour l'amour de la justice. Le meilleur dans tout cela est que ces imbéciles vivent généralement assez longtemps pour prouver qu'ils ne l'étaient pas — ou que le travail qu'ils ont commencé dure assez longtemps pour prouver qu'ils ne l'étaient pas.

L'influence de l'argent — la pression de tirer profit d'un « investissement » — et la négligence ou le lésinage qui en résulte sur le travail et donc sur le service, se sont manifestés à moi de bien des manières. Cela semblait être à l'origine de la plupart des problèmes. C'était la cause des bas salaires, car sans un travail bien dirigé, on ne peut pas payer des salaires élevés. Et si toute l'attention n'est pas portée sur le travail, celui-ci ne peut pas être bien dirigé. La plupart des hommes veulent être libres de travailler ; dans le système en vigueur, ils ne pouvaient pas être libres de travailler. Lors de ma première expérience, je n'étais pas libre, je ne pouvais pas donner libre cours à mes idées. Il fallait tout planifier pour gagner de l'argent ; la dernière considération était le travail. Et le plus curieux dans tout cela était l'insistance sur le fait que c'était l'argent et non le travail qui comptait. Il ne semblait pas illogique que l'argent passe avant le travail, même si chacun devait admettre que le profit devait provenir du travail. Le désir semblait être de trouver un raccourci vers l'argent et de laisser de côté le raccourci évident : celui du travail.

Prenez la compétition ; J'ai découvert que la concurrence était censée être une menace et qu'un bon manager contournait ses concurrents en obtenant un monopole par des moyens artificiels. L'idée était qu'il n'y avait qu'un certain nombre de personnes qui pouvaient acheter et qu'il fallait faire passer leur commerce avant quelqu'un d'autre. Certains se rappelleront que plus tard, de nombreux constructeurs automobiles ont formé une association dans le cadre du brevet Selden, simplement pour qu'il soit légalement possible de contrôler le prix et la production des automobiles. Ils avaient la même idée que tant de syndicats : la notion ridicule selon laquelle on peut réaliser plus de profit en travaillant moins que davantage. Ce plan, je crois, est très désuet. Je ne voyais pas alors et je ne vois toujours pas qu'il n'y a pas toujours assez pour celui qui fait son travail ; le temps passé à lutter contre la concurrence est perdu ; il vaudrait mieux qu'il soit dépensé pour faire le travail. Il y a toujours suffisamment de gens prêts et impatients d'acheter, à condition que vous leur fournissiez ce qu'ils veulent et au juste prix – et cela s'applique aussi bien aux services personnels qu'aux biens.

Pendant ce temps de réflexion j'étais loin d'être inactif. Nous allions de l'avant avec un moteur quatre cylindres et la construction de deux grosses voitures de course. J'avais tout mon temps, car je n'ai jamais quitté mon entreprise. Je ne crois pas qu'un homme puisse jamais quitter son entreprise. Il devrait y penser le jour et en rêver la nuit. Il est agréable de prévoir de faire son travail pendant les heures de bureau, de commencer le travail le matin, de le laisser tomber le soir et de ne s'en soucier que le lendemain matin. Cela est parfaitement possible si l'on est constitué de manière à être prêt, tout au long de sa vie, à accepter des directives, à être un employé, éventuellement un employé responsable, mais pas un directeur ou un gestionnaire de quoi que ce soit. Un ouvrier manuel doit avoir une limite d'heures, sinon il s'épuisera. S'il entend rester toujours un ouvrier manuel , alors il doit oublier son travail au coup de sifflet, mais s'il entend aller de l'avant et faire quelque chose, le coup de sifflet n'est qu'un signal pour commencer à réfléchir sur le travail de la journée afin de découvrir comment cela pourrait être mieux fait.

L'homme qui possède la plus grande capacité de travail et de réflexion est celui qui est voué à réussir. Je ne peux pas prétendre dire, parce que je ne sais pas, si l'homme qui travaille toujours, qui ne quitte jamais son entreprise, qui a absolument envie de progresser et qui par conséquent va de l'avant, est plus heureux que celui qui respecte les heures de bureau, à la fois pour son cerveau et ses mains. Il n'est pas nécessaire que quiconque tranche la question. Un moteur de dix chevaux ne tirera pas autant qu'un vingt. L'homme qui respecte ses heures de bureau limite sa puissance. S'il se contente de tirer seulement la charge qu'il a, tant mieux, c'est son affaire — mais il ne doit pas se plaindre si un autre qui a augmenté sa puissance tire plus que lui. Les loisirs et le travail apportent des résultats différents. Si un homme veut du loisir et l'obtient, alors il n'a aucune raison de se plaindre. Mais il ne peut avoir à la fois les loisirs et les résultats du travail.

Concrètement, ce que j'ai le plus réalisé sur les affaires cette année-là – et j'en apprends davantage chaque année sans qu'il soit nécessaire de changer mes premières conclusions – est celui-ci :

(1) Que la finance occupe une place avant le travail et tend donc à tuer le travail et à détruire le fondement du service.

(2) Que penser d'abord à l'argent plutôt qu'au travail fait naître la peur de l'échec et que cette peur bloque toutes les possibilités d'affaires – elle fait peur à l'homme de la concurrence, de changer ses méthodes ou de faire tout ce qui pourrait changer sa condition.

(3) Que la voie est claire pour quiconque pense d'abord au service, à faire le travail de la meilleure façon possible.

CHAPITRE III

COMMENCER LA VRAIE ENTREPRISE

Dans la petite boutique de briques du 81 Park Place, j'ai eu amplement l'occasion de mettre au point le design et certaines méthodes de fabrication d'une nouvelle voiture. Même s'il était possible d'organiser exactement le type d'entreprise que je souhaitais – une entreprise dans laquelle le bon travail et la satisfaction du public seraient des facteurs déterminants – il est devenu évident que je ne pourrais jamais produire une automobile de très bonne qualité qui pourrait être vendue à un prix élevé. un prix bas dans le cadre des méthodes de fabrication existantes.

Tout le monde sait qu'il est toujours possible de faire mieux une deuxième fois. Je ne sais pas pourquoi l'industrie manufacturière n'aurait pas, à cette époque, généralement reconnu cela comme un fait fondamental - à moins qu'il se puisse que les fabricants étaient si pressés d'obtenir quelque chose à vendre qu'ils n'ont pas pris le temps de se préparer adéquatement. Fabriquer "sur commande" au lieu de fabriquer en volume est, je suppose, une habitude, une tradition qui descend des temps anciens de l'artisanat. Demandez à une centaine de personnes comment elles souhaitent qu'un article particulier soit réalisé. Environ quatre-vingts ne le sauront pas ; ils vous le laisseront faire. Quinze penseront qu'ils doivent dire quelque chose, tandis que cinq auront réellement des préférences et des raisons. Les quatre-vingt-quinze, composés de ceux qui ne le savent pas et ne l'admettent pas et des quinze qui ne le savent pas mais ne l'admettent pas, constituent le véritable marché de tout produit. Les cinq qui veulent quelque chose de spécial peuvent ou non être en mesure de payer le prix d'un travail spécial. S'ils ont le prix, ils peuvent obtenir l'œuvre, mais ils constituent un marché particulier et limité. Sur ces quatre-vingt-quinze, dix ou quinze, peut-être, paieront le prix de la qualité. Parmi ceux qui restent, un certain nombre achèteront uniquement en fonction du prix et sans égard à la qualité. Leur nombre diminue chaque jour. Les acheteurs apprennent à acheter. La majorité considérera la qualité et achètera la qualité pour le plus gros prix . Si donc vous découvrez ce qui donnera ces 95 pour cent. de personnes le meilleur service complet et ensuite prendre les dispositions nécessaires pour fabriquer avec la plus haute qualité et vendre au prix le plus bas, vous répondrez à une demande si grande qu'elle peut être qualifiée d'universelle.

Ce n'est pas une standardisation. L'utilisation du mot « normalisation » est très susceptible de créer des ennuis, car il implique un certain gel de la conception et de la méthode et aboutit généralement à ce que le fabricant sélectionne l'article qu'il peut le plus facilement fabriquer et vendre au profit le plus élevé. . Le public n'est pris en compte ni dans la conception ni dans le prix. L'idée derrière la plupart des normalisations est de pouvoir réaliser un profit plus important. Le résultat est qu'avec les économies qui sont inévitables si l'on ne fait qu'une seule chose, le fabricant réalise continuellement un profit de plus en plus grand. Sa production devient également plus importante – ses installations produisent davantage – et avant qu'il ne s'en rende compte, ses marchés regorgent de biens qui ne se vendent pas. Ces produits se vendraient si le fabricant acceptait un prix inférieur. Il existe toujours un pouvoir d'achat, mais ce pouvoir d'achat ne répond pas toujours aux réductions de prix. Si un article a été vendu à un prix trop élevé et que, du fait d'une stagnation des affaires, le prix est soudainement réduit, la réponse est parfois très décevante. Et pour une très bonne raison. Le public se méfie. Il pense que la baisse des prix est fausse et attend une véritable baisse. Nous en avons vu une grande partie l'année dernière. Si au contraire les économies de fabrication se transfèrent d'emblée sur le prix et si l'on sait que telle est la politique du constructeur, le public lui fera confiance et réagira. Ils lui feront confiance pour donner une valeur honnête. La normalisation peut donc sembler une mauvaise affaire à moins qu'elle ne s'accompagne d'un projet de réduction constante du prix de vente de l'article. Et le prix doit être réduit (c'est très important) à cause des économies manufacturières qui se sont produites et non pas parce que la baisse de la demande du public indique qu'il n'est pas satisfait du prix. Le public devrait toujours se demander comment il est possible de donner autant pour son argent.

La normalisation (pour reprendre le mot tel que je le comprends) ne consiste pas simplement à prendre son article le plus vendu et à se concentrer dessus. Il planifie jour et nuit et probablement pendant des années, d'abord sur quelque chose qui conviendra le mieux au public, puis sur la manière dont cela devrait être réalisé. Les processus exacts de fabrication se développeront d'eux-mêmes. Alors, si nous déplaçons l'industrie manufacturière du profit vers la base du service, nous aurons une véritable entreprise dans laquelle les profits seront tout ce que chacun peut désirer.

Tout cela me semble évident. C'est la base logique de toute entreprise qui veut servir 95 pour cent. de la communauté. C'est la manière logique par laquelle la communauté peut se servir elle-même. Je ne comprends pas pourquoi toutes les affaires ne se déroulent pas sur cette base. Pour l'adopter, il suffit de sortir de l'habitude de s'emparer du dollar le plus proche comme s'il s'agissait du seul dollar au monde. Cette habitude a déjà été dans une certaine mesure surmontée. Tous les grands magasins de détail prospères de ce pays pratiquent le prix unique. La seule étape supplémentaire requise est d'abandonner l'idée de fixer un prix en fonction de ce que le trafic supportera et d'adopter plutôt la base de bon sens consistant à fixer un prix en fonction du coût de fabrication, puis à réduire le coût de fabrication. Si la conception du produit a été suffisamment étudiée, ses modifications se produiront très lentement. Mais les changements dans les processus de fabrication se produiront très rapidement et de manière tout à fait naturelle. Cela a été notre expérience dans tout ce que nous avons entrepris. Comme tout cela s'est produit naturellement, je le soulignerai plus tard. Le point que je souhaite souligner ici est qu'il est impossible d'obtenir un produit sur lequel on peut se concentrer à moins qu'une quantité illimitée d'études ne soit donnée au préalable. Ce n'est pas seulement le travail d'un après-midi.

Ces idées se sont formées avec moi au cours de cette année d'expérimentation. La plupart des expériences ont porté sur la construction de voitures de course. L'idée à l'époque était qu'une voiture de première classe devait être une voiture de course. Je n'ai jamais vraiment pensé aux courses, mais à la suite de l'idée du vélo, les constructeurs ont eu l'idée que gagner une course sur piste révélait au public quelque chose sur les mérites d'une automobile - même si je peux difficilement imaginer un test qui en dirait moins.

Mais comme les autres le faisaient, moi aussi je devais le faire. En 1903, avec Tom Cooper, j'ai construit deux voitures uniquement pour la vitesse. Ils étaient assez semblables. Nous avons nommé l'un "999" et l'autre "Flèche". Si une automobile devait être connue pour sa vitesse, alors j'allais fabriquer une automobile qui serait connue partout où la vitesse était connue. C'étaient. J'ai installé quatre gros cylindres développant 80 ch, ce qui jusqu'alors était du jamais vu. Le rugissement de ces cylindres suffisait à lui seul à tuer à moitié un homme. Il n'y avait qu'un seul siège. Une vie pour une voiture suffisait. J'ai essayé les voitures. Cooper a essayé les voitures. Nous les laissons sortir à toute vitesse. Je ne peux pas vraiment décrire la sensation. Passer par les chutes du Niagara n'aurait été qu'un passe-temps après une balade dans l'une d'elles. Je ne voulais pas prendre la responsabilité de piloter la « 999 » que nous avions mise en place en premier, et Cooper non plus. Cooper a déclaré qu'il connaissait un homme qui vivait de vitesse et que rien ne pouvait aller trop vite pour lui. Il a télégraphié à Salt Lake City et est arrivé un cycliste professionnel nommé Barney Oldfield. Il n'avait jamais conduit d'automobile, mais l'idée de l'essayer lui plaisait. Il a dit qu'il essaierait n'importe quoi une fois.

Il ne nous a fallu qu'une semaine pour lui apprendre à conduire. L'homme ne savait pas ce qu'était la peur. Tout ce qu'il devait apprendre, c'était comment contrôler le monstre. Contrôler la voiture la plus rapide d'aujourd'hui n'était rien comparé à contrôler cette voiture-là. Le volant n'avait pas encore été pensé. Toutes les voitures précédentes que j'avais construites avaient simplement des motoculteurs. Sur celui-ci, j'ai mis une barre à deux mains, car pour maintenir la voiture en ligne, il fallait toute la force d'un homme fort. La course pour laquelle nous travaillions se déroulait à trois milles sur la piste de Grosse Point. Nous avons gardé nos voitures comme un cheval noir.

Nous avons laissé les prédictions aux autres. Les traces n'étaient alors pas scientifiquement étayées. On ne savait pas quelle vitesse une automobile pouvait développer. Personne mieux qu'Oldfield ne savait ce que signifiaient les virages et alors qu'il s'asseyait, alors que je lançais la voiture pour le départ, il remarqua joyeusement : « Eh bien, ce char peut me tuer, mais ils diront après que j'allais comme bon sang quand elle m'a repris la banque.

Et il y est allé…. Il n'a jamais osé regarder autour de lui. Il ne s'est pas arrêté dans les courbes. Il a simplement laissé partir cette voiture – et c'est parti. Il avait environ 800 mètres d'avance sur le prochain homme à la fin de la course !

La « 999 » a fait ce pour quoi elle était censée faire : elle annonçait que je pouvais construire une voiture rapide. Une semaine après la course, j'ai créé la Ford Motor Company. J'ai été vice-président, concepteur, maître mécanicien, surintendant et directeur général. La capitalisation de la société était de cent mille dollars, et j'en possédais 25 1/2 pour cent. Le montant total souscrit en espèces était d'environ vingt-huit mille dollars, ce qui est le seul argent que la société ait jamais reçu pour le fonds de capital en dehors des opérations. Au début, je pensais qu'il était possible, malgré mon expérience antérieure, de continuer avec une entreprise dans laquelle je possédais moins que la participation majoritaire. Très vite, j'ai compris que je devais avoir le contrôle et c'est pourquoi, en 1906, avec les fonds que j'avais gagnés dans la société, j'ai acheté suffisamment d'actions pour porter mes avoirs à 51 pour cent, et un peu plus tard, j'en ai acheté suffisamment pour me donner 58 pour cent. 1/2 pour cent. Les nouveaux équipements et tout le développement de l'entreprise ont toujours été financés par les bénéfices. En 1919, mon fils Edsel acheta les 41,5 pour cent restants des actions parce que certains actionnaires minoritaires n'étaient pas d'accord avec ma politique. Pour ces actions, il paya à raison de 12 500 $ pour chaque tranche de 100 $, et en tout, il paya environ soixante-quinze millions.

L'entreprise d'origine et son équipement, comme on peut le constater, n'étaient pas élaborés. Nous avons loué la menuiserie Strelow sur Mack Avenue. En réalisant mes dessins, j'avais également élaboré les méthodes de fabrication, mais comme à cette époque nous n'avions pas les moyens d'acheter des machines, la voiture entière était fabriquée selon mes dessins, mais par différents fabricants, et à peu près tout ce que nous faisions, même en termes d'assemblage, il s'agissait de mettre les roues, les pneus et la carrosserie. Ce serait vraiment la méthode de fabrication la plus économique si seulement on pouvait être certain que toutes les différentes pièces seraient fabriquées selon le plan de fabrication que j'ai décrit ci-dessus. La fabrication la plus économique de l'avenir sera celle dans laquelle l'ensemble d'un article n'est pas fabriqué sous un même toit – à moins, bien entendu, qu'il s'agisse d'un article très simple. La méthode moderne – ou mieux, future – consiste à fabriquer chaque pièce là où elle peut le mieux être fabriquée, puis à assembler les pièces en une unité complète aux points de consommation. C'est la méthode que nous suivons actuellement et que nous espérons étendre. Cela ne ferait aucune différence qu'une entreprise ou un individu soit propriétaire de toutes les usines fabriquant les composants d'un seul produit, ou que ces pièces soient fabriquées dans notre usine indépendante, *si seulement tous adoptaient les mêmes méthodes de service* . Si nous pouvons acheter une pièce aussi bonne que possible et que l'offre est abondante et le prix correct, nous n'essayons pas de la fabriquer nous-mêmes – ou, en tout cas, de fabriquer plus qu'un approvisionnement d'urgence. En fait, il vaudrait peut-être mieux que la propriété soit largement dispersée.

J'avais principalement expérimenté la réduction du poids. L'excès de poids tue tout véhicule automoteur. Il existe de nombreuses idées stupides sur le poids. Il est étrange, quand on y pense, de voir certains termes idiots devenir d'usage courant. Il y a l'expression « poids lourd » appliquée à l'appareil mental d'un homme ! Qu'est-ce que ça veut dire? Personne ne veut être gros et lourd de corps – alors pourquoi de tête ? Pour une raison maladroite, nous en sommes venus à confondre force et poids. Les méthodes rudimentaires de construction des premiers temps y sont sans aucun doute pour beaucoup. La vieille charrette à bœufs pesait une tonne – et elle était si lourde qu'elle était faible ! Pour transporter quelques tonnes d'humanité de New York à Chicago, le chemin de fer construit un train qui pèse plusieurs centaines de tonnes, et le résultat est une perte absolue de force réelle et un gaspillage extravagant de millions de dollars sous forme d'énergie. La loi des rendements décroissants commence à s'appliquer à partir du moment où la force devient poids. Le poids peut être souhaitable dans un rouleau à vapeur, mais nulle part ailleurs. La force n'a rien à voir avec le poids. La mentalité de l'homme qui fait les choses dans le monde est agile, légère et forte. Les plus belles choses du monde sont celles dont tout excès de poids a été éliminé. La force n'est jamais seulement le poids, que ce soit chez les hommes ou dans les choses. Chaque fois qu'on me suggère d'augmenter le poids ou d'ajouter une partie, j'envisage de diminuer le poids et d'éliminer une partie ! La voiture que j'ai conçue était plus légère que n'importe quelle voiture ayant déjà été fabriquée. Elle aurait été plus légère si j'avais su comment la fabriquer. Plus tard, j'ai obtenu les matériaux nécessaires pour fabriquer la voiture plus légère.

Au cours de notre première année, nous avons construit le « Modèle A », vendant le runabout pour huit cent cinquante dollars et le tonneau pour cent dollars de plus. Ce modèle était doté d'un moteur bicylindre opposé développant huit chevaux. Il avait une transmission par chaîne, un empattement de soixante-douze pouces (qui était censé être long) et une capacité de carburant de cinq gallons. Nous avons fabriqué et vendu 1 708 voitures la première année. Voilà à quel point le public a réagi.

Chacun de ces « modèles A » a une histoire. Prenez le numéro 420. Le colonel DC Collier de Californie l'a acheté en 1904. Il l'a utilisé pendant quelques années, l'a vendu et a acheté une nouvelle Ford. Le n° 420 changea fréquemment de mains jusqu'en 1907, date à laquelle il fut acheté par un certain Edmund Jacobs vivant près de Ramona, au cœur des montagnes. Il l'a conduit pendant plusieurs années dans les travaux les plus pénibles. Puis il a acheté une nouvelle Ford et a vendu l'ancienne. En 1915, le n° 420 était passé entre les mains d'un homme nommé Cantello qui a retiré le moteur, l'a attelé à une pompe à eau, a installé des arbres sur le châssis et maintenant, pendant que le moteur s'en va au pompage de l'eau, le châssis tiré par un burro fait office de buggy. La morale, bien sûr, est que vous pouvez disséquer une Ford mais vous ne pouvez pas la tuer.

Dans notre première publicité, nous disions :

> Notre objectif est de construire et de commercialiser une automobile spécialement conçue pour un usage quotidien – professionnel, professionnel et familial ; une automobile qui atteindra une vitesse suffisante pour satisfaire l'individu moyen sans acquérir aucune de ces vitesses vertigineuses qui sont si universellement condamnées ; une machine qui sera admirée par l'homme, la femme et l'enfant pour sa compacité, sa simplicité, sa sécurité, sa commodité à tous points de vue et, enfin et surtout, son prix extrêmement raisonnable qui la met à la portée de beaucoup des milliers de personnes qui ne pouvaient pas songer à payer les prix relativement fabuleux demandés pour la plupart des machines.

Et voici les points que nous avons soulignés :

Bon matériel.

Simplicité : la plupart des voitures de l'époque nécessitaient des compétences considérables dans leur gestion.

Le moteur.

L'allumage, qui était assuré par deux jeux de six piles sèches.

Le huilage automatique.

La simplicité et la facilité de contrôle de la transmission, qui était de type planétaire.

La fabrication.

Nous n'avons pas fait appel au plaisir. Nous ne l'avons jamais fait. Dans sa première publicité, nous montrions qu'une automobile était un utilitaire. Nous l'avons dit:

Nous entendons souvent citer le vieux proverbe « Le temps, c'est de l'argent », et pourtant, combien peu d'hommes d'affaires et de professionnels agissent comme s'ils croyaient réellement à sa vérité.

Les hommes qui se plaignent constamment du manque de temps et déplorent le peu de jours dans la semaine – les hommes pour qui chaque cinq minutes perdues signifie un dollar gaspillé – les hommes pour qui cinq minutes de retard signifie parfois la perte de plusieurs dollars – dépendront pourtant sur les moyens de transport aléatoires, inconfortables et limités qu'offrent les tramways, etc., alors que l'investissement d'une somme extrêmement modérée dans l'achat d'une automobile perfectionnée, efficace et de haute qualité éliminerait l'anxiété et l'imponibilité et offrirait un luxe moyens de voyage toujours à votre disposition.

Toujours prêt, toujours sûr.

Conçu pour vous faire gagner du temps et donc de l'argent.

Conçu pour vous emmener partout où vous voulez aller et vous ramener à l'heure.

Conçu pour renforcer votre réputation de ponctualité ; pour garder vos clients de bonne humeur et d'humeur à acheter.

Conçu pour les affaires ou le plaisir, comme vous le dites.

Construit également pour le bien de votre santé – pour vous transporter « sans à-coups » sur toutes sortes de routes à moitié décentes, pour rafraîchir votre cerveau avec le luxe de beaucoup de « plein air » et vos poumons avec le « tonique des toniques » – le droit genre d'ambiance.

C'est aussi votre mot à dire lorsqu'il s'agit de vitesse. Vous pouvez, si vous le souhaitez, vous attarder dans les avenues ombragées ou appuyer sur la pédale jusqu'à ce que tout le paysage vous ressemble et que vous deviez garder les yeux écarquillés pour compter les jalons au fur et à mesure qu'ils passent.

Je donne l'essentiel de cette publicité pour montrer que, dès le début, nous cherchions à fournir un service – nous ne nous sommes jamais souciés d'une « voiture de sport ».

Les affaires se sont déroulées presque comme par magie. Les voitures ont acquis la réputation de résister. Ils étaient solides, simples et bien faits. Je travaillais sur la conception d'un modèle unique universel, mais je n'avais pas réglé les conceptions et nous n'avions pas non plus l'argent nécessaire pour construire et équiper le type d'usine approprié pour la fabrication. Je n'avais pas l'argent nécessaire pour découvrir les matériaux les meilleurs et les plus légers. Nous devions encore accepter les matériaux proposés par le marché : nous obtenions le meilleur, mais nous n'avions aucune installation pour l'étude scientifique des matériaux ou pour des recherches originales.

Mes associés n'étaient pas convaincus qu'il était possible de limiter nos voitures à un seul modèle. Le commerce automobile suivait l'ancien commerce de la bicyclette, dans lequel chaque constructeur jugeait nécessaire de sortir chaque année un nouveau modèle et de le rendre si différent de tous les modèles précédents que ceux qui avaient acheté les anciens modèles voudraient se débarrasser des anciens. et achète le neuf. C'était censé être une bonne affaire. C'est la même idée à laquelle les femmes se soumettent dans leurs vêtements et leurs chapeaux. Il ne s'agit pas là d'un service : il s'agit uniquement de fournir quelque chose de nouveau, pas quelque chose de meilleur. Il est extraordinaire de constater à quel point est fermement ancrée l'idée selon laquelle le commerce – la vente continue – ne dépend pas de la satisfaction du client une fois pour toutes, mais de la nécessité d'abord d'obtenir son argent pour un article, puis de le persuader d'en acheter un nouveau et différent. Le plan que j'avais alors en tête, mais que nous n'étions pas suffisamment avancés pour exprimer, était que, lorsqu'un modèle était arrêté, chaque amélioration de ce modèle devait être interchangeable avec l'ancien modèle, de sorte que une voiture ne devrait jamais être démodée. Mon ambition est que chaque pièce de machinerie ou tout autre produit non consommable que je fabrique soit si solide et si bien fabriqué que personne ne devrait jamais avoir à en acheter un deuxième. Une bonne machine, quelle qu'elle soit, devrait durer aussi longtemps qu'une bonne montre.

Au cours de la deuxième année, nous avons réparti nos énergies entre trois modèles. Nous avons fabriqué une voiture de tourisme à quatre cylindres, le « Modèle B », qui s'est vendue deux mille dollars ; le « Modèle C », qui était un « Modèle A » légèrement amélioré et vendu cinquante dollars de plus que l'ancien prix ; et « Model F », une voiture de tourisme vendue mille dollars. Autrement dit, nous avons dispersé notre énergie et augmenté les prix – et nous avons donc vendu moins de voitures que la première année. Les ventes s'élevaient à 1 695 voitures.

Ce « modèle B » – la première voiture à quatre cylindres destinée à un usage routier général – devait faire l'objet de publicité. Gagner une course ou établir un record était alors la meilleure forme de publicité. J'ai donc réparé la "Arrow", la jumelle de l'ancienne "999" - en fait, je l'ai pratiquement refaite - et une semaine avant le salon de l'automobile de New York, je l'ai conduite moi-même sur un kilomètre étudié sur la glace. Je n'oublierai jamais cette course. La glace semblait suffisamment lisse, si lisse que si j'avais annulé le procès, nous aurions obtenu une immense quantité de publicité de mauvais type, mais au lieu d'être lisse, cette glace était cousue de fissures qui, je le savais, allaient causer des ennuis. au moment où j'ai pris de la vitesse. Mais il n'y avait rien d'autre à faire que de terminer le procès, et j'ai laissé sortir le vieux "Arrow". À chaque fissure, la voiture sautait dans les airs. Je n'ai jamais su comment ça se passait. Quand je n'étais pas dans les airs, je dérapais, mais d'une manière ou d'une autre, je restais à l'envers et sur le parcours, réalisant un record qui a fait le tour du monde ! Cela a mis le « modèle B » sur la carte, mais pas suffisamment pour surmonter la hausse des prix. Aucun coup publicitaire ni aucune publicité ne vendront un article pendant un certain temps. Les affaires ne sont pas un jeu. La morale arrive.

Notre petit atelier de menuiserie était devenu, avec le commerce que nous faisions, devenu totalement inadapté, et en 1906 nous avons puisé dans notre fonds de roulement suffisamment de fonds pour construire une usine de trois étages à l'angle des rues Piquette et Beaubien , qui pour la première fois nous a donné de véritables installations de fabrication. Nous avons commencé à fabriquer et à assembler un grand nombre de pièces, même si nous étions encore principalement un atelier d'assemblage. En 1905-1906, nous n'avons fabriqué que deux modèles – une voiture à quatre cylindres à 2 000 $ et une autre voiture de tourisme à 1 000 $, toutes deux étant les modèles de l'année précédente – et nos ventes sont tombées à 1 599 voitures.

Certains ont dit que c'était parce que nous n'avions pas sorti de nouveaux modèles. Je pensais que c'était parce que nos voitures étaient trop chères : elles ne séduisaient pas les 95 pour cent. J'ai changé de politique l'année suivante, après avoir d'abord acquis le contrôle des stocks. En 1906-1907, nous avons complètement abandonné la fabrication de voitures de tourisme et avons fabriqué trois modèles de runabouts et de roadsters, dont aucun ne différait sensiblement des autres par le processus de fabrication ou les composants, mais étaient quelque peu différents en apparence. Le plus important, c'est que la voiture la moins chère s'est vendue à 600 dollars et la plus chère à seulement 750 dollars, et c'est là qu'est venue la démonstration complète de ce que signifiait le prix. Nous avons vendu 8 423 voitures, soit près de cinq fois plus que lors de notre plus importante année précédente. Notre semaine phare fut celle du 15 mai 1908, lorsque nous assemblâmes 311 voitures en six jours ouvrables. Cela a presque inondé nos installations. Le contremaître avait un tableau de pointage sur lequel il inscrivait chaque wagon au fur et à mesure qu'il était terminé et le remettait aux testeurs. Le tableau de bord n'était guère à la hauteur de la tâche. Un jour du mois de juin suivant, nous avons assemblé une centaine de voitures.

L'année suivante, nous avons abandonné le programme qui avait connu un tel succès et j'ai conçu une grosse voiture – cinquante chevaux, six cylindres – qui brûlerait les routes. Nous avons continué à fabriquer nos petites voitures, mais la panique de 1907 et le détournement vers le modèle plus cher ont réduit les ventes à 6 398 voitures.

Nous avions vécu une période d'expérimentation de cinq ans. Les voitures commençaient à être vendues en Europe. L'entreprise, telle qu'elle s'appelait alors une entreprise automobile, était considérée comme extraordinairement prospère. Nous avions beaucoup d'argent. Depuis la première année, nous avons pratiquement toujours eu beaucoup d'argent. Nous avons vendu au comptant, nous n'avons pas emprunté d'argent et nous avons vendu directement à l'acheteur. Nous n'avions aucune mauvaise dette et nous restions sur nous-mêmes à chaque mouvement. J'ai toujours respecté mes ressources. Je n'ai jamais jugé nécessaire de les mettre à rude épreuve, car, inévitablement, si vous prêtez attention au travail et au service, les ressources augmenteront plus rapidement que vous ne pourrez imaginer les voies et moyens d'en disposer.

Nous avons été minutieux dans la sélection de nos vendeurs. Au début, il était très difficile de trouver de bons vendeurs, car le commerce automobile n'était pas censé être stable. Il était censé s'agir d'un produit de luxe, de véhicules de plaisir. Nous avons fini par nommer des agents, sélectionnant les meilleurs hommes que nous pouvions trouver, puis leur versant un salaire supérieur à ce qu'ils pourraient gagner en affaires pour eux-mêmes. Au début, nous n'avions pas payé beaucoup de salaires. Nous tâtonnions, mais lorsque nous avons su quelle était notre voie, nous avons adopté la politique consistant à payer la récompense la plus élevée pour le service, puis à insister pour obtenir le service le plus élevé. Parmi les exigences requises pour un agent, nous avons établi les suivantes :

(1) Un homme progressiste et actuel, profondément conscient des possibilités des affaires.

(2) Un lieu d'affaires approprié, propre et d'apparence digne.

(3) Un stock de pièces suffisant pour effectuer des remplacements rapides et maintenir en service actif chaque voiture Ford sur son territoire.

(4) Un atelier de réparation adéquatement équipé et doté des machines appropriées pour chaque réparation et réglage nécessaire.

(5) Des mécaniciens parfaitement familiers avec la construction et le fonctionnement des voitures Ford.

(6) Un système de comptabilité complet et un système de suivi des ventes, de sorte qu'il soit immédiatement évident quelle est la situation financière des différents départements de son entreprise, l'état et la taille de son stock, les propriétaires actuels de voitures, et les perspectives d'avenir.

(7) Propreté absolue dans tous les départements. Il ne doit y avoir ni vitres non lavées, ni meubles poussiéreux, ni sols sales .

(8) Un panneau d'affichage approprié.

(9) L'adoption de politiques qui garantiront une conduite absolument honnête et le plus haut caractère d'éthique des affaires.

Et voici l'instruction générale qui a été émise :

> Un concessionnaire ou un vendeur devrait avoir le nom de tous les acheteurs d'automobiles possibles sur son territoire, y compris tous ceux qui n'y ont jamais réfléchi. Il devrait alors solliciter personnellement, par visite si possible — par correspondance au moins — chaque homme figurant sur cette liste et, en rédigeant ensuite les notes nécessaires, connaître la situation automobile relative à chaque résident ainsi sollicité. Si votre territoire est trop grand pour permettre cela, vous avez trop de territoire.

Le chemin n'était pas facile. Nous avons été harcelés par un grand procès intenté contre l'entreprise pour tenter de nous obliger à nous aligner sur une association de constructeurs automobiles, qui fonctionnait selon le faux principe selon lequel il n'existait qu'un marché limité pour les automobiles et qu'un monopole sur ce marché était essentiel. . Il s'agissait du fameux procès Selden Patent. Parfois, le soutien de notre défense a mis à rude épreuve nos ressources. M. Selden, décédé récemment, n'a pas grand-chose à voir avec le procès. C'est l'association qui cherchait à obtenir le monopole du brevet. La situation était la suivante :

George B. Selden, un conseil en brevets, a déposé une demande de brevet dès 1879 dont l'objet était déclaré être « la production d'une locomotive routière sûre, simple et bon marché, légère, facile à contrôler, possédant suffisamment de puissance pour vaincre une inclination ordinaire. Cette demande a été maintenue en vie au Bureau des brevets, par des méthodes parfaitement légales, jusqu'en 1895, date à laquelle le brevet a été délivré. En 1879, lorsque la demande fut déposée, l'automobile était pratiquement inconnue du grand public, mais au moment où le brevet fut délivré, tout le monde connaissait les véhicules automoteurs, et la plupart des hommes, moi y compris, qui le connaissaient depuis des années travaillant sur la propulsion motorisée, ont été surpris d'apprendre que ce que nous avions rendu réalisable faisait l'objet d'une candidature datant d'années auparavant, alors que le candidat avait gardé son idée simplement comme une idée. Il n'avait rien fait pour le mettre en pratique.

Les revendications spécifiques du brevet étaient divisées en six groupes et je pense qu'aucune d'entre elles n'était une idée vraiment nouvelle, même en 1879, lorsque la demande a été déposée. Le Bureau des brevets a autorisé une combinaison et a délivré un soi-disant « brevet de combinaison » décidant que la combinaison (a) d'un chariot avec sa carrosserie et son volant, avec (b) l'embrayage et l'engrenage du mécanisme de propulsion, et enfin (c) le moteur, a fait un brevet valide.

Avec tout cela, nous n'étions pas concernés. Je pensais que mon moteur n'avait rien de commun avec ce que Selden avait en tête. La puissante association de constructeurs qui s'appelaient eux-mêmes "fabricants agréés" parce qu'ils opéraient sous licence du titulaire du brevet, a intenté une action contre nous dès que nous avons commencé à jouer un rôle dans la production automobile. Le procès s'éternise. Le but était de nous effrayer et de nous faire perdre notre activité. Nous avons recueilli de nombreux témoignages, et le coup dur est venu le 15 septembre 1909, lorsque le juge Hough a rendu un avis devant le tribunal de district des États-Unis et a statué contre nous. Immédiatement, cette association agréée a commencé à faire de la publicité, mettant en garde les acheteurs potentiels contre nos voitures. Ils avaient fait la même chose en 1903, au début du procès, quand on pensait que nous pourrions être mis en faillite. J'étais implicitement convaincu que nous finirions par gagner notre procès. Je savais simplement que nous avions raison, mais c'était un coup dur d'obtenir la première décision contre nous, car nous pensions que de nombreux acheteurs - même si aucune injonction n'avait été émise contre nous - seraient dissuadés d'acheter en raison des menaces de justice. action contre des propriétaires individuels. L'idée s'est répandue que si le procès était finalement contre moi, tous les propriétaires d'une voiture Ford seraient poursuivis. Certains de mes opposants les plus enthousiastes, je crois, ont laissé entendre en privé qu'il y aurait des poursuites pénales aussi bien que civiles et qu'un homme qui achète une voiture Ford pourrait tout aussi bien acheter une contravention pour la prison. Nous avons répondu par une annonce pour laquelle nous avons pris quatre pages dans les principaux journaux du pays. Nous avons exposé notre cause – nous avons exposé notre confiance dans la victoire – et avons dit en conclusion :

En conclusion, nous vous prions de préciser s'il y a des acheteurs potentiels d'automobiles qui sont intimidés par les affirmations de nos adversaires et que nous leur accorderons, en plus de la protection de la Ford Motor Company avec ses quelque 6 000 000,00 $ d'actifs, un particulier. cautionnée par une société possédant plus de 6 000 000,00 $ d'actifs supplémentaires, de sorte que chaque propriétaire individuel d'une voiture Ford soit protégé jusqu'à ce qu'au moins 12 000 000,00 $ d'actifs aient été anéantis par ceux qui désirent contrôler et monopoliser cette merveilleuse industrie.

La caution vous appartient sur demande, alors ne vous laissez pas vendre des voitures de qualité inférieure à des prix extravagants à cause de toute déclaration faite par cet organisme « Divin ».

NB— Ce combat n'est pas mené par la Ford Motor Company sans l'avis et les conseils des conseils en brevets les plus compétents de l'Est et de l'Ouest.

Nous pensions que la caution donnerait aux acheteurs l'assurance qu'ils avaient besoin de confiance. Ils n'ont pas. Nous avons vendu plus de dix-huit mille voitures – soit près du double de la production de l'année précédente – et je pense qu'une cinquantaine d'acheteurs ont demandé des cautions – c'était peut-être moins que cela.

En fait, rien n'a probablement fait autant de publicité pour la voiture Ford et la Ford Motor Company que ce procès. Il s'est avéré que nous étions les outsiders et que nous avions la sympathie du public. L'association disposait de soixante-dix millions de dollars – au début, nous n'en avions pas la moitié. Je n'ai jamais eu de doute sur l'issue, mais c'était néanmoins une épée suspendue au-dessus de nos têtes dont nous pourrions tout aussi bien nous passer. La poursuite de ce procès était probablement l'un des actes les plus myopes qu'un groupe d'hommes d'affaires américains ait jamais commis ensemble. Pris sous tous ses angles, il constitue le meilleur exemple possible d'une adhésion involontaire pour tuer un métier. Je considère comme une grande chance pour les constructeurs automobiles du pays que nous ayons finalement gagné et que l'association ait cessé d'être un facteur sérieux dans l'entreprise. En 1908, cependant, malgré ce procès, nous étions arrivés à un point où il était possible d'annoncer et de mettre en fabrication le type de voiture que je voulais construire.

CHAPITRE IV

LE SECRET DE FABRICATION ET DE SERVICE

Maintenant, je ne décris pas la carrière de Ford Motor Company pour quelque raison personnelle que ce soit. Je ne dis pas : « Va et fais de même ». Ce que j'essaie de souligner, c'est que la manière habituelle de faire des affaires n'est pas la meilleure. J'en arrive au point de m'éloigner complètement des méthodes ordinaires. De là date l'extraordinaire succès de l'entreprise.

Nous avions suivi assez fidèlement les usages du métier. Notre automobile était moins complexe que toute autre. Nous n'avions pas d'argent extérieur dans l'entreprise. Mais en dehors de ces deux points, nous ne différions pas sensiblement des autres constructeurs automobiles, si ce n'est que nous avions connu un peu plus de succès et avions suivi de manière rigide la politique consistant à accepter tous les escomptes, à réinvestir nos bénéfices dans l'entreprise et à maintenir une importante trésorerie. équilibre. Nous avons engagé des voitures dans toutes les courses. Nous avons fait de la publicité et nous avons augmenté nos ventes. En dehors de la simplicité de construction de la voiture, notre principale différence de conception résidait dans le fait que nous n'avions rien prévu pour une "voiture de plaisir" pure. Nous étions autant une voiture de plaisir que n'importe quelle autre voiture sur le marché, mais nous n'accordions aucune attention aux caractéristiques purement luxueuses. Nous ferions un travail spécial pour un acheteur et je suppose que nous aurions fabriqué une voiture spéciale à un certain prix. Nous étions une entreprise prospère. Nous aurions facilement pu nous asseoir et dire : « Maintenant, nous sommes arrivés. Gardons ce que nous avons. »

En fait, il y avait une certaine disposition à prendre cette position. Certains actionnaires furent sérieusement alarmés lorsque notre production atteignit une centaine de voitures par jour. Ils voulaient faire quelque chose pour m'empêcher de ruiner l'entreprise, et quand je leur répondis que cent voitures par jour, ce n'était qu'une bagatelle et que j'espérais bientôt en gagner mille par jour, ils furent inexprimablement choqués et je comprends. sérieusement envisagé une action en justice. Si j'avais suivi l'opinion générale de mes associés, j'aurais maintenu l'entreprise telle qu'elle était, placé nos fonds dans un bel immeuble administratif, essayé de conclure des marchés avec des concurrents qui semblaient trop actifs, élaboré de temps en temps de nouveaux projets pour Ils attirent l'attention du public et sont généralement devenus des citoyens tranquilles et respectables avec des affaires tranquilles et respectables.

La tentation de s'arrêter et de s'accrocher à ce qu'on a est tout à fait naturelle. Je peux tout à fait comprendre le désir de quitter une vie active et de se retirer dans une vie aisée. Je n'ai jamais ressenti cette envie moi-même, mais je peux comprendre ce que c'est, même si je pense qu'un homme qui prend sa retraite devrait complètement se retirer des affaires. Il existe une disposition à prendre sa retraite et à conserver le contrôle. Cependant, cela ne faisait pas partie de mon projet de faire quoi que ce soit de ce genre. Je considérais nos progrès simplement comme une invitation à faire davantage, comme une indication que nous avions atteint un point où nous pourrions commencer à rendre un véritable service. J'avais planifié chaque jour au cours de ces années une voiture universelle. Le public avait fait part de ses réactions face aux différents modèles. Les voitures en service, les courses et les essais sur route ont donné d'excellents guides sur les changements à apporter, et même en 1905, j'avais assez en tête les spécifications du type de voiture que je voulais construire. Mais il me manquait le matériau pour donner de la force sans poids. Je suis tombé sur ce matériel presque par hasard.

En 1905, j'ai participé à une course automobile à Palm Beach. Il y a eu une grosse collision et une voiture française a été accidentée. Nous étions entrés dans notre « Modèle K », le six puissant. Je pensais que les voitures étrangères avaient des pièces plus petites et de meilleure qualité que ce que nous connaissions. Après le naufrage, j'ai récupéré une petite tige de valve. C'était très léger et très solide. J'ai demandé de quoi il était fait. Personne ne savait. J'ai donné la tige à mon assistant.

"Découvrez tout cela", lui dis-je. "C'est le genre de matériel que nous devrions avoir dans nos voitures."

Il découvrit finalement qu'il s'agissait d'un acier français et qu'il contenait du vanadium. Nous avons essayé tous les aciéristes américains : aucun n'était capable de fabriquer de l'acier au vanadium. J'ai envoyé en Angleterre chercher un homme qui savait comment fabriquer de l'acier de manière commerciale. La prochaine étape était de trouver une usine pour le produire. C'était un autre problème. Le vanadium nécessite 3 000 degrés Fahrenheit. Le four ordinaire ne pouvait pas dépasser 2 700 degrés. J'ai trouvé une petite entreprise sidérurgique à Canton, Ohio. Je leur ai proposé de les garantir contre toute perte s'ils voulaient faire une course pour nous. Ils étaient d'accord. La première manche a été un échec. Il reste très peu de vanadium dans l'acier. Je leur ai fait réessayer, et la deuxième fois, l'acier est passé. Jusque-là, nous étions obligés de nous contenter d'acier ayant une résistance à la traction comprise entre 60 000 et 70 000 livres. Avec le vanadium, la résistance est passée à 170 000 livres.

Ayant du vanadium en main, j'ai démonté nos modèles et testé en détail pour déterminer quel type d'acier était le meilleur pour chaque pièce, si nous voulions un acier dur, un acier résistant ou un acier élastique. Pour la première fois, je pense, dans l'histoire d'une grande construction, nous avons déterminé scientifiquement la qualité exacte de l'acier. En conséquence, nous avons ensuite sélectionné vingt types d'acier différents pour les différentes pièces en acier. Une dizaine d'entre eux étaient du vanadium. Le vanadium était utilisé partout où force et légèreté étaient requises. Bien sûr, ils ne sont pas tous du même type d'acier au vanadium. Les autres éléments varient selon que la pièce doit résister à une forte usure ou si elle a besoin de ressort, bref selon ce dont elle a besoin. Avant ces expériences, je crois qu'on n'avait jamais utilisé plus de quatre qualités d'acier différentes dans la construction automobile. En expérimentant davantage, notamment dans le domaine du traitement thermique, nous avons pu encore augmenter la résistance de l'acier et donc réduire le poids de la voiture. En 1910, le ministère français du Commerce et de l'Industrie a pris l'un de nos étriers de bielle d'axe de direction, en le sélectionnant comme unité vitale, et l'a essayé avec une pièce similaire de ce qu'ils considéraient comme la meilleure voiture française, et à chaque test, notre acier a prouvé la plus forte.

L'acier au vanadium éliminait une grande partie du poids. J'avais déjà élaboré les autres conditions requises pour une voiture universelle et bon nombre d'entre elles étaient mises en pratique. Le design devait être équilibré. Les hommes meurent parce qu'une partie lâche. Les machines se détruisent toutes seules parce que certaines pièces sont plus faibles que d'autres. Par conséquent, une partie du problème lors de la conception d'une voiture universelle était d'avoir autant que possible toutes les pièces de résistance égale compte tenu de leur objectif : mettre un moteur dans un shay à un cheval. Il fallait aussi qu'il soit infaillible. Cela a été difficile car un moteur à essence est essentiellement un instrument délicat et il existe une merveilleuse opportunité pour quiconque a un tel esprit de le gâcher. J'ai adopté ce slogan :

"Quand une de mes voitures tombe en panne, je sais que c'est ma faute."

Dès le jour où la première automobile est apparue dans les rues, cela m'est apparu comme une nécessité. Ce sont ces connaissances et cette assurance qui m'ont amené à construire jusqu'au bout : une voiture qui répondrait aux besoins des multitudes. Tous mes efforts étaient alors et sont toujours tournés vers la production d'une seule voiture, d'un seul modèle. Et, année après année, la pression était, et est toujours, pour améliorer, affiner et faire mieux, avec une baisse croissante des prix. La voiture universelle devait avoir ces attributs :

(1) Qualité du matériau pour offrir un service d'utilisation. L'acier au vanadium est l'acier le plus solide, le plus résistant et le plus durable. Il

constitue la base et la superstructure des voitures. Il s'agit de l'acier de la plus haute qualité au monde à cet égard, quel que soit son prix.

(2) Simplicité de fonctionnement – parce que les masses ne sont pas mécaniques.

(3) Puissance en quantité suffisante.

(4) Fiabilité absolue – en raison des utilisations variées auxquelles les voitures seraient destinées et de la variété des routes sur lesquelles elles circuleraient.

(5) Légèreté. Avec la Ford, il n'y a que 7,95 livres à transporter par chaque pouce cube de cylindrée du piston. C'est l'une des raisons pour lesquelles les voitures Ford « vont toujours », où et quand vous les voyez : dans le sable et la boue, dans la neige fondante, la neige et l'eau, sur les collines, à travers les champs et les plaines sans route .

(6) Contrôler : garder sa vitesse toujours en main, faire face calmement et en toute sécurité à toutes les urgences et imprévus, que ce soit dans les rues bondées de la ville ou sur les routes dangereuses. La transmission planétaire de la Ford donnait ce contrôle et n'importe qui pouvait le faire fonctionner. C'est le « pourquoi » du dicton : « N'importe qui peut conduire une Ford ». Il peut se retourner presque n'importe où.

(7) Plus une automobile pèse, plus naturellement il faut de carburant et de lubrifiants pour la conduire ; plus le poids est léger, plus les dépenses d'exploitation sont légères. Le poids léger de la voiture Ford dans ses premières années a été utilisé comme argument contre cette idée. Maintenant, tout a changé.

Le modèle sur lequel j'ai opté s'appelait "Modèle T". La caractéristique importante du nouveau modèle — qui, s'il était accepté, comme je le pensais, j'avais l'intention de réaliser le modèle unique et de commencer ensuite la production réelle — était sa simplicité. Il n'y avait que quatre éléments de construction dans la voiture : le groupe motopropulseur, le châssis, l'essieu avant et l'essieu arrière. Tous ces éléments étaient facilement accessibles et conçus de manière à ce qu'aucune compétence particulière ne soit requise pour leur réparation ou leur remplacement. Je pensais alors, même si j'en ai très peu parlé en raison de la nouveauté de l' idée, qu'il devrait être possible d'avoir des pièces si simples et si peu coûteuses que la menace de travaux de réparation manuels coûteux serait entièrement éliminée. Les pièces pourraient être fabriquées à un si bas prix qu'il serait moins coûteux d'en acheter de nouvelles que de faire réparer les anciennes. Ils pourraient être transportés dans les quincailleries tout comme les clous ou les boulons. Je pensais que c'était à moi, en tant que designer, de rendre la voiture si simple que personne ne puisse manquer de la comprendre.

Cela fonctionne dans les deux sens et s'applique à tout. Moins un article est complexe, plus il est facile à fabriquer, moins il peut être vendu à bas prix et donc plus il peut être vendu en grand nombre.

Il n'est pas nécessaire d'entrer dans les détails techniques de la construction, mais c'est peut-être le meilleur endroit pour passer en revue les différents modèles, car le "Modèle T" était le dernier des modèles et la politique qu'il a entraînée a pris cette affaire. un métier hors du commun. L'application de la même idée ferait sortir n'importe quelle entreprise de son activité ordinaire.

J'ai conçu huit modèles en tout avant le "Modèle T". Il s'agissait des éléments suivants : "Modèle A", "Modèle B", "Modèle C", "Modèle F", "Modèle N", "Modèle R", "Modèle S" et "Modèle K". Parmi ceux-ci, les modèles « A », « C » et « F » étaient équipés de moteurs horizontaux opposés à deux cylindres. Dans le « Modèle A », le moteur se trouvait à l'arrière du siège du conducteur. Sur tous les autres modèles, il se trouvait dans un capot devant. Les modèles « B », « N », « R » et « S » étaient équipés de moteurs de type vertical à quatre cylindres. Le "Modèle K" avait six cylindres. Le "Modèle A" développait huit chevaux. Le « Modèle B » développait vingt-quatre chevaux avec un cylindre de 4-1/2 pouces et une course de 5 pouces. La puissance la plus élevée était celle du « Modèle K », la voiture à six cylindres, qui développait quarante chevaux. Les plus gros cylindres étaient ceux du « Modèle B ». Les plus petits appartenaient aux modèles « N », « R » et « S » qui mesuraient 3-3/4 pouces de diamètre avec une course de 3-3/8 pouces. Le "Modèle T" a un cylindre de 3-3/4 pouces avec une course de 4 pouces. L'allumage se faisait par piles sèches dans tous les modèles, à l'exception du « modèle B » qui avait des batteries de stockage, et du « modèle K » qui avait à la fois une batterie et une magnéto. Dans le modèle actuel, la magnéto fait partie de la centrale électrique et est intégrée. L'embrayage des quatre premiers modèles était du type à cône ; dans les quatre derniers et dans le modèle actuel, du type à disques multiples. La transmission de toutes les voitures est planétaire. Le "Modèle A" avait un entraînement par chaîne. Le "Modèle B" avait une transmission par arbre. Les deux modèles suivants étaient équipés d'un entraînement par chaîne. Depuis, toutes les voitures sont équipées d'une transmission par arbre. Le "Modèle A" avait un empattement de 72 pouces. Le modèle « B », qui était une très bonne voiture, mesurait 92 pouces. Le "Modèle K" mesurait 120 pouces. Le "Modèle C" mesurait 78 pouces. Les autres avaient 84 pouces et la voiture actuelle a 100 pouces. Dans les cinq premiers modèles, tous les équipements étaient supplémentaires. Les trois suivants furent vendus avec un équipement partiel. La voiture actuelle est vendue avec un équipement complet. Le modèle « A » pesait 1 250 livres. Les voitures les plus légères étaient les modèles « N » et « R ». Ils pesaient 1 050 livres, mais c'étaient tous deux des runabouts. La voiture la plus lourde était la six cylindres, qui pesait 2 000 livres. La voiture actuelle pèse 1 200 livres.

Le "Modèle T" ne possédait pratiquement aucune fonctionnalité qui n'existait pas dans l'un ou l'autre des modèles précédents. Chaque détail a été entièrement testé dans la pratique. Il n'était pas possible de savoir si ce modèle serait ou non un succès. Ça aurait du être. Il n'y avait aucun moyen d'y échapper, car cela ne s'était pas fait en un jour. Il contenait tout ce que je pouvais alors mettre dans une automobile, plus le matériel que, pour la première fois, je pouvais obtenir. Nous avons sorti le "Modèle T" pour la saison 1908-1909.

L'entreprise avait alors cinq ans. L'espace d'origine de l'usine mesurait 0,28 acre. Nous avions employé en moyenne 311 personnes la première année, construit 1 708 voitures et possédé une succursale. En 1908, la superficie de l'usine était passée à 2,65 acres et nous étions propriétaires du bâtiment. Le nombre moyen d'employés est passé à 1 908. Nous avons construit 6 181 voitures et avions quatorze succursales. C'était une entreprise prospère.

Au cours de la saison 1908-1909, nous avons continué à fabriquer les modèles « R » et « S », des runabouts et roadsters à quatre cylindres, les modèles qui avaient connu tant de succès auparavant et qui se vendaient à 700 $ et 750 $. Mais le "Modèle T" les a balayés. Nous avons vendu 10 607 voitures, soit un nombre plus élevé que celui qu'aucun constructeur n'avait jamais vendu. Le prix de la voiture de tourisme était de 850 $. Sur le même châssis, nous avons monté une citadine à 1 000 $, un roadster à 825 $, un coupé à 950 $ et un landaulet à 950 $.

Cette saison m'a démontré de manière concluante qu'il était temps de mettre en vigueur la nouvelle politique. Les vendeurs, avant que j'annonce cette politique, étaient incités par les ventes importantes à penser que les ventes pourraient être encore plus importantes si seulement nous avions plus de modèles. Il est étrange que, dès qu'un article rencontre du succès, quelqu'un commence à penser qu'il aurait plus de succès s'il était différent. Il y a une tendance à continuer à jouer avec les styles et à gâcher une bonne chose en la changeant. Les vendeurs ont insisté pour augmenter la file d'attente. Ils écoutaient les 5 pour cent, les clients spéciaux qui pouvaient dire ce qu'ils voulaient, et oubliaient les 95 pour cent. qui vient d'acheter sans faire d'histoires. Aucune entreprise ne peut s'améliorer si elle n'accorde la plus grande attention possible aux plaintes et aux suggestions. S'il y a un défaut dans le service, il faut l'examiner immédiatement et rigoureusement, mais lorsque la suggestion porte uniquement sur le style, il faut s'assurer qu'il ne s'agit pas simplement d'un caprice personnel. Les vendeurs veulent toujours répondre à leurs caprices au lieu d'acquérir une connaissance suffisante de leur produit pour pouvoir expliquer au client avec fantaisie que ce qu'ils ont satisfera toutes ses exigences – à condition, bien sûr, que ce qu'ils ont satisfasse à ces exigences. .

C'est pourquoi, en 1909, j'ai annoncé un matin, sans aucun avertissement préalable, qu'à l'avenir nous allions construire un seul modèle, que ce modèle serait le "Modèle T" et que le châssis serait exactement le même pour toutes les voitures. , et j'ai remarqué :

"N'importe quel client peut faire peindre sa voiture dans la couleur de son choix, à condition qu'elle soit noire."

Je ne peux pas dire que quiconque soit d'accord avec moi. Les vendeurs ne voyaient bien sûr pas les avantages qu'un seul modèle apporterait en production. Qui plus est, ils ne s'en souciaient pas particulièrement. Ils pensaient que notre production était assez bonne telle qu'elle était et il y avait une opinion très arrêtée selon laquelle baisser le prix de vente nuirait aux ventes, que ceux qui voulaient de la qualité seraient chassés et qu'il n'y aurait personne pour les remplacer. Il y avait très peu de conception de l'industrie automobile. Une automobile était encore considérée comme un luxe. Les constructeurs ont fait beaucoup pour diffuser cette idée. Des gens malins ont inventé le nom de « voiture de plaisance » et la publicité mettait l'accent sur les caractéristiques de plaisir. Les vendeurs avaient des raisons d'objecter et notamment lorsque j'ai fait l'annonce suivante :

"Je construirai une automobile pour la grande multitude. Elle sera assez grande pour la famille mais assez petite pour que l'individu puisse la conduire et en prendre soin. Elle sera construite avec les meilleurs matériaux, par les meilleurs hommes qui seront embauchés, après les conceptions les plus simples que l'ingénierie moderne puisse concevoir. Mais son prix sera si bas qu'aucun homme gagnant un bon salaire ne sera incapable d'en posséder un et de profiter avec sa famille de la bénédiction d'heures de plaisir dans les grands espaces ouverts de Dieu.

Cette annonce n'a pas été reçue sans plaisir. Le commentaire général était le suivant :

"Si Ford fait cela, il fera faillite dans six mois."

L'impression était qu'une bonne voiture ne pouvait pas être construite à bas prix et que, de toute façon, il ne servait à rien de construire une voiture à bas prix car seuls les riches étaient sur le marché des voitures. Les ventes de plus de dix mille voitures en 1908-1909 m'avaient convaincu de la nécessité d'une nouvelle usine. Nous avions déjà une grande usine moderne, celle de la rue Piquette . C'était aussi bon, peut-être un peu mieux, que n'importe quelle usine automobile du pays. Mais je ne voyais pas comment elle pourrait assurer les ventes et la production qui étaient inévitables. J'ai donc acheté soixante acres à Highland Park, qui était alors considéré comme un endroit éloigné de Détroit. La quantité de terrain achetée et les projets d'une usine plus grande que le monde n'a jamais vu se sont opposés. La question était déjà posée :

"Dans combien de temps Ford va-t-il exploser ?"

Personne ne sait combien de milliers de fois cette question a été posée depuis. Cette question est posée uniquement parce qu'on ne parvient pas à comprendre qu'un principe plutôt qu'un individu est à l'œuvre, et le principe est si simple qu'il semble mystérieux.

Pour 1909-1910, afin de payer les nouveaux terrains et bâtiments, j'ai légèrement augmenté les prix. Ceci est parfaitement justifiable et entraîne un avantage, et non un préjudice, pour l'acheteur. J'ai fait exactement la même chose il y a quelques années, ou plutôt, dans ce cas-là, je n'ai pas baissé le prix, comme c'est mon habitude annuelle, pour construire l'usine de River Rouge. L'argent supplémentaire aurait pu, dans chaque cas, être obtenu en empruntant, mais nous aurions alors eu une charge continue sur l'entreprise et toutes les voitures suivantes auraient dû supporter cette charge. Le prix de tous les modèles a été augmenté de 100 $, à l'exception du roadster, qui n'a été augmenté que de 75 $ et du landaulet et de la citadine, qui ont été augmentés respectivement de 150 $ et 200 $. Nous avons vendu 18 664 voitures, puis pour 1910-1911, avec les nouvelles installations, j'ai réduit la voiture de tourisme de 950 $ à 780 $ et nous avons vendu 34 528 voitures. C'est le début d'une baisse constante du prix des voitures face à un coût des matériaux et des salaires toujours plus élevés.

Comparez l'année 1908 avec l'année 1911. La superficie de l'usine est passée de 2,65 à 32 acres. Le nombre moyen d'employés est passé de 1.908 à 4.110, et le nombre de voitures construites d'un peu plus de six mille à près de trente-cinq mille. Vous remarquerez que les hommes n'étaient pas employés proportionnellement à la production.

Nous étions, presque du jour au lendemain, semble-t-il, en pleine production. Comment tout cela est-il arrivé ?

Tout simplement par l'application d'un principe inévitable. Par l'application d'une puissance et de machines intelligemment dirigées. Dans une petite boutique sombre d'une rue latérale, un vieil homme travaillait depuis des années à fabriquer des manches de hache. À partir d'hickory chevronné, il les a façonnés, à l'aide d'un rasage, d'un ciseau et d'une réserve de papier de verre. Chaque poignée a été soigneusement pesée et équilibrée. Il n'y en avait pas deux pareils. La courbe doit s'adapter exactement à la main et doit être conforme au grain du bois. De l'aube jusqu'à la tombée de la nuit, le vieil homme a travaillé . Son produit moyen était de huit poignées par semaine, pour lesquelles il recevait un dollar et demi chacune. Et souvent, certains d'entre eux étaient invendables, parce que l'équilibre n'était pas vrai.

Aujourd'hui, vous pouvez acheter un meilleur manche de hache, fabriqué à la machine, pour quelques centimes. Et vous n'avez pas à vous soucier de l'équilibre. Ils sont tous pareils et chacun est parfait. Les méthodes modernes appliquées à grande échelle ont non seulement réduit le coût des manches de hache à une fraction de leur coût antérieur, mais elles ont immensément amélioré le produit.

C'est l'application de ces mêmes méthodes à la fabrication de la voiture Ford qui, au tout début, a fait baisser le prix et amélioré la qualité. Nous venons de développer une idée. Le noyau d'une entreprise peut être une idée. Autrement dit, un inventeur ou un ouvrier réfléchi trouve une manière nouvelle et meilleure de répondre à un besoin humain établi ; l'idée se recommande et les gens veulent en profiter. De cette manière, un seul individu peut constituer, par son idée ou sa découverte, le noyau d'une entreprise. Mais la création du corps et de l'essentiel de cette entreprise est partagée par tous ceux qui y sont impliqués. Aucun fabricant ne peut dire : « J'ai bâti cette entreprise » s'il a eu besoin de l'aide de milliers d'hommes pour la bâtir. Il s'agit d'une production conjointe. Tous ceux qui y travaillent y ont contribué. En travaillant et en produisant, ils permettent au monde acheteur de continuer à venir vers cette entreprise pour le type de service qu'elle fournit, et ainsi ils contribuent à établir une coutume, un commerce, une habitude qui leur assure un gagne-pain. C'est ainsi que notre entreprise s'est développée et c'est exactement ainsi que je commencerai à l'expliquer dans le prochain chapitre.

Entre-temps, l'entreprise était devenue mondiale. Nous avions des succursales à Londres et en Australie. Nous expédiions dans toutes les régions du monde, et en Angleterre en particulier, nous commencions à être aussi connus qu'en Amérique. L'introduction de la voiture en Angleterre fut quelque peu difficile en raison de l'échec du vélo américain. Parce que le vélo américain n'était pas adapté aux usages anglais, les distributeurs tenaient pour acquis qu'aucun véhicule américain ne pouvait plaire au marché britannique. Deux « Modèle A » arrivèrent en Angleterre en 1903. Les journaux refusèrent de les remarquer. Les agents automobiles refusèrent de s'y intéresser le moins du monde. La rumeur disait que les principaux composants de sa fabrication étaient des ficelles et des cerceaux et qu'un acheteur aurait de la chance s'il tenait le coup pendant quinze jours ! Au cours de la première année, une douzaine de voitures au total ont été utilisées ; le second n'était qu'un peu meilleur. Et je peux dire, quant à la fiabilité de ce « Modèle A », que la plupart d'entre eux, après près de vingt ans, sont encore en service en Angleterre.

En 1905, notre agent a inscrit un « Modèle C » aux essais écossais de fiabilité. À cette époque, les courses de fiabilité étaient plus populaires en Angleterre que les courses automobiles. Peut-être ne soupçonnait-on pas qu'après tout une automobile n'était pas simplement un jouet. Les épreuves écossaises s'étendaient sur plus de huit cents milles de routes vallonnées et lourdes. La Ford s'en est sortie avec un seul arrêt involontaire. Cela a lancé les ventes de

Ford en Angleterre. La même année, des taxis Ford furent installés pour la première fois à Londres. Au cours des années suivantes, les ventes ont commencé à reprendre. Les voitures ont passé tous les tests d'endurance et de fiabilité et ont remporté chacun d'entre eux. Le concessionnaire de Brighton a fait conduire dix Ford dans les South Downs pendant deux jours dans une sorte de course d'obstacles et chacune d'elles a réussi. En conséquence, six cents voitures furent vendues cette année-là. En 1911, Henry Alexander conduisit un « Modèle T » jusqu'au sommet du Ben Nevis, à 4 600 pieds. Cette année-là, 14 060 voitures ont été vendues en Angleterre et il n'a jamais été nécessaire depuis d'organiser une quelconque cascade. Nous avons finalement ouvert notre propre usine à Manchester ; au début, c'était simplement une usine d'assemblage. Mais au fil des années, nous avons progressivement réalisé de plus en plus de voitures.

CHAPITRE V

SE METTRE EN PRODUCTION

Si un appareil permettait de gagner du temps, seulement 10 pour cent. ou augmenter les résultats de 10 pour cent, alors son absence est toujours de 10 pour cent. impôt . Si le temps d'une personne vaut cinquante cents l'heure, 10 pour cent. l'épargne vaut cinq cents de l'heure. Si le propriétaire d'un gratte-ciel pouvait augmenter ses revenus de 10 pour cent, il paierait volontiers la moitié de l'augmentation, rien que pour savoir comment. S'il possède un gratte-ciel, c'est parce que la science a prouvé que certains matériaux, utilisés d'une manière donnée, peuvent économiser de l'espace et augmenter les revenus locatifs. Un immeuble de trente étages n'a pas besoin de plus d'espace au sol qu'un immeuble de cinq étages. S'entendre avec l'architecture à l'ancienne coûte à l'homme de cinq étages le revenu de vingt-cinq étages. Économisez dix pas par jour pour chacun des douze mille employés et vous aurez économisé cinquante kilomètres de déplacements inutiles et d'énergie mal dépensée.

Ce sont les principes sur lesquels s'est construite la production de mon usine. Ils viennent tous pratiquement comme bien sûr. Au début, nous avons essayé de recruter des machinistes. À mesure que la nécessité de produire augmentait, il devint évident non seulement qu'il n'y avait pas assez de machinistes, mais aussi que les hommes qualifiés n'étaient pas nécessaires à la production, et de là est né un principe que je voudrais plus tard présenter dans son intégralité.

Il va de soi que la majorité des habitants de la planète ne sont pas mentalement – même s'ils le sont physiquement – capables de bien gagner leur vie. Autrement dit, ils ne sont pas capables de fournir de leurs propres mains une quantité suffisante des biens dont ce monde a besoin pour pouvoir échanger eux-mêmes leur produit contre les biens dont ils ont besoin. J'ai entendu dire, en fait, je crois que c'est une idée assez actuelle, que nous avons retiré les compétences du travail. Nous n'avons pas. Nous avons mis en compétence. Nous avons mis une compétence plus élevée dans la planification, la gestion et la création d'outils, et les résultats de cette compétence profitent à l'homme qui n'est pas compétent. C'est ce que je développerai plus tard.

Nous devons reconnaître l'inégalité des équipements mentaux humains . Si chaque travail à notre place exigeait des compétences, cet endroit n'aurait jamais existé. Il n'aurait pas été possible de former en cent ans des hommes suffisamment qualifiés et en nombre suffisant. Un million d'hommes travaillant à la main ne pourrait même pas égaler notre production quotidienne actuelle. Personne ne pouvait gérer un million d'hommes. Mais plus important encore, le produit produit par ces millions d'hommes ne pouvait pas être vendu à un prix conforme au pouvoir d'achat. Et même s'il était possible d'imaginer une telle agrégation et d'imaginer sa gestion et sa corrélation, il suffit de penser à l'espace qu'elle devrait occuper ! Combien d'hommes seraient occupés, non pas à produire, mais simplement à transporter d'un endroit à l'autre ce que les autres hommes avaient produit ? Je ne vois pas comment, dans de telles conditions, les hommes pourraient être payés plus de dix ou vingt cents par jour – car, bien entendu, ce n'est pas l'employeur qui paie les salaires. Il ne s'occupe que de l'argent. C'est le produit qui paie les salaires et c'est la direction qui organise la production de manière à ce que le produit puisse payer les salaires.

Les méthodes de production plus économiques ne sont pas apparues d'un seul coup. Ils ont commencé progressivement, tout comme nous avons commencé progressivement à fabriquer nos propres pièces. Le « Modèle T » a été le premier moteur que nous avons fabriqué nous-mêmes. Les grandes économies ont commencé dans l'assemblage, puis se sont étendues à d'autres secteurs, de sorte que, même si aujourd'hui nous disposons d'un grand nombre de mécaniciens qualifiés, ils ne produisent pas d'automobiles : ils permettent à d'autres de les produire facilement. Nos hommes qualifiés sont les fabricants d'outils, les ouvriers expérimentaux, les machinistes et les modélistes. Ils sont aussi bons que n'importe quel homme au monde – si bons, en fait, qu'ils ne devraient pas se perdre à faire ce que les machines qu'ils ont conçues peuvent faire de mieux. Les hommes de base arrivent à nous sans compétences ; ils apprennent leur métier en quelques heures ou quelques jours. S'ils n'apprennent pas dans ce délai, ils ne nous seront jamais d'aucune utilité. Ces hommes sont, pour la plupart, étrangers, et il suffit, avant de les embaucher, qu'ils soient potentiellement en mesure d'effectuer suffisamment de travail pour payer les frais généraux de la surface qu'ils occupent. Il n'est pas nécessaire qu'ils soient des hommes valides. Nous avons des emplois qui exigent une grande force physique, même si celle-ci diminue rapidement ; nous avons d'autres travaux qui n'exigent aucune force, des emplois qui, en ce qui concerne la force, pourraient être exercés par un enfant de trois ans.

Il n'est pas possible, sans approfondir les processus techniques, de présenter l'ensemble du développement de la fabrication, étape par étape, dans l'ordre dans lequel chaque chose s'est produite. Je ne sais pas si cela pourrait être fait, car quelque chose se passe presque tous les jours et personne ne peut en suivre la trace. Prenez au hasard un certain nombre de modifications. Grâce à eux, il est possible non seulement d'avoir une idée de ce qui se passera lorsque ce monde sera mis sur une base de production, mais aussi de voir combien nous payons pour les choses plus que nous ne le devrions et combien les salaires sont inférieurs à ce qu'ils devraient. être, et quel vaste champ reste à explorer. La société Ford n'est qu'à un petit bout du chemin.

Une voiture Ford contient environ cinq mille pièces, sans compter les vis, les écrous et tout le reste. Certaines pièces sont assez volumineuses et d'autres ont presque la taille de pièces de montre. Lors de notre premier assemblage, nous avons simplement commencé à assembler une voiture à un endroit sur le sol et les ouvriers y ont apporté les pièces nécessaires, exactement de la même manière qu'on construit une maison. Lorsque nous avons commencé à fabriquer des pièces, il était naturel de créer un seul département de l'usine pour fabriquer cette pièce, mais généralement un seul ouvrier effectuait toutes les opérations nécessaires sur une petite pièce. L'essor rapide de la production rendit nécessaire l'élaboration de plans de production qui éviteraient que les ouvriers ne se bousculent les uns les autres. Le travailleur non dirigé passe plus de temps à se promener pour chercher des matériaux et des outils qu'à travailler ; il reçoit un petit salaire parce que le piéton n'est pas une ligne très bien rémunérée.

Le premier pas en avant dans l'assemblage s'est produit lorsque nous avons commencé à confier le travail aux hommes plutôt que de confier le travail aux hommes. Nous avons maintenant deux principes généraux dans toutes les opérations : qu'un homme ne soit jamais obligé de faire plus d'un pas, si cela peut être évité, et qu'aucun homme ne doive jamais se pencher.

Les principes de montage sont les suivants :

(1) Placer les outils et les hommes dans l'ordre de l'opération de manière à ce que chaque composant parcoure le moins de distance possible pendant le processus de finition.

(2) Utiliser des toboggans de travail ou toute autre forme de support de manière à ce que lorsqu'un ouvrier termine son opération, il laisse toujours tomber la pièce au même endroit - lequel endroit doit toujours être l'endroit le plus pratique pour sa main - et si possible, faites-le transporter par gravité. la pièce au prochain ouvrier pour son opération.

(3) Utiliser des lignes d'assemblage coulissantes par lesquelles les pièces à assembler sont livrées à des distances convenables.

Le résultat net de l'application de ces principes est la réduction de la nécessité de réflexion de la part du travailleur et la réduction de ses mouvements au minimum. Il ne fait autant que possible une seule chose avec un seul mouvement. L'assemblage du châssis est, du point de vue de l'esprit non mécanique, notre opération la plus intéressante et peut-être la plus connue, et à une époque, c'était une opération extrêmement importante. Nous expédions désormais les pièces à assembler au point de distribution.

Vers le 1er avril 1913, nous avons tenté pour la première fois l'expérience d'une chaîne de montage. Nous l'avons essayé lors de l'assemblage du magnéto du volant d'inertie. Nous essayons d'abord tout, d'une manière modeste – nous arracherons tout une fois que nous aurons découvert une meilleure méthode, mais nous devons absolument savoir que la nouvelle méthode sera meilleure que l'ancienne avant de prendre quoi que ce soit de radical.

Je crois que c'était la première ligne mobile jamais installée. L'idée est venue d'une manière générale du chariot aérien que les emballeurs de Chicago utilisent pour assaisonner le bœuf. Nous avions préalablement assemblé le magnéto du volant selon la méthode habituelle. Avec un seul ouvrier effectuant un travail complet, il pouvait produire de trente-cinq à quarante pièces en une journée de neuf heures, soit environ vingt minutes pour un assemblage. Ce qu'il a fait seul s'est ensuite réparti en vingt-neuf opérations ; cela a réduit le temps de montage à treize minutes et dix secondes. Ensuite, nous avons augmenté la hauteur de la ligne de huit pouces – c'était en 1914 – et réduit la durée à sept minutes. En expérimentant davantage la vitesse à laquelle le travail devrait se dérouler, nous avons réduit le temps à cinq minutes. En bref, le résultat est le suivant : grâce à l'étude scientifique, un homme est maintenant capable de faire un peu plus que quatre ne le faisaient il y a seulement quelques années. Cette ligne a établi l'efficacité de la méthode et nous l'utilisons désormais partout. L'assemblage du moteur, autrefois effectué par un seul homme, est maintenant divisé en quatre-vingt-quatre opérations : ces hommes font le travail que trois fois leur nombre faisait autrefois. En peu de temps, nous avons testé le plan sur le châssis.

Le mieux que nous ayons fait en matière d'assemblage de châssis stationnaires était d'une moyenne de douze heures et vingt-huit minutes par châssis. Nous avons tenté l'expérience consistant à tirer le châssis avec une corde et un guindeau sur une ligne de deux cent cinquante pieds de long. Six monteurs accompagnaient le châssis et récupéraient les pièces sur les piles placées le long de la ligne. Cette expérience brutale a réduit le temps à cinq heures cinquante minutes par châssis. Au début de 1914, nous avons élevé la chaîne de montage. Nous avions adopté la politique du travail « à hauteur d'homme » ; nous avions une ligne à vingt-six pouces et trois quarts et une autre à vingt-quatre pouces et demi du sol – pour convenir à des escouades de différentes hauteurs. La disposition à hauteur de taille et une nouvelle subdivision du travail afin que chaque homme ait moins de mouvements ont réduit le temps de travail par châssis à une heure trente-trois minutes. Seul le châssis était ensuite assemblé en ligne. Le corps a été placé dans la « John R. Street », la célèbre rue qui traverse nos usines de Highland Park. Désormais, la chaîne assemble toute la voiture.

Il ne faut cependant pas imaginer que tout cela s'est déroulé aussi rapidement qu'il y paraît. La vitesse du travail en mouvement devait être soigneusement testée ; dans la magnéto du volant, nous avions d'abord une vitesse de soixante pouces par minute. C'était trop rapide. Ensuite, nous avons essayé dix-huit pouces par minute. C'était trop lent. Finalement, nous avons opté pour quarante-quatre pouces par minute. L'idée est qu'un homme ne doit pas être pressé dans son travail : il doit disposer de chaque seconde nécessaire mais pas une seule seconde inutile. Nous avons calculé les cadences pour chaque assemblage, car la réussite du montage du châssis nous a amené progressivement à revoir toute notre méthode de fabrication et à mettre tout l'assemblage sur des lignes à entraînement mécanique. La chaîne d'assemblage de châssis, par exemple, avance à un rythme de six pieds par minute ; la chaîne de montage de l'essieu avant tourne à cent quatre-vingt-neuf pouces par minute. L'assemblage du châssis comporte quarante-cinq opérations ou stations distinctes. Les premiers hommes fixent quatre supports de garde-boue au châssis ; le moteur arrive à la dixième opération et ainsi de suite en détail. Certains hommes ne font qu'une ou deux petites opérations, d'autres en font davantage. Celui qui pose une pièce ne la fixe pas : la pièce peut ne être complètement en place qu'après plusieurs opérations. Celui qui met un boulon ne met pas un écrou ; l'homme qui met l'écrou ne le serre pas. Lors de l'opération numéro trente-quatre, le moteur en herbe reçoit son essence ; il a préalablement reçu une lubrification ; lors de l'opération numéro quarante-quatre, le radiateur est rempli d'eau et lors de l'opération numéro quarante-cinq, la voiture démarre sur John R. Street.

Essentiellement, les mêmes idées ont été appliquées à l'assemblage du moteur. En octobre 1913, il fallait neuf heures et cinquante-quatre minutes de travail pour assembler un moteur ; six mois plus tard, grâce à la méthode de l'assemblage mobile, ce temps avait été réduit à cinq heures et cinquante-six minutes. Chaque pièce de travail dans les ateliers bouge ; il peut se déplacer sur des crochets sur des chaînes aériennes allant à l'assemblage dans l'ordre exact dans lequel les pièces sont requises ; il peut se déplacer sur une plate-forme mobile ou par gravité, mais le fait est qu'il n'y a aucun levage ou transport par camion d'autre chose que des matériaux. Les matériaux sont transportés sur de petits camions ou remorques actionnés par des châssis Ford réduits, suffisamment mobiles et rapides pour entrer et sortir de n'importe quelle allée où ils peuvent être amenés à se rendre. Aucun ouvrier n'a rien à voir avec le déplacement ou le levage de quoi que ce soit. Tout cela relève d'un ministère distinct, celui des Transports.

Nous avons commencé à assembler une automobile dans une seule usine. Puis, lorsque nous avons commencé à fabriquer des pièces, nous avons commencé à départementaliser afin que chaque département ne fasse qu'une seule chose. L'usine étant désormais organisée, chaque département ne fabrique qu'une seule pièce ou assemble une pièce. Un département est une petite usine en soi. La pièce arrive comme matière première ou comme pièce moulée, passe par la séquence de machines et de traitements thermiques, ou tout ce qui peut être nécessaire, et quitte ce département terminé. C'est uniquement pour des raisons de facilité de transport que les départements ont été regroupés lorsque nous avons commencé à fabriquer. Je ne savais pas que des divisions aussi minutieuses seraient possibles ; mais à mesure que notre production augmentait et que nos départements se multipliaient, nous sommes passés de la fabrication d'automobiles à la fabrication de pièces détachées. Ensuite, nous avons découvert que nous avions fait une autre nouvelle découverte : il ne fallait en aucun cas que toutes les pièces soient fabriquées dans une seule usine. Ce n'était pas vraiment une découverte — c'était quelque chose comme faire le tour de ma première fabrication lorsque j'ai acheté les moteurs et probablement à quatre-vingt-dix pour cent. des pièces. Lorsque nous avons commencé à fabriquer nos propres pièces, nous tenions pratiquement pour acquis qu'elles devaient toutes être fabriquées dans une seule usine et qu'il y avait un avantage particulier à avoir un toit unique pour la fabrication de l'ensemble de la voiture. Nous nous sommes désormais éloignés de cela. Si nous construisons d'autres grandes usines, ce sera uniquement parce que la fabrication d'une seule pièce doit représenter un volume si énorme qu'elle nécessite une grande unité. J'espère qu'au fil du temps, la grande usine de Highland Park ne fera qu'une ou deux choses. Le moulage a déjà été retiré et a été envoyé à l'usine de River Rouge. Nous sommes donc maintenant sur le chemin du retour à notre point de départ, sauf qu'au lieu d'acheter nos pièces à l'extérieur, nous commençons à les fabriquer dans nos propres usines à l'extérieur.

Il s'agit là d'une évolution qui a des conséquences exceptionnelles, car elle signifie, comme je le développerai dans un chapitre ultérieur, qu'une industrie hautement standardisée et fortement subdivisée n'a plus besoin de se concentrer dans de grandes usines avec tous les inconvénients de transport et de logement qui gênent les grandes usines. Mille ou cinq cents hommes devraient suffire dans une seule usine ; il n'y aurait alors aucun problème pour les transporter au travail ou hors du travail et il n'y aurait pas de bidonvilles ni aucune autre manière de vivre contre nature liée à la surpopulation qui doit avoir lieu si les ouvriers doivent vivre à des distances raisonnables d'un lieu de travail. très grande plante.

Highland Park compte désormais cinq cents départements. Dans notre usine de Piquette , nous n'avions que dix-huit départements, et auparavant, à Highland Park, nous n'en avions que cent cinquante. Cela illustre jusqu'où nous allons dans la fabrication de pièces.

Il ne se passe pratiquement pas une semaine sans qu'une amélioration ne soit apportée à une machine ou à un processus, et parfois cela se fait au mépris de ce qu'on appelle « les meilleures pratiques d'atelier ». Je me souviens qu'un constructeur de machines fut un jour convoqué à une conférence sur la construction d'une machine spéciale. Le cahier des charges prévoyait un rendement de deux cents par heure.

"C'est une erreur", a déclaré le fabricant, "vous voulez dire deux cents par jour : aucune machine ne peut être contrainte à deux cents par heure."

Le responsable de l'entreprise a fait venir l'homme qui avait conçu la machine et ils ont attiré son attention sur les spécifications. Il a dit:

"Oui, et alors ?"

"Cela n'est pas possible", a déclaré positivement le fabricant, "aucune machine construite ne le fera - c'est hors de question."

"Hors de question!" s'exclama l'ingénieur, "si vous descendez au rez-de-chaussée, vous en verrez un en train de le faire ; nous en avons construit un pour voir si cela pouvait être fait et maintenant nous en voulons davantage."

L'usine ne conserve aucune trace d'expériences. Les contremaîtres et les surintendants se souviennent de ce qui a été fait. Si une certaine méthode a déjà été essayée et a échoué, quelqu'un s'en souviendra - mais je ne tiens pas particulièrement à ce que les hommes se souviennent de ce que quelqu'un d'autre a essayé de faire dans le passé, car alors nous pourrions rapidement accumuler beaucoup trop de choses qui pourraient ne soit pas fait. C'est l'un des problèmes liés aux dossiers volumineux. Si vous continuez à enregistrer tous vos échecs, vous aurez bientôt une liste montrant qu'il ne vous reste plus rien à essayer – alors qu'il ne s'ensuit en aucun cas que parce qu'un homme a échoué dans une certaine méthode, un autre ne réussira pas.

Ils nous ont dit que nous ne pouvions pas fondre la fonte grise avec notre méthode de chaîne sans fin et je crois qu'il existe un record d'échecs. Mais nous le faisons. L'homme qui a réalisé notre travail ne connaissait pas ou n'a pas prêté attention aux chiffres précédents. De même, on nous a dit qu'il était hors de question de couler le fer chaud directement du haut fourneau dans le moule . La méthode habituelle consiste à couler le fer dans des racleurs, à les laisser assaisonner pendant un certain temps, puis à les refondre pour le couler. Mais à l'usine de River Rouge, nous coulons directement à partir de cubilots remplis par les hauts fourneaux. De plus, un bilan d'échecs – surtout s'il s'agit d'un bilan digne et authentifié – dissuade un jeune homme d'essayer. Nous obtenons certains de nos meilleurs résultats en laissant les imbéciles se précipiter là où les anges ont peur de mettre les pieds.

Aucun de nos hommes n'est un « expert ». Nous avons malheureusement dû nous débarrasser d'un homme dès qu'il se croit expert, car personne ne se considère jamais expert s'il connaît réellement son métier. Un homme qui connaît son travail voit tellement plus à faire que ce qu'il a fait, qu'il va toujours de l'avant et n'abandonne jamais un instant de réflexion sur sa qualité et son efficacité. Penser toujours à l'avance, penser toujours à essayer de faire plus, amène un état d'esprit dans lequel rien n'est impossible. Dès l'instant où l'on entre dans l'état d'esprit « expert », un grand nombre de choses deviennent impossibles.

Je refuse de reconnaître qu'il existe des impossibilités. Je ne parviens pas à découvrir que quiconque en sait suffisamment sur quoi que ce soit sur cette terre pour dire avec certitude ce qui est possible et ce qui ne l'est pas. Le bon type d'expérience, le bon type de formation technique devraient élargir l'esprit et réduire le nombre des impossibilités. Cela ne fait malheureusement rien de tel. La plupart des formations techniques et la moyenne de ce que nous appelons expérience, dressent un bilan des échecs antérieurs et, au lieu de prendre ces échecs pour ce qu'ils valent, ils sont considérés comme des obstacles absolus au progrès. Si un homme, se présentant comme une autorité, dit que ceci ou cela ne peut pas être fait, alors une horde de partisans irréfléchis lancent le refrain : « Cela ne peut pas être fait ».

Prenez des castings. Les moulages ont toujours été un processus inutile et sont si anciens qu'ils ont accumulé de nombreuses traditions qui rendent les améliorations extrêmement difficiles à apporter. Je crois qu'une autorité en matière de moulage a déclaré – avant que nous commencions nos expériences – que quiconque prétendait pouvoir réduire les coûts en six mois se considérait comme un fraudeur.

Notre fonderie ressemblait beaucoup aux autres fonderies. Lorsque nous avons coulé les premiers cylindres « Modèle T » en 1910, tout était fait à la main ; les pelles et les brouettes abondaient. Le travail était alors soit qualifié, soit non qualifié ; nous avions des mouleurs et des ouvriers . Nous en avons maintenant environ cinq pour cent. de mouleurs et de poseurs de noyaux parfaitement qualifiés , mais les 95 pour cent restants. ne sont pas habiles, ou pour le dire plus exactement, doivent être habiles dans exactement une opération que l'homme le plus stupide peut apprendre en deux jours. Le moulage est entièrement réalisé par des machines. Chaque pièce que nous devons fondre possède une ou plusieurs unités qui lui sont propres, selon le nombre requis dans le plan de production. Les machines de l'unité sont adaptées à la coulée unique ; ainsi les hommes de l'unité effectuent chacun une seule opération qui est toujours la même. Une unité consiste en un chemin de fer aérien auquel sont accrochées, à intervalles réguliers, de petites plates-formes pour les moules . Sans entrer dans les détails techniques, disons que la fabrication des moules et des noyaux, ainsi que le conditionnement des noyaux, se font en mouvement sur les plateformes. Le métal est coulé à un autre endroit au fur et à mesure que le travail avance, et au moment où le moule dans lequel le métal a été coulé atteint le terminal, il est suffisamment froid pour commencer son cheminement automatique vers le nettoyage, l'usinage et l'assemblage. Et la plateforme se déplace pour un nouveau chargement.

Prenons le développement de l'ensemble piston-tige. Même selon l'ancien plan, cette opération ne prenait que trois minutes et ne semblait pas être une préoccupation majeure. Il y avait en tout deux bancs et vingt-huit hommes ; ils ont assemblé cent soixante-quinze pistons et bielles en neuf heures par jour, ce qui signifie seulement cinq secondes sur trois minutes chacun. Il n'y a eu aucune inspection et de nombreux ensembles piston et tige sont revenus de la chaîne d'assemblage du moteur comme étant défectueux. C'est une opération très simple. L'ouvrier a poussé la goupille hors du piston, a huilé la goupille, a glissé la tige en place, a mis la goupille à travers la tige et le piston, a serré une vis et a ouvert une autre vis. C'était toute l'opération. Le contremaître, examinant l'opération, ne parvenait pas à comprendre pourquoi cela prenait jusqu'à trois minutes. Il analysait les mouvements avec un chronomètre. Il a constaté que quatre heures sur une journée de neuf heures étaient consacrées à la marche. L'assembleur ne partait nulle part, mais il devait bouger ses pieds pour rassembler ses matériaux et repousser sa pièce finie. Dans l'ensemble de la tâche, chaque homme a effectué six opérations. Le contremaître élabora un nouveau plan ; il divisa l'opération en trois divisions, mit un toboggan sur le banc et trois hommes de chaque côté, et un inspecteur à la fin. Au lieu qu'un seul homme effectue toute l'opération, un seul homme n'en effectue qu'un tiers – il n'effectue que ce qu'il peut faire sans bouger les pieds. Ils réduisirent l'effectif de vingt-huit à quatorze hommes. L'ancien record pour vingt-huit hommes était de cent soixante-quinze assemblées par jour. Aujourd'hui, sept hommes rassemblent deux mille six cents assemblées en huit heures. Il n'est pas nécessaire d'y calculer les économies !

Peindre l'ensemble de l'essieu arrière a autrefois posé quelques problèmes. Il était autrefois plongé à la main dans une cuve d'émail. Cela a nécessité plusieurs manipulations et les services de deux hommes. Désormais, un seul homme s'occupe de tout sur une machine spéciale, conçue et construite en usine. L'homme accroche maintenant simplement l'ensemble à une chaîne mobile qui le transporte au-dessus du réservoir d'émail, deux leviers poussent ensuite des dés à coudre sur les extrémités de l'arbre de la poche, le réservoir de peinture s'élève de six pieds, plonge l'essieu, revient en position, et le l'essieu passe à l'étuve de séchage. L'ensemble du cycle d'opérations ne prend désormais que treize secondes.

Le radiateur est une affaire complexe et le souder était autrefois une question de savoir-faire. Il y a quatre-vingt-quinze tubes dans un radiateur. La mise en place et le soudage de ces tubes sont une opération manuelle longue, qui demande à la fois habileté et patience. Maintenant, tout cela est fait par une machine qui fabriquera douze cents noyaux de radiateurs en huit heures ; puis ils sont soudés en place en étant transportés à travers un four par un convoyeur. Aucun travail de ferblantier et donc aucune compétence n'est requis.

Nous avions l'habitude de riveter les bras du carter au carter, à l'aide de marteaux pneumatiques censés être les derniers développements. Il fallait six hommes pour tenir les marteaux et six hommes pour tenir les douilles, et le vacarme était épouvantable. Aujourd'hui, une presse automatique actionnée par un seul homme, qui ne fait rien d'autre, accomplit cinq fois plus de travail en une journée que ces douze hommes.

Dans l' usine Piquette, la coulée du cylindre parcourait quatre mille pieds au cours de la finition ; maintenant, il ne parcourt qu'un peu plus de trois cents pieds.

Il n'y a aucune manipulation manuelle du matériel. Il n'y a pas d'opération d'une seule main. Si une machine peut être rendue automatique, elle le devient. Aucune opération n'est jamais considérée comme étant réalisée de la meilleure manière ou à la moindre coût. À cela, seulement environ dix pour cent. de nos outils sont spéciaux ; les autres sont des machines régulières adaptées à un travail particulier. Et ils sont placés presque côte à côte. Nous installons plus de machines par pied carré de surface au sol que toute autre usine dans le monde : chaque pied d'espace non utilisé entraîne des frais généraux. Nous ne voulons pas de ce gaspillage. Pourtant, il y a toute la place nécessaire : aucun homme n'a trop de place et aucun homme n'a trop peu de place. Diviser et subdiviser les opérations, maintenir le travail en mouvement, telles sont les maîtres mots de la production. Mais il ne faut pas oublier non plus que toutes les pièces sont conçues de manière à pouvoir être réalisées le plus facilement possible. Et l'économie ? Même si la comparaison n'est pas tout à fait juste, elle est surprenante. Si, au rythme actuel de notre production, nous employions le même nombre d'hommes par voiture qu'à nos débuts en 1903 – et que ces hommes étaient uniquement affectés au montage – nous aurions aujourd'hui besoin d'une force de plus de deux cent mille personnes. Nous avons moins de cinquante mille hommes pour la production automobile, notre point culminant étant d'environ quatre mille voitures par jour !

CHAPITRE VI

DES MACHINES ET DES HOMMES

Ce contre quoi il faut lutter le plus durement lorsqu'on rassemble un grand nombre de personnes pour accomplir un travail, c'est l'excès d'organisation et les formalités administratives qui en découlent. À mon avis, il n'y a pas d'état d'esprit plus dangereux que celui que l'on décrit parfois comme le « génie de l'organisation ». Cela aboutit généralement à la naissance d'un très grand thème montrant, à la manière d'un arbre généalogique, comment l'autorité se ramifie. L'arbre est lourd de belles baies rondes, dont chacune porte le nom d'un homme ou d'une fonction. Tout homme a un titre et certains devoirs qui sont strictement limités par la circonférence de sa baie.

Si un chef de paille veut dire quelque chose au surintendant général, son message doit passer par le sous-contremaître, le contremaître, le chef de service et tous les surintendants adjoints, avant, au fil du temps, d'arriver au surintendant général. . Il est probable qu'à ce moment-là, ce dont il voulait parler appartenait déjà à l'histoire. Il faut environ six semaines pour que le message d'un homme vivant dans une baie dans le coin inférieur gauche du tableau parvienne au président ou au président du conseil d'administration, et si jamais il parvient à l'un de ces augustes fonctionnaires, il doit le faire avant cette fois-là, nous avons rassemblé une tonne de critiques, de suggestions et de commentaires. Très peu de choses sont prises en considération « officiellement » longtemps après le moment où elles auraient dû être faites. La responsabilité est renvoyée et toute responsabilité est éludée par les individus, suivant l'idée paresseuse selon laquelle deux têtes valent mieux qu'une.

Or, selon moi, une entreprise n'est pas une machine. Il s'agit d'un groupe de personnes réunies pour travailler et non pour s'écrire des lettres. Il n'est pas nécessaire qu'un ministère sache ce que fait un autre ministère. Si un homme fait son travail, il n'aura pas le temps d'entreprendre un autre travail. C'est l'affaire de ceux qui planifient l'ensemble du travail de veiller à ce que tous les départements travaillent correctement vers le même but. Il n'est pas nécessaire d'organiser des réunions pour établir de bonnes relations entre les individus ou les services. Il n'est pas nécessaire que les gens s'aiment pour travailler ensemble. Trop de bonne camaraderie peut en effet être une très mauvaise chose, car elle peut conduire un homme à essayer de dissimuler les fautes d'un autre. C'est mauvais pour les deux hommes.

Quand nous sommes au travail, nous devrions être au travail. Quand nous jouons, nous devrions jouer. Cela ne sert à rien d'essayer de mélanger les deux. Le seul objectif devrait être d'accomplir le travail et d'être payé pour cela. Quand le travail est terminé, alors la pièce peut venir, mais pas avant.

Ainsi, les usines et les entreprises Ford n'ont aucune organisation, aucune fonction spécifique attachée à une fonction, aucune ligne de succession ou d'autorité, très peu de titres et aucune conférence. Nous n'avons que l'aide administrative qui est absolument nécessaire ; nous n'avons aucun dossier élaboré d'aucune sorte et, par conséquent, aucune bureaucratie.

Nous rendons la responsabilité individuelle complète. L'ouvrier est entièrement responsable de son travail. Le chef de paille est responsable des ouvriers sous ses ordres. Le contremaître est responsable de son groupe. Le chef de département est responsable du département. Le surintendant général est responsable de toute l'usine. Chaque homme doit savoir ce qui se passe dans sa sphère. Je dis « surintendant général ». Il n'existe pas de titre officiel de ce type. Un seul homme est à la tête de l'usine, et ce depuis des années. Il est accompagné de deux hommes qui, sans avoir aucunement défini leurs devoirs, se sont chargés de certaines parties du travail. Avec eux se trouvent environ une demi-douzaine d'autres hommes ayant le caractère d'assistants, mais sans fonctions spécifiques. Ils se sont tous créé un emploi, mais il n'y a aucune limite à leur travail. Ils travaillent simplement là où ils correspondent le mieux. Un homme chasse les stocks et les pénuries. Un autre a saisi l'inspection, et ainsi de suite.

Cela peut paraître hasardeux, mais ce n'est pas le cas. Un groupe d'hommes, entièrement déterminés à accomplir leur travail, n'ont aucune difficulté à veiller à ce que le travail soit accompli. Ils ne se soucient pas des limites de l'autorité, car ils ne pensent pas aux titres. S'ils avaient des bureaux et tout le reste, ils consacreraient bientôt leur temps au travail de bureau et se demanderaient pourquoi n'ont-ils pas un meilleur bureau que d'autres.

Puisqu'il n'y a pas de titres ni de limites d'autorité, il n'est pas question de bureaucratie ou de dépassement de soi. N'importe quel ouvrier peut s'adresser à n'importe qui, et c'est ainsi qu'est devenue cette coutume qu'un contremaître ne se fâche pas si un ouvrier passe par-dessus lui et directement au chef de l'usine. L'ouvrier le fait rarement, parce qu'un contremaître sait aussi bien que son propre nom que s'il a été injuste, on le découvrira très vite et il ne sera plus contremaître. L'une des choses que nous ne tolérerons pas est l'injustice, quelle qu'elle soit. Dès qu'un homme commence à enfler d'autorité, il est découvert, et il sort, ou retourne à une machine. Une grande partie des troubles ouvriers proviennent de l'exercice injuste de l'autorité par ceux qui occupent des positions subalternes, et je crains que dans un trop grand nombre d'institutions manufacturières, il ne soit vraiment pas possible pour un ouvrier de parvenir à un accord équitable.

Le travail et le travail seul nous contrôle. C'est une des raisons pour lesquelles nous n'avons pas de titres. La plupart des hommes peuvent décrocher un emploi, mais ils sont terrassés par un titre. L'effet d'un titre est très particulier.

On l'a trop utilisé comme signe d'émancipation du travail. C'est presque l'équivalent d'un insigne portant la légende :

"Cet homme n'a rien d'autre à faire que de se considérer comme important et tous les autres comme inférieurs."

Non seulement un titre est souvent préjudiciable à celui qui le porte, mais il a également un effet sur les autres. Il n'y a peut-être pas de plus grande source d'insatisfaction personnelle parmi les hommes que le fait que ceux qui portent le titre ne sont pas toujours les véritables dirigeants. Tout le monde reconnaît un véritable leader, un homme capable de planifier et de commander. Et lorsque vous trouverez un vrai leader qui porte un titre, vous devrez demander à quelqu'un d'autre quel est son titre. Il ne s'en vante pas.

Les titres en affaires ont été largement exagérés et les affaires ont souffert. L'un des points négatifs est la répartition des responsabilités selon les titres, qui va jusqu'à équivaloir à une suppression totale des responsabilités. Là où la responsabilité est divisée en plusieurs petits morceaux et divisée entre de nombreux départements, chaque département étant dirigé par son propre chef titulaire, qui à son tour est entouré d'un groupe portant leurs jolis sous-titres, il est difficile de trouver quelqu'un qui se sente vraiment responsable. Tout le monde sait ce que signifie « se renvoyer la balle ». Le jeu doit provenir d'organisations industrielles où les départements se contentent de rejeter les responsabilités. La santé de toute organisation dépend du sentiment de chaque membre, quelle que soit sa place, que tout ce qui lui arrive concernant le bien-être de l'entreprise est son propre travail. Les chemins de fer se sont rendus au diable sous les yeux de ministères qui disent :

"Oh, cela ne relève pas de notre département. Le département X, à 100 miles de là, s'en charge."

Autrefois, de nombreux conseils étaient donnés aux officiels pour qu'ils ne se cachent pas derrière leurs titres. La nécessité même de ces conseils montrait une condition qui nécessitait plus que des conseils pour la corriger. Et la correction est simplement la suivante : abolissez les titres. Quelques-unes peuvent être légalement nécessaires ; quelques-unes peuvent être utiles pour indiquer au public comment faire affaire avec l'entreprise, mais pour le reste, la meilleure règle est simple : « Débarrassez-vous-en ».

En fait, la situation générale des affaires à l'heure actuelle est telle qu'elle diminue considérablement la valeur des titres. Personne ne se vanterait d'être président d'une banque en faillite. Les affaires, dans l'ensemble, n'ont pas été assez habilement dirigées pour laisser une grande marge de fierté aux timoniers. Les hommes qui portent des titres aujourd'hui et qui valent n'importe quoi oublient leurs titres et s'enfoncent dans les fondations de leur entreprise à la recherche des points faibles. Ils sont de retour à l'endroit d'où ils sont nés, essayant de reconstruire à partir de bas en haut. Et lorsqu'un homme est réellement au travail, il n'a pas besoin de titre. Son travail l' honore

.

Tous nos employés entrent dans l'usine ou dans les bureaux par l'intermédiaire des services de l'emploi. Comme je l'ai dit, nous n'embauchons pas d'experts – nous n'embauchons pas non plus d'hommes sur la base de leurs expériences passées ou pour un poste autre que le plus bas. Puisque nous ne prenons pas un homme sur son histoire passée, nous ne le refusons pas à cause de son histoire passée. Je n'ai jamais rencontré un homme vraiment mauvais. Il y a toujours du bon en lui, s'il en a l'occasion. C'est la raison pour laquelle nous ne nous soucions pas du tout des antécédents d'un homme : nous ne louons pas l'histoire d'un homme, nous louons l'homme. S'il a été en prison, ce n'est pas une raison pour dire qu'il le sera de nouveau. Je pense qu'au contraire, si on lui en donne l'occasion, il fera très probablement un effort particulier pour éviter la prison. Notre agence pour l'emploi n'exclut pas un homme pour ce qu'il a fait auparavant : il est également acceptable qu'il ait été à Sing Sing ou à Harvard et nous ne demandons même pas de quel endroit il a obtenu son diplôme. Tout ce dont il a besoin, c'est de l'envie de travailler. S'il ne désire pas travailler, il est très peu probable qu'il postule à un poste, car il est bien entendu qu'un homme travaille dans l'usine Ford.

Nous ne nous soucions pas, je le répète, de ce qu'un homme a été. S'il est allé à l'université, il devrait pouvoir progresser plus vite, mais il doit commencer par le bas et prouver ses capacités. L'avenir de chaque homme dépend uniquement de lui-même. On parle beaucoup trop librement de l'incapacité des hommes à obtenir une reconnaissance. Chez nous, chaque homme est quasiment assuré d'obtenir la reconnaissance exacte qu'il mérite.

Bien entendu, le désir de reconnaissance comporte certains facteurs dont il faut tenir compte. L'ensemble du système industriel moderne a tellement déformé ce désir qu'il en devient aujourd'hui presque une obsession. Il fut un temps où l'avancement personnel d'un homme dépendait entièrement et immédiatement de son travail, et non de la faveur de qui que ce soit ; mais de nos jours, cela dépend souvent beaucoup trop de la chance qu'a l'individu d'attirer un regard influent. C'est contre cela que nous avons lutté avec succès. Les hommes travailleront avec l'idée d'attirer l'attention de quelqu'un ; ils travailleront avec l'idée que s'ils ne parviennent pas à obtenir le crédit de ce qu'ils ont fait, ils auraient tout aussi bien pu l'avoir mal fait ou ne pas l'avoir fait du tout. Ainsi, le travail devient parfois une considération secondaire. Le travail en cours – l'article en cours, le type particulier de service en cours – s'avère n'être pas le travail principal. Le travail principal devient l'avancement personnel – une plate-forme à partir de laquelle attirer l'attention de quelqu'un. Cette habitude de rendre l'œuvre secondaire et la reconnaissance primordiale est injuste envers l'œuvre. Cela fait de la reconnaissance et du crédit le véritable travail. Et cela a également un effet fâcheux sur le travailleur. Cela encourage un type particulier d'ambition qui n'est ni agréable ni productive. Cela produit le genre d'homme qui s'imagine qu'en « se tenant aux côtés du patron », il progressera. Chaque magasin connaît ce genre d'homme. Et le pire, c'est qu'il y a certaines choses dans le système industriel actuel qui donnent l'impression que le jeu est vraiment payant. Les contremaîtres ne sont que des humains. Il est naturel qu'ils soient flattés de pouvoir croire qu'ils tiennent entre leurs mains le bonheur ou le malheur des ouvriers. Il est naturel aussi qu'étant ouverts à la flatterie, leurs subordonnés égoïstes les flattent encore plus pour obtenir et profiter de leur faveur. C'est pourquoi je veux le moins possible d'élément personnel.

Il est particulièrement facile pour tout homme qui ne sait jamais tout de parvenir à un poste plus élevé chez nous. Certains hommes travaillent dur mais ils ne possèdent pas la capacité de penser et surtout de penser vite. De tels hommes vont aussi loin que leurs capacités le méritent. Un homme peut, par son industrie, mériter un avancement, mais il ne peut lui être accordé que s'il possède également un certain élément de leadership. Nous ne vivons pas dans un monde de rêve. Je pense que chaque homme qui participe au processus de restructuration de notre usine finit par se retrouver à sa place.

Nous ne sommes jamais satisfaits de la façon dont tout est fait dans n'importe quelle partie de l'organisation ; nous pensons toujours que cela devrait être mieux fait et que cela finira par être mieux fait. L'esprit de regroupement force l'homme qui possède les qualités pour une place plus élevée à finir par l'obtenir. Il n'obtiendrait peut-être pas cette place si, à un moment donné, l'organisation — mot que je n'aime pas utiliser — était modifiée, de sorte qu'il y aurait des démarches de routine et des chaussures d'hommes morts. Mais nous avons si peu de titres qu'un homme qui devrait faire quelque chose de mieux que ce qu'il fait, s'y met très vite — il n'est pas retenu par le fait qu'il n'y a pas de position « ouverte » devant lui — car il y a pas de « postes ». Nous n'avons pas de place toute faite : nos meilleurs hommes font leur place. C'est assez facile à faire, car il y a toujours du travail, et quand vous pensez à faire le travail au lieu de trouver un titre qui convienne à un homme qui veut être promu, alors il n'y a aucune difficulté en matière de promotion. La promotion elle-même n'est pas formelle ; l'homme se retrouve simplement à faire autre chose que ce qu'il faisait et à gagner plus d'argent.

L'ensemble de notre peuple est donc remonté du bas. Le chef de l'usine a commencé comme machiniste. Le responsable de la grande usine de River Rouge a débuté comme modéliste. Un autre homme supervisant l'un des principaux départements a débuté comme balayeur. Il n'y a pas un seul homme dans l'usine qui ne soit venu simplement de la rue. Tout ce que nous avons développé a été réalisé par des hommes qui se sont qualifiés chez nous.

Nous n'avons heureusement hérité d'aucune tradition et nous n'en fondons aucune. Si nous avons une tradition, c'est celle-ci :

Tout peut toujours être fait mieux que ce qui est fait.

Cette pression constante pour travailler mieux et plus rapidement résout presque tous les problèmes d'usine. Un département se mesure à son rythme de production. Le rythme de production et le coût de production sont des éléments distincts. Les contremaîtres et les surintendants ne feraient que perdre du temps s'ils contrôlaient les coûts de leur service. Il y a certains coûts, comme le taux des salaires, les frais généraux, le prix des matériaux, etc., qu'ils ne peuvent en aucun cas contrôler, et ils ne s'en soucient donc pas. Ce qu'ils peuvent contrôler, c'est le taux de production dans leurs propres départements. La notation d'un département s'obtient en divisant le nombre de pièces produites par le nombre de mains travaillant. Chaque contremaître vérifie quotidiennement son propre département : il porte toujours les chiffres sur lui. Le surintendant a un tableau de tous les scores ; s'il y a quelque chose qui ne va pas dans un service, le score de sortie le montre immédiatement, le surintendant fait une enquête et le contremaître a l'air vivant. Une part considérable de l'incitation à adopter de meilleures méthodes est directement imputable à cette méthode simple de production de notation, basée sur des règles empiriques. Le contremaître n'a pas besoin d'être un comptable des coûts : il n'est pas meilleur contremaître s'il en est un. Ses charges sont les machines et les êtres humains de son service. Lorsqu'ils travaillent de manière optimale, il a rendu son service. Le rythme de sa production est son guide. Il n'a aucune raison de disperser ses énergies sur des sujets collatéraux.

Ce système de notation oblige simplement un contremaître à oublier les personnalités, à oublier tout autre que le travail en cours. S'il doit sélectionner les personnes qu'il aime au lieu de celles qui sont les plus à même de faire le travail, son dossier départemental le démontrera rapidement.

Il n'y a aucune difficulté à sélectionner des hommes. Ils se démarquent parce que — même si l'on entend beaucoup parler du manque de possibilités d'avancement — l'ouvrier moyen est plus intéressé par un emploi stable que par l'avancement. À peine plus de cinq pour cent de ceux qui travaillent pour un salaire, tout en désirant recevoir plus d'argent, sont également disposés à accepter les responsabilités supplémentaires et le travail supplémentaire qui accompagnent les postes supérieurs. Seulement environ vingt-cinq pour cent. sont même prêts à être des patrons de paille, et la plupart d'entre eux acceptent cette position parce que cela entraîne un salaire plus élevé que celui de travailler sur une machine. Des hommes à l'esprit plus mécanique, mais sans aucun désir de responsabilité, se rendent dans les ateliers de fabrication d'outils où ils sont bien mieux payés que dans la production proprement dite.

Mais la grande majorité des hommes souhaitent rester sur place. Ils veulent être dirigés. Ils veulent que tout soit fait pour eux et n'avoir aucune responsabilité. Donc, malgré la grande masse d'hommes, la difficulté n'est pas de trouver des hommes pour avancer, mais des hommes qui veulent avancer.

La théorie acceptée est que tout le monde est impatient de progresser, et de nombreux et jolis projets ont été élaborés à partir de cela. Je peux seulement dire que nous ne pensons pas que ce soit le cas. Les Américains que nous employons veulent effectivement aller de l'avant, mais ils ne veulent en aucun cas toujours atteindre le sommet. Les étrangers, en général, se contentent de rester des patrons de paille. Pourquoi tout cela, je ne le sais pas. Je donne les faits.

Comme je l'ai dit, tout le monde ici se réserve l'esprit ouvert quant à la manière dont chaque travail est effectué. S'il existe une théorie fixe – une règle fixe – c'est qu'aucun travail n'est suffisamment bien fait. L'ensemble de la direction de l'usine est toujours ouverte aux suggestions et nous disposons d'un système de suggestions informel grâce auquel tout ouvrier peut communiquer toute idée qui lui vient et obtenir une action en conséquence.

L'économie d'un centime par pièce peut être très intéressante . Une économie d'un cent sur une pièce au rythme actuel de notre production représente douze mille dollars par an. Un centime économisé sur chaque pièce équivaudrait à des millions par an. Par conséquent, en comparant les économies, les calculs sont effectués au millième de cent près. Si la nouvelle méthode proposée permet de réaliser des économies et que le coût du changement est amorti dans un délai raisonnable – disons dans les trois mois – le changement est réalisé pratiquement comme cela allait de soi. Ces changements ne se limitent en aucun cas à des améliorations qui augmenteront la production ou diminueront les coûts. Un grand nombre, peut-être la plupart d'entre eux, s'efforcent de faciliter le travail. Nous ne voulons pas de travaux pénibles et meurtriers sur place, et il y en a très peu à l'heure actuelle. Et généralement, il s'avère qu'adopter la méthode la plus facile pour les hommes diminue également le coût. Il existe un lien très intime entre la décence et les bonnes affaires. Nous étudions également jusqu'à la dernière décimale s'il est moins cher de fabriquer ou d'acheter une pièce.

Les suggestions viennent de partout. Les ouvriers polonais semblent être les plus habiles de tous les étrangers dans leur fabrication. L'un d'eux, qui ne parlait pas anglais, a indiqué que si l'outil de sa machine était réglé à un angle différent, il pourrait s'user plus longtemps. En l'état, cela n'a duré que quatre ou cinq coupes. Il avait raison, et beaucoup d'argent a été économisé grâce au broyage. Un autre Polonais, utilisant une perceuse à colonne, a installé un petit accessoire pour éviter de manipuler la pièce après le perçage. Cette solution a été adoptée de manière générale et a permis de réaliser des économies considérables. Les hommes essaient souvent de petits attachements parce qu'en se concentrant sur une chose, ils peuvent, s'ils ont un tel esprit, imaginer une amélioration. La propreté de la machine d'un homme – bien que le nettoyage d'une machine ne fasse pas partie de son devoir – est également généralement une indication de son intelligence.

Voici quelques-unes des suggestions : Une proposition selon laquelle les pièces moulées seraient transportées de la fonderie à l'atelier d'usinage sur un convoyeur aérien a permis d'économiser soixante-dix hommes dans la division des transports. Il y avait autrefois dix-sept hommes – et c'était à l'époque où la production était plus petite – pour enlever les bavures des engrenages, et c'était un travail dur et pénible. Un homme a grossièrement esquissé une machine spéciale. Son idée a été élaborée et la machine construite. Aujourd'hui, quatre hommes ont un rendement plusieurs fois supérieur à celui de dix-sept hommes – et n'ont aucun travail pénible à accomplir. Le passage d'une tige solide à une tige soudée dans une partie du châssis a permis une économie immédiate d'environ un demi-million par an sur une production inférieure à la production actuelle. La fabrication de certains tubes à partir de feuilles plates au lieu de les étirer de la manière habituelle a permis une autre économie énorme.

L'ancienne méthode de fabrication d'un certain équipement comprenait quatre opérations et 12 pour cent. de l'acier est parti à la ferraille. Nous utilisons la plupart de nos déchets et, à terme, nous les utiliserons tous, mais ce n'est pas une raison pour ne pas réduire les déchets – le simple fait que tous les déchets ne constituent pas une perte sèche n'est pas une excuse pour autoriser le gaspillage. Un des ouvriers a mis au point une nouvelle méthode très simple pour fabriquer cet engrenage, dans laquelle la ferraille ne représentait que 1 pour cent. Encore une fois, l'arbre à cames doit subir un traitement thermique afin de rendre la surface dure ; les arbres à cames sortaient toujours du four de traitement thermique quelque peu déformés, et même en 1918, nous employions 37 hommes rien que pour redresser les arbres. Plusieurs de nos hommes ont expérimenté pendant environ un an et ont finalement mis au point une nouvelle forme de four dans lequel les arbres ne pouvaient pas se déformer. En 1921, avec une production beaucoup plus importante qu'en 1918, nous n'employions que huit hommes pour l'ensemble de l'opération.

Et puis il y a la nécessité de supprimer la nécessité de compétences dans tout travail effectué par quiconque. L'ancien durcisseur d'outils était un expert. Il lui fallait juger des températures de chauffage. C'était une opération aléatoire. Ce qui est étonnant, c'est qu'il frappe si souvent. Le traitement thermique lors du durcissement de l'acier est très important, à condition de connaître exactement la bonne chaleur à appliquer. Cela ne peut pas être connu de manière empirique. Il faut le mesurer. Nous avons introduit un système selon lequel l'homme au fourneau n'a rien à voir avec la chaleur. Il ne voit pas le pyromètre, l'instrument qui enregistre la température. Des lumières électriques colorées lui donnent ses signaux.

Aucune de nos machines n'est jamais construite au hasard. L'idée est étudiée en détail avant qu'une décision ne soit prise. Parfois, des modèles en bois sont construits ou encore les pièces sont dessinées en taille réelle sur un tableau noir. Nous ne sommes pas liés par des précédents, mais nous ne laissons rien à la chance et nous n'avons pas encore construit une machine qui ne fera pas le travail pour lequel elle a été conçue. Environ quatre-vingt-dix pour cent. de toutes les expériences ont été réussies.

Quelle que soit l'expertise en matière de fabrication qui s'est développée, elle est due aux hommes. Je pense que si les hommes ne sont pas gênés et savent qu'ils servent, ils mettront toujours tout leur esprit et leur volonté dans les tâches les plus insignifiantes.

CHAPITRE VII

LA TERREUR DE LA MACHINE

Le travail répétitif – le fait de faire une chose encore et encore et toujours de la même manière – est une perspective terrifiante pour un certain type d'esprit. C'est terrifiant pour moi. Je ne pourrais pas faire la même chose jour après jour, mais pour d'autres esprits, je pourrais peut-être dire pour la majorité des esprits, les opérations répétitives ne sont pas effrayantes. En fait, pour certains types d'esprit, la pensée est absolument épouvantable. Pour eux, le travail idéal est celui où l'instinct créatif n'a pas besoin de s'exprimer. Les métiers où il faut de l'esprit et du muscle ont très peu de preneurs : on a toujours besoin d'hommes qui aiment un métier parce qu'il est difficile. Le travailleur moyen, je suis désolé de le dire, veut un travail dans lequel il ne doit pas déployer beaucoup d'efforts physiques – il veut avant tout un travail dans lequel il n'a pas besoin de réfléchir. Ceux qui ont ce qu'on pourrait appeler le type d'esprit créatif et qui détestent complètement la monotonie ont tendance à imaginer que tous les autres esprits sont également agités et, par conséquent, à étendre une sympathie tout à fait indésirable à l' homme qui travaille jour après jour accomplit presque exactement la même chose. opération.

En fin de compte, la plupart des tâches sont répétitives. Un homme d'affaires a une routine qu'il suit avec une grande exactitude ; le travail d'un président de banque est presque entièrement routinier ; le travail des sous-officiers et des commis dans une banque est purement routinier. En effet, pour la plupart des objectifs et pour la plupart des gens, il est nécessaire d'établir une sorte de routine et de rendre la plupart des mouvements purement répétitifs – sinon l'individu n'en fera pas assez pour pouvoir vivre de ses propres efforts. Il n'y a aucune raison pour qu'une personne dotée d'un esprit créatif se consacre à un travail monotone, car partout le besoin d'hommes créatifs se fait pressant. Il n'y aura jamais de pénurie de places pour les personnes qualifiées, mais nous devons reconnaître que la volonté d'être qualifié n'est pas générale. Et même si la volonté est présente, le courage de suivre la formation est absent. On ne peut pas devenir compétent par simple souhait.

Il y a beaucoup trop d'hypothèses sur ce que devrait être la nature humaine et pas assez de recherches sur ce qu'elle est. Supposons que le travail créatif ne peut être entrepris que dans le domaine de la vision. On parle d'« artistes » créateurs en musique, en peinture et dans les autres arts. Nous limitons apparemment les fonctions créatives aux productions qui peuvent être accrochées aux murs des galeries, ou jouées dans des salles de concert, ou autrement exposées là où des gens oisifs et exigeants se rassemblent pour admirer la culture de chacun. Mais si un homme veut un champ pour un travail créatif vital, qu'il vienne là où il a affaire à des lois plus élevées que celles du son, de la ligne ou de la couleur ; qu'il vienne là où il pourra s'occuper des lois de la personnalité. Nous voulons des artistes en relation industrielle. Nous voulons des maîtres en méthode industrielle, tant du point de vue du producteur que du point de vue du produit. Nous voulons ceux qui peuvent façonner la masse politique, sociale, industrielle et morale en un tout sain et bien organisé. Nous avons trop limité la faculté créatrice et l'avons utilisée à des fins trop triviales. Nous voulons des hommes capables de créer le modèle fonctionnel de tout ce qui est juste, bon et désirable dans notre vie. De bonnes intentions et des conceptions de travail bien pensées peuvent être mises en pratique et réussir. Il est possible d'augmenter le bien-être de l'ouvrier, non pas en lui faisant travailler moins, mais en l'aidant à en faire plus. Si le monde accorde son attention, son intérêt et son énergie à l'élaboration de plans qui profiteront à l'autre tel qu'il est, alors de tels plans pourront être établis sur une base pratique. De tels projets perdureront – et seront de loin les plus rentables, tant sur le plan humain que financier. Ce dont cette génération a besoin, c'est d'une foi profonde, d'une profonde conviction dans la faisabilité de la droiture, de la justice et de l'humanité dans l'industrie. Si nous ne pouvons pas avoir ces qualités, alors nous serions mieux sans industrie. En effet, si nous ne pouvons pas obtenir ces qualités, les jours de l'industrie sont comptés. Mais nous pouvons les obtenir. Nous les obtenons.

Si un homme ne peut pas gagner sa vie sans l'aide de machines, est-il avantageux pour lui de ne pas utiliser ces machines parce que son utilisation risque d'être monotone ? Et le laisser mourir de faim ? Ou vaut-il mieux lui permettre de bien vivre ? Un homme est-il plus heureux s'il meurt de faim ? S'il est plus heureux d'utiliser une machine au-dessous de sa capacité, est-il plus heureux de produire moins qu'il ne le pourrait et, par conséquent, d'obtenir en échange moins que sa part des biens mondiaux ?

Je n'ai pas pu découvrir que le travail répétitif puisse nuire d'une manière ou d'une autre à l'homme. Des experts en salon m'ont dit que le travail répétitif est destructeur de l'âme et du corps, mais cela n'a pas été le résultat de nos enquêtes. Il y a eu le cas d'un homme qui, toute la journée, n'a fait que marcher sur une pédale de déclenchement. Il pensait que la motion le rendait unilatéral ; l'examen médical n'a pas montré qu'il avait été affecté mais, bien sûr, il a été affecté à un autre travail faisant appel à un autre ensemble de muscles. Quelques semaines plus tard, il a demandé à retrouver son ancien emploi. Il semblerait raisonnable d'imaginer que le fait de faire quotidiennement le même ensemble de mouvements pendant huit heures produirait un corps anormal, mais nous n'avons jamais eu de cas de ce genre. Nous changeons les hommes chaque fois qu'ils le demandent et nous aimerions les changer régulièrement – cela serait tout à fait réalisable si seulement les hommes le voulaient. Ils n'aiment pas les changements qu'ils ne proposent pas eux-mêmes. Certaines opérations sont sans aucun doute monotones, si monotones qu'il semble difficilement possible qu'un homme veuille continuer longtemps au même travail. La tâche la plus monotone de toute l'usine est probablement celle où un homme ramasse un engrenage avec un crochet en acier, le secoue dans une cuve d'huile, puis le transforme en panier. Le mouvement ne varie jamais. Les engrenages lui arrivent toujours exactement au même endroit, il donne à chacun le même nombre de secousses, et il le jette dans un panier qui est toujours au même endroit. Aucune énergie musculaire n'est requise, aucune intelligence n'est requise. Il ne fait rien d'autre que d'agiter doucement ses mains d'avant en arrière tant la tige d'acier est légère. Pourtant, l'homme qui occupe ce poste le fait depuis huit bonnes années. Il a économisé et investi son argent jusqu'à ce qu'il dispose aujourd'hui d'environ quarante mille dollars – et il résiste obstinément à toute tentative visant à le contraindre à un meilleur travail !

Les recherches les plus approfondies n'ont pas mis en évidence un seul cas où l'esprit d'un homme aurait été tordu ou endormi par cette œuvre. Le genre d'esprit qui n'aime pas le travail répétitif n'est pas obligé d'y rester. Le travail dans chaque département est classé selon son opportunité et ses compétences en classes « A », « B » et « C », chaque classe comportant de dix à trente opérations différentes. Un homme vient directement de l'agence pour l'emploi dans la « classe C ». Au fur et à mesure qu'il s'améliore, il entre dans la « Classe B », et ainsi de suite dans la « Classe A », et hors de la « Classe A » vers la fabrication d'outils ou une certaine capacité de supervision. A lui de se placer. S'il reste dans la production, c'est parce que ça lui plaît.

Dans un chapitre précédent, j'ai noté qu'aucune personne postulant à un emploi n'est refusée en raison de sa condition physique. Cette politique entra en vigueur le 12 janvier 1914, au moment de fixer le salaire minimum à cinq dollars par jour et la journée de travail à huit heures. Elle comportait en outre la condition selon laquelle personne ne devait être renvoyé en raison de sa condition physique, sauf, bien entendu, en cas de maladie contagieuse. Je pense que si une institution industrielle veut remplir pleinement son rôle, il devrait être possible qu'un échantillon représentatif de ses employés présente à peu près les mêmes proportions que l'échantillon représentatif d'une société en général. Nous avons toujours avec nous les mutilés et les paralysés. Il existe une disposition des plus généreuses à considérer tous ces gens physiquement incapables de travailler comme une charge pour la société et à les soutenir par la charité. Il y a des cas où j'imagine que le soutien doit être par charité, comme, par exemple, un idiot. Mais ces cas sont extraordinairement rares, et nous avons trouvé possible, parmi le grand nombre de tâches différentes qui doivent être accomplies quelque part dans l'entreprise, de trouver une ouverture pour presque tout le monde et sur la base de la production. L'aveugle ou l'infirme peut, dans la place particulière qui lui est assignée, accomplir autant de travail et recevoir exactement le même salaire qu'un homme tout à fait valide. Nous ne préférons pas les infirmes, mais nous avons démontré qu'ils peuvent gagner leur plein salaire.

Ce serait tout à fait contraire à l'esprit de ce que nous essayons de faire que d'embaucher des hommes parce qu'ils sont estropiés, de leur payer un salaire inférieur et de se contenter d'une production moindre. Cela aiderait peut-être directement les hommes, mais cela ne les aiderait pas de la meilleure façon. La meilleure façon est toujours de les mettre sur un pied d'égalité avec les hommes valides. Je crois qu'il y a très peu de raisons de faire de la charité dans ce monde, c'est-à-dire de faire de la charité dans le sens de faire des dons. Certes, les affaires et la charité ne peuvent pas être combinées ; le but d'une usine est de produire, et elle ne servira pas la communauté en général si elle ne produit pas au maximum de ses capacités. Nous sommes trop prêts à supposer sans enquête que la pleine possession de facultés est une condition nécessaire à l'exercice optimal de tous les emplois. Pour découvrir exactement quelle était la situation réelle, j'ai classé tous les différents travaux de l'usine selon le type de machine et de travail – selon que le travail physique impliqué était léger, moyen ou lourd ; s'il s'agissait d'un travail humide ou sec, et sinon, avec quel type de fluide ; s'il était propre ou sale ; près d'un four ou d'un fourneau ; l'état de l'air; si une ou les deux mains devaient être utilisées ; si l'employé était debout ou assis à son travail ; si c'était bruyant ou calme ; si cela exigeait de la précision ; si la lumière était naturelle ou artificielle ; le nombre de pièces à manipuler par heure ; le poids du matériel manutentionné ; et la description de la pression exercée sur le travailleur. Il s'est avéré au moment de l'enquête qu'il y avait alors 7.882 emplois différents dans l'usine. Parmi ceux-ci, 949 étaient classés comme travaux pénibles exigeant des hommes forts, valides et pratiquement physiquement parfaits ; 3 338 hommes nécessitaient un développement physique et une force ordinaires. Les 3 595 emplois restants ont été déclarés comme n'exigeant aucun effort physique et pouvaient être exécutés par les hommes les plus menus et les plus faibles. En fait, la plupart d'entre eux pourraient être occupés de manière satisfaisante par des femmes ou des enfants plus âgés. Les emplois les plus légers ont été à nouveau classés pour découvrir combien d'entre eux nécessitaient l'usage de toutes les facultés, et nous avons constaté que 670 pouvaient être occupés par des hommes sans jambes, 2 637 par des unijambistes, 2 par des hommes sans bras, 715 par des hommes manchots, et 10 par des aveugles. Ainsi, sur 7 882 types d'emplois, 4 034 – même si certains d'entre eux exigeaient de la force – n'exigeaient pas une pleine capacité physique. Autrement dit, l'industrie développée peut fournir du travail salarié à un nombre moyen d'hommes standards plus élevé que celui que l'on trouve habituellement dans n'importe quelle communauté normale. Si les emplois dans une industrie ou, disons, dans n'importe quelle usine, étaient analysés comme les nôtres l'ont été, la proportion pourrait être très différente, mais je suis tout à fait sûr que si le travail est suffisamment subdivisé — subdivisé jusqu'au point d'économie la plus élevée — les endroits où les handicapés physiques pourront effectuer un travail d'homme et percevoir un salaire d'homme ne manqueront pas. Il est économiquement très coûteux d'accepter des hommes infirmes comme pensionnaires et de leur enseigner ensuite des tâches triviales comme le tressage de paniers ou toute autre forme de travail manuel non rémunéré , dans l'espoir, non pas de les aider à gagner leur vie, mais de prévenir le découragement.

Lorsqu'un homme est engagé par le ministère de l'Emploi, la théorie est de lui confier un emploi adapté à sa condition. S'il est déjà au travail et qu'il ne semble pas en mesure d'effectuer le travail ou s'il n'aime pas son travail, on lui remet une carte de transfert qu'il présente au service de transfert et, après un examen, il est jugé. dans un autre travail plus adapté à sa condition ou à sa disposition. Ceux qui sont au-dessous des normes physiques ordinaires sont tout aussi bons travailleurs, bien placés, que ceux qui sont au-dessus. Par exemple, un aveugle a été affecté au service des stocks pour compter les boulons et les écrous destinés à être expédiés aux succursales. Deux autres hommes valides étaient déjà employés à ces travaux. Deux jours plus tard, le contremaître a envoyé une note au service de transfert libérant les hommes valides, car l'aveugle était capable de faire non seulement son propre travail mais aussi le travail qui était auparavant effectué par les preneurs de son.

Cette récupération peut être poursuivie plus loin. Il est généralement admis que lorsqu'un homme est blessé, il est tout simplement hors de course et doit recevoir une allocation. Mais il y a toujours une période de convalescence, surtout dans les cas de fractures, pendant laquelle l'homme est assez fort pour travailler et, en fait, à ce moment-là, il est généralement impatient de travailler, car l'indemnité d'accident la plus élevée possible ne peut jamais atteindre le salaire d'un homme. . Si tel était le cas, une entreprise se verrait simplement imposer une taxe supplémentaire, et cette taxe apparaîtrait dans le coût du produit. Il y aurait moins d'achats de produits et donc moins de travail pour quelqu'un. C'est une séquence inévitable qu'il faut toujours garder à l'esprit.

Nous avons expérimenté avec des hommes alités, des hommes capables de se tenir assis. Nous mettons des couvertures ou des tabliers en toile cirée noire sur les lits et demandons aux hommes de visser des écrous sur de petits boulons. C'est un travail qui doit être fait à la main et auquel s'affairent quinze ou vingt hommes au département Magnéto. Les hommes de l'hôpital pouvaient le faire aussi bien que les hommes du magasin et pouvaient recevoir leur salaire régulier. En fait, leur production était d'environ 20 pour cent, je crois, supérieure à la production habituelle des magasins. Aucun homme n'était obligé de faire le travail à moins qu'il ne le veuille. Mais ils le voulaient tous. Cela empêchait le temps de pendre entre leurs mains. Ils dormaient, mangeaient mieux et récupéraient plus rapidement.

Aucune considération particulière ne doit être accordée aux salariés sourds-muets. Ils font leur travail à cent pour cent. Les employés tuberculeux — et ils sont généralement environ un millier — travaillent pour la plupart au service de récupération des matériaux. Les cas considérés comme contagieux travaillent ensemble dans un hangar spécialement construit. Le travail de chacun d'eux se déroule en grande partie à l'extérieur.

Au moment de la dernière analyse des salariés, il y avait 9 563 hommes sous-normes. Parmi eux, 123 avaient des bras, des avant-bras ou des mains paralysés ou amputés. L'un d'eux n'avait pas les deux mains. Il y avait 4 hommes totalement aveugles, 207 aveugles d'un œil, 253 d'un œil presque aveugle, 37 sourds-muets, 60 épileptiques, 4 avec deux jambes ou pieds manquants, 234 avec un pied ou une jambe manquante. Les autres avaient des obstacles mineurs.

Le temps nécessaire pour devenir compétent dans les différentes professions est à peu près le suivant : 43 pour cent. de tous les emplois ne nécessitent pas plus d'une journée de formation ; 36 pour cent. nécessiter d'un jour à une semaine; 6 pour cent. nécessiter une à deux semaines ; 14 pour cent. nécessiter d'un mois à un an ; un pourcent. nécessitent de un à six ans. Les derniers travaux nécessitent une grande compétence, comme dans la fabrication d'outils et le fonçage de matrices.

La discipline dans toute l'usine est rigide. Il n'existe pas de règles mesquines, ni de règles dont la justice puisse raisonnablement être contestée. L'injustice du licenciement arbitraire est évitée en limitant le droit de licenciement au directeur de l'emploi, et celui-ci l'exerce rarement. L'année 1919 est la dernière pour laquelle des statistiques ont été tenues. Cette année-là, 30 155 changements ont eu lieu. Parmi eux, 10 334 ont été absents plus de dix jours sans préavis et ont donc été abandonnés. Parce qu'ils ont refusé le poste qui leur avait été attribué ou ont exigé, sans motif, une mutation, 3 702 personnes ont été licenciées. Un refus d'apprendre l'anglais dans l'école prévue en représentait 38 de plus ; 108 enrôlés; environ 3 000 ont été transférés vers d'autres usines. Le retour à la maison, l'exploitation agricole ou les affaires représentaient à peu près le même nombre de personnes. Quatre-vingt-deux femmes ont été licenciées parce que leurs maris travaillaient – nous n'employons pas de femmes mariées dont les maris ont un emploi. Sur l'ensemble du lot, seuls 80 ont été catégoriquement libérés et les causes étaient les suivantes : Fausse déclaration, 56 ; par arrêté du Département de l'Éducation, 20 ; et indésirable, 4.

Nous attendons des hommes qu'ils fassent ce qu'on leur dit. L'organisation est si hautement spécialisée et une partie dépend tellement d'une autre que nous ne pourrions pas envisager un instant de laisser les hommes agir à leur guise. Sans la discipline la plus rigide, nous vivrions dans la plus grande confusion. Je pense qu'il ne devrait pas en être autrement dans l'industrie. Les hommes sont là pour accomplir le plus de travail possible et recevoir le salaire le plus élevé possible. Si chacun était autorisé à agir à sa manière, la production en souffrirait et donc les salaires en souffriraient. Quiconque n'aime pas travailler à notre manière peut toujours partir. La conduite de l'entreprise envers les hommes se veut exacte et impartiale. Il est naturellement dans l'intérêt des contremaîtres et des chefs de service que les sorties de leurs services soient peu nombreuses. L'ouvrier a toute la possibilité de raconter son histoire s'il a été injustement traité : il a tous les recours. Bien entendu, des injustices sont inévitables. Les hommes ne sont pas toujours justes envers leurs collègues. La nature humaine défectueuse fait parfois obstacle à nos bonnes intentions. Le contremaître ne comprend pas toujours l'idée, ou l'applique mal, mais les intentions de l'entreprise sont telles que je l'ai exposée, et nous utilisons tous les moyens pour les faire comprendre.

Il faut être très insistant en matière d'absences. Un homme ne peut pas aller ou venir à sa guise ; il peut toujours demander un congé au contremaître, mais s'il part sans préavis, alors, à son retour, les raisons de son absence sont soigneusement étudiées et sont parfois adressées au service médical. S'il a de bonnes raisons, il est autorisé à reprendre son travail. S'ils ne sont pas bons, il peut être renvoyé. Lors de l'embauche d'un homme, les seules données recueillies concernent son nom, son adresse, son âge, s'il est marié ou célibataire, le nombre de personnes à sa charge, s'il a déjà travaillé pour la Ford Motor Company, ainsi que son état de vue et son état de santé. audience. Aucune question n'est posée concernant ce que l'homme a fait auparavant, mais nous avons ce que nous appelons le « avis de meilleur avantage », par lequel un homme qui a exercé un métier avant de venir chez nous dépose un avis auprès du ministère de l'emploi indiquant ce que le métier était. De cette façon, lorsque nous avons besoin de spécialistes de quelque nature que ce soit, nous pouvons les faire sortir de la production. C'est aussi l'une des voies par lesquelles les fabricants d'outils et les mouleurs accèdent rapidement aux postes les plus élevés. Autrefois, je voulais un horloger suisse. Les cartes en ont révélé une : il utilisait une perceuse à colonne. Le département Heat Treat recherchait un poseur de briques réfractaires qualifié. Il a également été retrouvé sur une perceuse à colonne : il est désormais inspecteur général.

Il n'y a pas beaucoup de contacts personnels – les hommes font leur travail et rentrent chez eux – une usine n'est pas un salon. Mais nous essayons d'obtenir justice et, même s'il y a peu de poignées de main – nous n'avons pas de serre-mains professionnels – nous essayons également d'empêcher les petites personnalités d'avoir des opportunités. Nous avons tellement de départements que cet endroit est presque un monde en soi : tout type d'homme peut y trouver sa place. Prenez les combats entre hommes. Les hommes se battent, et généralement les combats sont une cause de renvoi sur place. Nous constatons que cela n'aide pas les combattants – cela les fait simplement disparaître de notre vue. Les contremaîtres sont donc devenus assez ingénieux pour concevoir des punitions qui n'enlèveront rien à la famille de l'homme et qui ne nécessitent pas de temps pour être administrées.

Un point absolument essentiel à une capacité élevée ainsi qu'à une production humaine est une usine propre, bien éclairée et bien ventilée. Nos machines sont placées très près les unes des autres : chaque pied d'espace au sol dans l'usine entraîne, bien entendu, les mêmes frais généraux. Le consommateur doit payer les frais généraux supplémentaires et le transport supplémentaire qu'implique le fait d'avoir des machines encore plus éloignées de six pouces qu'elles ne devraient l'être. Nous mesurons pour chaque travail la quantité exacte d'espace dont un homme a besoin ; il ne faut pas qu'il soit à l'étroit : ce serait du gaspillage. Mais si lui et sa machine occupent plus d'espace que nécessaire, c'est aussi du gaspillage. Cela rapproche nos machines probablement plus que dans n'importe quelle autre usine au monde. Pour un étranger, ils peuvent sembler empilés les uns sur les autres, mais ils sont scientifiquement disposés, non seulement dans la séquence des opérations, mais pour donner à chaque homme et à chaque machine chaque centimètre carré dont il a besoin et, si possible, pas un carré. pouce, et certainement pas un pied carré, de plus que ce dont il a besoin. Nos bâtiments d'usine ne sont pas destinés à être utilisés comme parcs. Le placement rapproché nécessite un maximum de sécurité et de ventilation.

La sécurité des machines est un sujet à part entière. Nous ne considérons aucune machine, quelle que soit l'efficacité avec laquelle elle accomplit son travail, comme une machine appropriée à moins qu'elle ne soit absolument sûre. Nous n'avons aucune machine que nous considérons comme dangereuse, mais même dans ce cas, quelques accidents peuvent survenir. Chaque accident, aussi insignifiant soit-il, est retracé par un homme qualifié employé uniquement à cet effet, et une étude est faite sur la machine pour rendre impossible le même accident dans le futur.

Lorsque nous avons construit les bâtiments les plus anciens, nous ne connaissions pas autant la ventilation qu'aujourd'hui. Dans tous les bâtiments ultérieurs, les colonnes de support sont creuses et à travers elles, le mauvais air est pompé et le bon air introduit. Une température presque uniforme est maintenue partout toute l'année et, pendant la journée, l'éclairage artificiel n'est nulle part nécessaire. Quelque sept cents hommes sont exclusivement chargés de garder les magasins propres, les vitres lavées et toute la peinture fraîche. Les coins sombres qui invitent à l'expectoration sont peints en blanc.

On ne peut pas avoir de moral sans propreté. Nous ne tolérons pas plus une propreté de fortune que des méthodes de fortune.

Il n'y a aucune raison pour que le travail en usine soit dangereux. Si un homme a travaillé trop dur ou pendant de trop longues heures, il se retrouve dans un état mental propice aux accidents. Une partie du travail de prévention des accidents consiste à éviter cet état mental ; Il s'agit en partie d'empêcher la négligence et en partie de rendre les machines absolument infaillibles. Les principales causes d'accidents telles qu'elles sont regroupées par les experts sont :

(1) Structures défectueuses ; (2) machines défectueuses ; (3) espace insuffisant ; (4) absence de garanties ; (5) conditions impures ; (6) mauvaises lumières ; (7) mauvais air; (8) vêtements inappropriés ; (9) négligence; (10) ignorance ; (11) état mental ; (12) manque de coopération.

Les questions des structures défectueuses, des machines défectueuses, de l'espace insuffisant, des conditions malsaines, de la mauvaise lumière, du mauvais air, du mauvais état mental et du manque de coopération sont facilement résolues. Aucun des hommes ne travaille trop dur. Les salaires règlent les neuf dixièmes des problèmes mentaux et la construction élimine les autres. Nous devons alors nous prémunir contre les vêtements inappropriés, la négligence et l'ignorance, et rendre tout ce que nous possédons infaillible. C'est plus difficile là où nous avons des ceintures. Dans toutes nos nouvelles constructions, chaque machine possède son moteur électrique individuel, mais dans les constructions plus anciennes, nous devions utiliser des courroies. Chaque ceinture est gardée. Au-dessus des convoyeurs automatiques sont placés des ponts afin qu'aucun homme ne doive traverser à un endroit dangereux. Partout où il existe un risque de projection de métal, l'ouvrier doit porter des lunettes de protection et les risques sont encore réduits en entourant la machine d'un filet. Autour des fours chauds, nous avons des garde-corps. Il n'y a nulle part une partie ouverte d'une machine dans laquelle les vêtements peuvent être happés. Toutes les allées restent dégagées. Les interrupteurs de démarrage des presses à étirer sont protégés par de grosses étiquettes rouges qui doivent être retirées avant de pouvoir tourner l'interrupteur, ce qui évite un démarrage inconsidéré de la machine. Les ouvriers porteront des vêtements inappropriés : des cravates qui peuvent se coincer dans une poulie, des manches flottantes et toutes sortes d'articles inappropriés. Les patrons doivent y faire attention et ils arrêtent la plupart des contrevenants. Les nouvelles machines sont testées de toutes les manières avant de pouvoir être installées. Nous n'avons donc pratiquement aucun accident grave.

L'industrie n'a pas besoin d'exiger un tribut humain.

CHAPITRE VIII

SALAIRES

Il n'y a rien à gérer une entreprise selon la coutume, à dire : « Je paie le taux de salaire en vigueur ». Le même homme ne dirait pas si facilement : « Je n'ai rien de mieux ni de moins cher à vendre que quiconque. » Aucun fabricant sensé ne prétendrait qu'acheter uniquement les matériaux les moins chers est le moyen de garantir la fabrication du meilleur article. Alors pourquoi entendons-nous tant parler de « liquidation du travail » et des bénéfices qui découleront pour le pays de la réduction des salaires – ce qui signifie uniquement la réduction du pouvoir d'achat et la réduction du marché intérieur ? À quoi sert l'industrie si elle est si mal gérée qu'elle ne permet pas à toutes les personnes concernées de gagner leur vie ? Aucune question n'est plus importante que celle des salaires : la plupart des habitants du pays vivent de salaires. Le niveau de leur niveau de vie – le taux de leur salaire – détermine la prospérité du pays.

Dans toutes les industries Ford, nous avons désormais un salaire minimum de six dollars par jour ; nous avions un minimum de cinq dollars; avant cela, nous payions ce qu'il fallait payer. Ce serait une mauvaise morale de revenir aux anciens taux de paiement du marché, mais ce serait aussi la pire sorte de mauvaise affaire.

Parlons d'abord des relations. Il n'est pas habituel de parler d'un salarié comme d'un partenaire, et pourtant qu'est-il d'autre ? Chaque fois qu'un homme trouve que la gestion d'une entreprise dépasse son temps ou ses forces, il fait appel à des assistants pour partager la gestion avec lui. Pourquoi, alors, si un homme trouve que la partie production d'une entreprise est trop à lui seul, devrait-il refuser le titre de « partenaire » à ceux qui viennent l'aider à produire ? Toute entreprise qui emploie plus d'un homme est une sorte de partenariat. Dès l'instant où un homme demande de l'aide pour ses affaires, même si l'assistant n'est qu'un garçon, à ce moment-là, il a pris un associé. Il peut être lui-même seul propriétaire des ressources de l'entreprise et seul directeur de ses opérations, mais c'est seulement tant qu'il reste seul gestionnaire et seul producteur qu'il peut prétendre à une totale indépendance. Aucun homme n'est indépendant tant qu'il dépend d'un autre homme pour l'aider. C'est une relation réciproque : le patron est le partenaire de son ouvrier, l'ouvrier est le partenaire de son patron. Et ceci étant, il est inutile que l'un ou l'autre groupe considère qu'il constitue la seule unité indispensable. Les deux sont indispensables. L'un ne peut s'affirmer indûment qu'aux dépens de l'autre – et éventuellement à ses propres dépens également. Il est tout à fait insensé pour le Capital ou pour le Travail de se considérer comme des groupes. Ce sont des partenaires. Lorsqu'ils se tirent les uns contre les autres, ils nuisent simplement à l'organisation dans laquelle ils sont partenaires et dont tous deux tirent leur soutien.

L'ambition de l'employeur, en tant que dirigeant, devrait être de payer de meilleurs salaires que n'importe quel autre secteur d'activité similaire, et l'ambition de l'ouvrier devrait être de rendre cela possible. Bien sûr, il y a des hommes dans tous les magasins qui semblent croire que s'ils font de leur mieux, ce ne sera que pour le bénéfice de l'employeur et pas du tout pour le leur. Il est dommage qu'un tel sentiment existe. Mais cela existe et peut-être a-t-il une certaine justification. Si un employeur incite les hommes à faire de leur mieux, et que les hommes apprennent au bout d'un certain temps que leur meilleur n'apporte aucune récompense, alors ils retombent naturellement dans l'idée de « s'en sortir ». Mais s'ils voient les fruits d'un travail acharné dans leur enveloppe salariale – la preuve qu'un travail plus dur signifie un salaire plus élevé – alors ils commencent également à apprendre qu'ils font partie de l'entreprise et que son succès dépend d'eux et que leur succès en dépend. .

" Que doit payer l'employeur ? " - " Que doit recevoir l'employé ? " Ce ne sont que des questions mineures. La question fondamentale est : « Que peut supporter l'entreprise ? » Il est certain qu'aucune entreprise ne peut supporter des dépenses supérieures à ses revenus. Lorsque vous pompez l'eau d'un puits à un rythme plus rapide que l'eau qui y entre, le puits s'assèche. Et quand le puits se tarit, ceux qui en dépendent ont soif. Et si, par hasard, ils imaginent qu'ils peuvent pomper un puits à sec, puis passer à un autre puits, ce n'est qu'une question de temps lorsque tous les puits seront à sec. Il existe désormais une demande largement répandue pour des récompenses plus équitablement réparties, mais il faut reconnaître qu'il y a des limites aux récompenses. L'entreprise elle-même fixe les limites. Vous ne pouvez pas distribuer 150 000 $ d'une entreprise qui ne rapporte que 100 000 $. L'entreprise limite les salaires, mais y a-t-il quelque chose qui limite l'entreprise ? L'entreprise se limite en suivant de mauvais précédents.

Si les hommes, au lieu de dire « l'employeur doit faire ceci et cela », disaient : « l'entreprise doit être stimulée et gérée de telle manière qu'elle puisse faire ceci et cela », ils arriveraient à quelque chose. Car seule l'entreprise peut payer les salaires. L'employeur ne le peut certainement pas, à moins que l'entreprise ne le justifie. Mais si cette entreprise justifie des salaires plus élevés et que l'employeur refuse, que faut-il faire ? En règle générale, une entreprise représente le gagne-pain de trop d'hommes pour être manipulée. Il est criminel d'assassiner une entreprise à laquelle un grand nombre d'hommes ont consacré leur travail et qu'ils ont appris à considérer comme leur champ d'utilité et leur source de subsistance. Tuer l'entreprise par une grève ou un lock-out n'aide pas. L'employeur ne peut rien gagner en s'intéressant aux employés et en se demandant : « Combien peu puis-je leur faire prendre ? Ni l'employé en lui lançant un regard noir et en lui demandant : « Combien puis-je le forcer à donner ? Finalement, tous deux devront se tourner vers l'entreprise et se demander : « Comment rendre cette industrie sûre et rentable, afin qu'elle soit en mesure de fournir à chacun d'entre nous une vie sûre et confortable ?

Mais tous les employeurs ou tous les employés ne penseront pas clairement. Il est difficile de se débarrasser de l'habitude d'agir à courte vue. Ce qui peut être fait? Rien. Aucune règle ou loi n'effectuera les changements. Mais l'intérêt personnel éclairé le fera. Il faut un peu de temps pour que l'illumination se propage. Mais il est nécessaire de le diffuser, car le souci selon lequel l'employeur et les salariés travaillent au même but de service est appelé à se développer dans les affaires.

Au fait, qu'entend-on par salaires élevés ?

Nous parlons d'un salaire plus élevé que celui qui était payé il y a dix mois ou dix ans. Nous ne parlons pas d'un salaire plus élevé que ce qui devrait être payé. Nos salaires élevés d'aujourd'hui seront peut-être bas dans dix ans.

S'il est juste que le dirigeant d'une entreprise s'efforce de lui faire verser des dividendes plus élevés, il est tout aussi juste qu'il s'efforce de lui faire payer des salaires plus élevés. Mais ce n'est pas le chef d'entreprise qui paie les salaires élevés. Bien sûr, s'il le peut et ne le veut pas, alors la faute en incombe à lui. Mais lui seul ne pourra jamais rendre possible des salaires élevés. Des salaires élevés ne peuvent être payés que si les ouvriers les gagnent. Leur travail est le facteur productif. Ce n'est pas le seul facteur productif : une mauvaise gestion peut gaspiller du travail et du matériel et annuler les efforts du travail . Le travail peut annuler les résultats d'une bonne gestion. Mais dans un partenariat entre une direction compétente et un travail honnête , c'est l'ouvrier qui rend possible des salaires élevés. Il investit son énergie et ses compétences, et s'il fait un investissement honnête et sans réserve, des salaires élevés devraient être sa récompense. Non seulement il les a gagnés, mais il a également joué un rôle important dans leur création.

Il doit toutefois être clair que le salaire élevé commence dès le bas de l'atelier. S'il n'est pas créé là-bas, il ne peut pas entrer dans les enveloppes salariales. On n'inventera jamais un système qui supprimerait la nécessité de travailler. La nature y a veillé. Les mains et les esprits inactifs n'ont jamais été destinés à aucun d'entre nous. Le travail est notre santé mentale, notre estime de soi, notre salut. Loin d'être une malédiction, le travail est la plus grande bénédiction. La justice sociale exacte ne découle que d'un travail honnête. Celui qui contribue beaucoup devrait retirer beaucoup. Aucun élément de charité n'est donc présent dans le paiement du salaire. Le genre d'ouvrier qui donne à l'entreprise le meilleur de lui-même est le meilleur ouvrier qu'une entreprise puisse avoir. Et on ne peut pas s'attendre à ce qu'il le fasse indéfiniment sans une reconnaissance appropriée de sa contribution. L'homme qui arrive au travail avec le sentiment que peu importe combien il donne, cela ne lui rapportera pas suffisamment pour survivre au-delà du besoin, n'est pas en forme pour accomplir sa journée de travail. Il est anxieux et inquiet, et tout cela réagit au détriment de son travail.

Mais si un homme estime que sa journée de travail non seulement répond à ses besoins fondamentaux, mais lui donne également une marge de confort et lui permet de donner à ses garçons et à ses filles leur chance et à sa femme de profiter de la vie, alors son travail semble bon. à lui et il est libre de donner le meilleur de lui-même. C'est une bonne chose pour lui et pour l'entreprise. Celui qui ne tire pas une certaine satisfaction de son travail quotidien perd la meilleure partie de son salaire.

Car le travail quotidien est une grande chose, une très grande chose ! C'est au fondement même du monde ; c'est la base de notre estime de soi. Et l'employeur devrait constamment fournir une journée de travail plus dure que n'importe lequel de ses hommes. L'employeur qui s'efforce sérieusement d'accomplir son devoir dans le monde doit être un travailleur acharné. Il ne peut pas dire : « J'ai tant de milliers d'hommes qui travaillent pour moi ». Le fait est que tant de milliers d'hommes le font travailler pour eux – et plus ils travaillent bien, plus ils le font s'occuper de leurs produits. Les salaires et traitements sont en montants fixes, et il faut qu'il en soit ainsi pour pouvoir disposer d'une base de calcul. Les salaires et traitements sont une sorte de participation aux bénéfices fixée à l'avance, mais il arrive souvent qu'à la clôture des affaires de l'année, on découvre qu'il est possible de verser davantage. Et puis il faudrait payer davantage. Lorsque nous travaillons tous ensemble dans une entreprise, nous devrions tous avoir une part des bénéfices – par le biais d'un bon salaire, d'un traitement ou d'une compensation supplémentaire. Et cela commence maintenant à être reconnu de manière assez générale.

Il existe aujourd'hui une demande claire que l'aspect humain de l'entreprise soit élevé au même niveau d'importance que l'aspect matériel. Et cela va arriver. Il s'agit simplement de savoir si cela sera réalisé avec sagesse - d'une manière qui préservera le côté matériel qui nous soutient actuellement, ou de manière imprudente et de telle manière qu'il nous enlèvera tout le bénéfice du travail du passé. années. Les entreprises représentent notre gagne-pain national, elles reflètent notre progrès économique et nous donnent notre place parmi les autres nations. Nous ne voulons pas compromettre cela. Ce que nous souhaitons, c'est une meilleure reconnaissance de l'élément humain en entreprise. Et cela peut certainement être réalisé sans bouleversement, sans perte pour personne, voire avec un bénéfice accru pour chaque être humain. Et le secret de tout cela réside dans la reconnaissance du partenariat humain. Jusqu'à ce que chaque homme soit absolument suffisant à lui-même, n'ayant besoin des services d'aucun autre être humain à quelque titre que ce soit, nous ne dépasserons jamais la nécessité du partenariat.

Telles sont les vérités fondamentales du salaire. Ce sont des distributions de partenariat.

Quand un salaire peut-il être considéré comme adéquat ? Quel revenu peut-on raisonnablement attendre du travail ? Avez-vous déjà réfléchi à ce que fait ou devrait faire un salaire ? Dire qu'elle devrait payer le coût de la vie, c'est ne rien dire. Le coût de la vie dépend largement de l'efficacité de la production et du transport ; et leur efficacité est la somme de l'efficacité de la direction et des travailleurs. Un bon travail, bien géré, devrait se traduire par des salaires élevés et un faible coût de la vie. Si nous tentons de réguler les salaires en fonction du coût de la vie, nous n'aboutirons à rien. Le coût de la vie est un résultat et nous ne pouvons pas espérer maintenir un résultat constant si nous continuons à modifier les facteurs qui produisent ce résultat. Quand on essaie de réguler les salaires en fonction du coût de la vie, on imite un chien qui court après sa queue. Et de toute façon, qui est compétent pour dire sur quel type de vie nous devons baser les coûts ? Élargissons notre vision et voyons ce qu'est un salaire pour les ouvriers et ce qu'il devrait être.

Le salaire porte toutes les obligations du travailleur en dehors de l'atelier ; il transporte tout ce qui est nécessaire en matière de service et de gestion à l'intérieur du magasin. Le travail productif d'une journée est la mine de richesse la plus précieuse qui ait jamais été ouverte. Il ne devrait certainement pas supporter moins que toutes les obligations extérieures du travailleur. Et il faudrait certainement veiller à ce que le travailleur s'occupe des jours de coucher du soleil, lorsque le travail ne lui est plus possible – et ne devrait plus être nécessaire. Et si elle est amenée à faire même cela, l'industrie devra s'ajuster à un calendrier de production, de distribution et de récompense qui mettra fin aux fuites dans les poches des hommes qui n'aident pas à la production. Afin de créer un système qui soit aussi indépendant de la bonne volonté des employeurs bienveillants que de la mauvaise volonté des employeurs égoïstes, nous devrons trouver une base dans les faits réels de la vie elle-même.

Il faut autant de force physique pour accomplir une journée de travail lorsque le blé coûte 1 \$ le boisseau que lorsque le blé coûte 2,50 \$ le boisseau. Les œufs peuvent coûter 12 cents la douzaine ou 90 cents la douzaine. Quelle différence cela fait-il dans les unités d'énergie qu'un homme utilise au cours d'une journée de travail productive ? Si seulement l'homme lui-même était concerné, le coût de son entretien et le profit qu'il devrait en tirer seraient une affaire simple. Mais il n'est pas qu'un individu. C'est un citoyen qui contribue au bien-être de la nation. C'est un chef de famille. Il s'agit peut-être d'un père de famille qui doit être élevé à bon escient avec ce qu'il est capable de gagner. Nous devons tenir compte de tous ces faits. Comment allez-vous évaluer la contribution du foyer au travail quotidien ? Vous payez l'homme pour son travail, mais combien ce travail doit-il à sa maison ? Quelle importance pour sa position de citoyen ? Quelle importance pour sa position de père ? L'homme fait le travail dans le magasin, mais sa femme fait le travail à la maison. Le magasin doit les payer tous les deux. Sur quel système de chiffrage l'habitation va-t-elle trouver sa place sur les fiches de coûts des travaux journaliers ? Les moyens de subsistance de l'homme doivent-ils être considérés comme le « coût » ? Et sa capacité à avoir un foyer et une famille est-elle un « profit » ? Le bénéfice d'une journée de travail doit-il être calculé uniquement sur une base monétaire, mesuré par le montant qu'il reste à un homme une fois que ses propres besoins et ceux de sa famille ont été satisfaits ? Ou bien toutes ces relations doivent-elles être considérées strictement sous l'angle des coûts, et le profit doit-il être calculé entièrement en dehors d'elles ? Autrement dit, après avoir subvenu à ses besoins et à ceux de sa famille, les ayant habillés, logés, éduqués, leur ayant accordé les privilèges liés à leur niveau de vie, faut-il prévoir encore quelque chose de plus sous forme de profit d'épargne ? Et sont-ils tous dûment imputables à la journée de travail ? Je pense qu'ils sont. Autrement, nous risquons de voir des petits enfants et leurs mères contraints de travailler.

Ce sont des questions qui nécessitent une observation et un calcul précis. Il n'y a peut-être pas un seul élément lié à notre vie économique qui nous surprendrait plus que la connaissance de ce qui pèse sur le travail quotidien. Il est peut-être possible de déterminer avec précision — quoique en interférant considérablement avec le travail quotidien lui-même — combien d'énergie le travail quotidien demande à un homme. Mais il n'est pas du tout possible de déterminer avec précision combien il lui faudra lui redonner cette énergie pour faire face aux exigences du lendemain. Il n'est pas non plus possible de déterminer quelle quantité d'énergie dépensée il ne pourra jamais récupérer. L'économie n'a jamais encore imaginé de fonds d'amortissement pour remplacer les forces d'un travailleur. Il est possible de constituer une sorte de fonds d'amortissement sous forme de pensions de vieillesse. Mais les pensions ne tiennent pas compte du profit que devrait rapporter chaque journée de travail pour faire face à tous les frais généraux de la vie, à toutes les pertes physiques et à l'inévitable détérioration du travailleur manuel.

Les meilleurs salaires jamais payés jusqu'à présent sont loin d'être aussi élevés qu'ils devraient l'être. Les entreprises ne sont pas encore suffisamment bien organisées et leurs objectifs ne sont pas encore suffisamment clairs pour permettre de payer plus qu'une fraction des salaires qui devraient être payés. Cela fait partie du travail qui nous attend. Il ne sert à rien de trouver une solution en parlant de l'abolition du système salarial et de son remplacement par la propriété communale. Le système salarial est le seul dont nous disposons, dans lequel les contributions à la production peuvent être récompensées selon leur valeur. Supprimez la mesure salariale et nous aurons une injustice universelle. Perfectionnez le système et nous pourrons avoir une justice universelle.

Au fil des années, j'ai beaucoup appris sur les salaires. Je crois en premier lieu que, toutes autres considérations mises à part, nos propres ventes dépendent dans une certaine mesure des salaires que nous payons. Si nous pouvons distribuer des salaires élevés, alors cet argent sera dépensé et il servira à rendre plus prospères les commerçants, les distributeurs, les fabricants et les travailleurs d'autres secteurs, et leur prospérité se reflétera dans nos ventes. Des salaires élevés à l'échelle nationale sont synonymes de prospérité à l'échelle nationale, à condition toutefois que les salaires plus élevés soient payés pour une production plus élevée. Payer des salaires élevés et réduire la production amorce une tendance vers une activité ennuyeuse.

Il nous a fallu un certain temps pour nous faire une idée des salaires, et ce n'est que lorsque nous avons commencé à fond la production du « Modèle T » qu'il a été possible de déterminer ce que devraient être les salaires. Avant cela, nous avions droit à une certaine participation aux bénéfices. Depuis quelques années, à la fin de chaque année, nous partagions un pourcentage de nos gains avec les salariés. Par exemple, dès 1909, nous distribuions quatre-vingt mille dollars sur la base des années de service. Un homme âgé d'un an recevait 5 pour cent. de son salaire annuel ; un homme de deux ans, 7 1/2 pour cent, et un homme de trois ans, 10 pour cent. L'objection à ce plan était qu'il n'avait aucun rapport direct avec le travail de la journée. Un homme ne recevait sa part que longtemps après que son travail était terminé et elle lui arrivait alors presque sous la forme d'un cadeau. C'est toujours dommage d'avoir des salaires teintés de charité.

Et puis, les salaires n'étaient pas scientifiquement adaptés aux emplois. L'homme du travail « A » peut obtenir un taux et celui du travail « B » un taux plus élevé, alors qu'en fait, le travail « A » peut exiger plus de compétences ou d'efforts que le travail « B ». De nombreuses inégalités s'insinuent dans les taux de salaire, à moins que l'employeur et l'employé sachent que le taux payé a été obtenu en fonction de quelque chose de mieux qu'une supposition. C'est pourquoi, à partir de 1913 environ, nous avons fait réaliser des études temporelles sur les milliers d'opérations effectuées dans les ateliers. Grâce à une étude du temps, il est théoriquement possible de déterminer quel devrait être le rendement d'un homme. Ensuite, en faisant de larges tolérances, il est en outre possible d'obtenir un rendement standard satisfaisant pour une journée et, en tenant compte de l'habileté, d'arriver à un taux qui exprimera avec assez d'exactitude la quantité d'habileté et d'effort nécessaire à une activité. travail – et combien peut-on attendre de l'homme qui occupe le poste en échange du salaire. Sans étude scientifique, l'employeur ne sait pas pourquoi il paie un salaire et le travailleur ne sait pas pourquoi il le perçoit. À l'époque, tous les emplois de notre usine étaient standardisés et les tarifs fixés.

Nous ne travaillons pas à la pièce. Certains hommes sont payés à la journée et d'autres à l'heure, mais dans pratiquement tous les cas, il existe un rendement standard requis en dessous duquel un homme n'est pas censé tomber. S'il en était autrement, ni l'ouvrier ni nous-mêmes ne saurions si le salaire est gagné ou non. Il faut qu'il y ait une journée de travail fixe avant qu'un salaire réel puisse être payé. Les gardiens sont payés pour leur présence. Les ouvriers sont payés pour leur travail.

Ayant ces faits en main, nous avons annoncé et mis en œuvre en janvier 1914 une sorte de plan de participation aux bénéfices dans lequel le salaire minimum pour toute classe de travail et sous certaines conditions était de cinq dollars par jour. En même temps, nous réduisions la journée de travail à huit heures – elle était auparavant de neuf – et la semaine à quarante-huit heures. C'était un acte entièrement volontaire. Tous nos taux de salaire sont volontaires. Selon nous, c'était un acte de justice sociale et, en dernière analyse, nous l'avons fait pour notre propre satisfaction mentale. Il y a du plaisir à sentir que vous avez rendu les autres heureux, que vous avez allégé dans une certaine mesure les fardeaux de vos semblables, que vous avez fourni une marge sur laquelle on peut tirer du plaisir et économiser. La bonne volonté est l'un des rares atouts vraiment importants de la vie. Un homme déterminé peut gagner presque tout ce qu'il entreprend, mais à moins qu'il n'obtienne la bonne volonté, il n'a pas beaucoup profité.

Cependant, aucune œuvre caritative n'était impliquée. Cela n'était généralement pas compris. De nombreux employeurs pensaient que nous faisions cette annonce simplement parce que nous étions prospères et que nous voulions faire de la publicité, et ils nous ont condamnés parce que nous bouleversions les normes, violant la coutume de payer à un homme le plus petit montant qu'il acceptait. Il n'y a rien à voir avec de telles normes et coutumes. Il faut les éliminer. Un jour, ils le seront. Autrement, nous ne pouvons pas abolir la pauvreté. Nous avons effectué ce changement non seulement parce que nous voulions payer des salaires plus élevés et que nous pensions pouvoir les payer. Nous voulions payer ces salaires pour que l'entreprise repose sur des bases durables. Nous ne distribuions rien, nous construisions pour l'avenir. Une entreprise à bas salaires est toujours précaire.

Il est probable que peu d'annonces industrielles aient suscité autant de commentaires à l'échelle mondiale que celle-ci, et presque personne n'a parfaitement compris les faits. Les ouvriers croyaient généralement qu'ils gagneraient cinq dollars par jour, quel que soit le travail qu'ils effectuaient.

Les faits étaient quelque peu différents de l'impression générale. Le plan était de distribuer les bénéfices, mais au lieu d'attendre qu'ils aient été gagnés, de les rapprocher à l'avance et de les ajouter, sous certaines conditions, aux salaires des personnes qui étaient au service de l'entreprise depuis six mois. ou plus. La participation a été classée parmi trois catégories d'employés :

(1) Hommes mariés vivant avec leur famille et prenant bien soin de celle-ci.

(2) Les hommes célibataires de plus de vingt-deux ans qui ont fait preuve d'habitudes économes.

(3) Les jeunes hommes de moins de vingt-deux ans et les femmes qui sont l'unique soutien d'un plus proche parent.

Un homme devait d'abord recevoir son juste salaire, qui était alors en moyenne d'environ quinze pour cent. au-dessus du salaire habituel du marché. Il avait alors droit à un certain bénéfice. Son salaire plus son bénéfice étaient calculés pour donner un revenu journalier minimum de cinq dollars. Le taux de participation aux bénéfices était divisé sur une base horaire et crédité au taux de salaire horaire, de manière à donner à ceux qui percevaient le taux horaire le plus bas la plus grande proportion des bénéfices. Elle était payée toutes les deux semaines avec le salaire. Par exemple, un homme qui recevait trente-quatre cents de l'heure avait un taux de profit de vingt-huit cents et demi de l'heure, ce qui lui donnerait un revenu quotidien de cinq dollars. Un homme recevant cinquante-quatre cents de l'heure aurait un taux de profit de vingt et un cents de l'heure, ce qui lui donnerait un revenu quotidien de six dollars.

C'était une sorte de plan de partage de la prospérité. Mais sous conditions. L'homme et sa maison devaient répondre à certaines normes de propreté et de civisme. Rien de paternel n'était prévu ! Un certain paternalisme s'est développé, et c'est une des raisons pour lesquelles tout le plan et l'assistance sociale ont été réajustés. Mais au départ, l'idée était qu'il devait y avoir une incitation très précise à mieux vivre et que la meilleure incitation était une prime financière pour une vie convenable. Un homme qui vit bien fera bien son travail. Et puis, nous voulions également éviter la possibilité d'abaisser le niveau de travail par une augmentation des salaires. Il a été démontré en temps de guerre qu'une augmentation trop rapide du salaire d'un homme n'augmente parfois que sa cupidité et diminue donc sa capacité de gain. Si, au début, nous avions simplement augmenté les enveloppes salariales, il est fort probable que les normes de travail se seraient effondrées. Le salaire d'environ la moitié des hommes fut doublé dans le nouveau plan ; cela aurait pu être considéré comme de l'argent facile. La pensée de l'argent facile détruit le travail. Il y a un danger à augmenter trop rapidement le salaire d'un homme, qu'il recevait auparavant un dollar ou cent dollars par jour. En fait, si le salaire d'un homme qui gagne cent dollars par jour était augmenté du jour au lendemain à trois cents dollars par jour, il se ridiculiserait probablement encore plus que l'ouvrier dont le salaire passe d'un dollar à trois dollars de l'heure. . L'homme qui possède la plus grande somme d'argent a plus de chances de se ridiculiser.

Dans ce premier plan, les normes imposées n'étaient pas mesquines – même si parfois elles ont pu être appliquées de manière mesquine. Nous avions une cinquantaine d'enquêteurs au Département Social ; le niveau de bon sens parmi eux était certes très élevé, mais il est impossible de réunir cinquante hommes également doués de bon sens. Ils se sont parfois trompés – on entend toujours parler des erreurs. On s'attendait à ce que pour recevoir la prime, les hommes mariés devaient vivre avec leur famille et en prendre correctement soin. Nous avons dû briser la mauvaise habitude répandue par de nombreux travailleurs étrangers qui consiste à accueillir des pensionnaires, à considérer leur maison comme un moyen de gagner de l'argent plutôt que comme un endroit où vivre. Les garçons de moins de dix-huit ans recevaient une prime s'ils soutenaient le prochain contrat. de parenté. Les hommes célibataires qui vivaient sainement partageaient. La meilleure preuve que le plan a été essentiellement bénéfique est le dossier. Lorsque le plan est entré en vigueur, 60 pour cent. des ouvriers immédiatement qualifiés pour partager ; au bout de six mois, 78 pour cent. partageaient , et au bout d'un an 87 pour cent. En un an et demi, seulement une fraction d'un pour cent. n'a pas réussi à partager.

Le salaire élevé a eu d'autres conséquences. En 1914, lorsque le premier plan est entré en vigueur, nous avions 14 000 employés et il avait fallu en embaucher au rythme d'environ 53 000 par an pour maintenir un effectif constant de 14 000 personnes. En 1915, nous n'avons dû embaucher que 6 508 hommes et la majorité de ces nouveaux hommes ont été embauchés en raison de la croissance de l'entreprise. Avec l'ancienne rotation de la main-d'œuvre et nos effectifs actuels, nous devrions embaucher au rythme de près de 200 000 hommes par an, ce qui serait presque une proposition impossible. Même avec le minimum d'instruction nécessaire pour maîtriser presque n'importe quel travail à notre place, nous ne pouvons pas embaucher un nouveau personnel chaque matin, ou chaque semaine, ou chaque mois ; car, même si un homme peut se qualifier pour un travail acceptable à un rythme acceptable en deux ou trois jours, il sera capable de faire plus après un an d'expérience qu'il ne l'était au début. La question de la rotation de la main-d'œuvre ne nous a plus préoccupé depuis ; il est assez difficile de donner des chiffres précis car lorsque nous ne tournons pas à pleine capacité, nous faisons tourner une partie des hommes afin de répartir le travail entre le plus grand nombre. Il est donc difficile de faire la distinction entre les sorties volontaires et involontaires. Aujourd'hui, nous ne gardons aucun chiffre ; nous pensons désormais si peu à notre chiffre d'affaires que nous ne prenons pas la peine de tenir des registres. À notre connaissance, le chiffre d'affaires se situe entre 3 pour cent. et 6 pour cent. un mois.

Nous avons apporté des modifications au système, mais nous n'avons pas dérogé à ce principe :

Si vous attendez d'un homme qu'il donne de son temps et de son énergie, fixez son salaire de manière à ce qu'il n'ait aucun souci financier. C'est payant. Nos bénéfices, après avoir payé de bons salaires et une prime – qui s'élevait à environ dix millions par an avant que nous changions le système – montrent que payer de bons salaires est la manière la plus rentable de faire des affaires.

Des objections ont été formulées à l'égard de la méthode de paiement des salaires basée sur les primes de conduite. Cela tendait vers le paternalisme. Le paternalisme n'a pas sa place dans l'industrie. Le travail social qui consiste à s'immiscer dans les préoccupations privées des salariés est dépassé. Les hommes ont besoin de conseils et d'aide, souvent d'une aide spéciale ; et tout cela doit être rendu par souci de décence. Mais le vaste plan réalisable d'investissement et de participation fera plus pour solidifier l'industrie et renforcer l'organisation que n'importe quel travail social extérieur.

Sans changer le principe nous avons changé le mode de paiement.

CHAPITRE IX

POURQUOI NE PAS TOUJOURS FAIRE DE BONNES AFFAIRES ?

L'employeur doit vivre à l'année. L'ouvrier doit vivre à l'année. Mais tous deux travaillent généralement à la semaine. Ils obtiennent une commande ou un emploi quand ils le peuvent et au prix qu'ils peuvent. Durant ce qu'on appelle une période prospère, les commandes et les emplois abondent. Durant une saison « terne », ils se font rares. Les affaires sont toujours soit des festins, soit des jeûnes et sont toujours soit « bonnes » soit « mauvaises ». Bien qu'il n'y ait jamais de moment où tout le monde possède trop de biens de ce monde – où tout le monde est trop à l'aise ou trop heureux – il arrive des périodes où nous avons le spectacle stupéfiant d'un monde avide de biens et d'une machine industrielle avide de travail et les deux — la demande et les moyens de la satisfaire — séparés par une barrière monétaire. L'industrie manufacturière et l'emploi sont des affaires de va-et-vient. Au lieu d'une progression régulière, nous avançons par à-coups – tantôt en allant trop vite, tantôt en nous arrêtant complètement. Lorsqu'un grand nombre de personnes veulent acheter, on dit qu'il y a une pénurie de biens. Lorsque personne ne veut acheter, on dit qu'il y a une surproduction de biens. Je sais que nous avons toujours eu une pénurie de marchandises, mais je ne crois pas que nous ayons jamais connu de surproduction. Il se peut que nous ayons, à un moment donné, trop de biens de mauvaise qualité. Il ne s'agit pas là d'une surproduction, mais simplement d'une production sans tête. Nous pouvons également disposer de stocks importants de marchandises à des prix trop élevés. Il ne s'agit pas là d'une surproduction, mais d'une mauvaise fabrication ou d'un mauvais financement. Les affaires sont-elles bonnes ou mauvaises selon les dictats du destin ? Devons-nous accepter ces conditions comme étant inévitables ? Les affaires sont bonnes ou mauvaises selon que nous les faisons. La seule raison de cultiver des cultures, d'exploiter des mines ou de fabriquer des produits manufacturés est que les gens puissent manger, se réchauffer, avoir des vêtements à porter et des articles à utiliser. Il n'y a pas d'autre raison possible, et pourtant cette raison est reléguée au second plan et, à la place, nous avons des opérations menées, non pas jusqu'à la fin du service, mais jusqu'à la fin de gagner de l'argent – et cela parce que nous avons développé un système monétaire qui, à la place, d'être un moyen d'échange pratique, constitue parfois un obstacle aux échanges. Nous en reparlerons plus tard .

Nous souffrons de fréquentes périodes de soi-disant malchance uniquement parce que nous nous débrouillons si mal. Si nous avions une grande perte de récolte, je peux imaginer que le pays souffrirait de la faim, mais je ne peux pas concevoir comment nous pouvons tolérer la faim et la pauvreté, alors qu'elles se développent uniquement à cause d'une mauvaise gestion, et en particulier de la mauvaise gestion qui est implicite dans une structure financière déraisonnée. Bien entendu, la guerre a bouleversé les affaires de ce pays. Cela a bouleversé le monde entier. Il n'y aurait pas eu de guerre si la gestion avait été meilleure. Mais la guerre n'est pas à elle seule en cause. La guerre a mis en évidence un grand nombre de défauts du système financier, mais elle a surtout montré à quel point les affaires ne sont pas sûres et ne sont soutenues que par une base monétaire. Je ne sais pas si les mauvaises affaires sont le résultat de mauvaises méthodes financières ou si les mauvaises motivations des affaires ont créé de mauvaises méthodes financières, mais je sais que, même s'il serait totalement indésirable d'essayer de renverser le système financier actuel, il est totalement souhaitable de remodeler l'entreprise sur la base du service. Il faudra alors un meilleur système financier. Le système actuel disparaîtra parce qu'il n'aura plus aucune raison d'être. Le processus devra être progressif.

Chacun peut commencer à stabiliser ses propres affaires. On ne peut pas obtenir des résultats parfaits en agissant seul, mais à mesure que l'exemple commence à se faire sentir, il y aura des adeptes, et ainsi, au fil du temps, nous pouvons espérer mettre les entreprises gonflées et leurs semblables, les entreprises déprimées, dans une classe de varioles. c'est-à-dire dans la classe des maladies évitables. Il est parfaitement possible, avec la réorganisation des affaires et des finances qui ne manquera pas de se produire, d'atténuer les effets néfastes des saisons, sinon des saisons, sur l'industrie, ainsi que des dépressions périodiques. L'agriculture est déjà en cours de réorganisation. Lorsque l'industrie et l'agriculture seront entièrement réorganisées, elles seront complémentaires ; ils appartiennent ensemble, pas séparés. A titre indicatif, prenons notre usine de vannes. Nous l'avons implanté à dix-huit kilomètres à la campagne pour que les ouvriers puissent aussi être agriculteurs. En utilisant des machines, l'agriculture n'a pas besoin de consommer plus d'une fraction du temps qu'elle consomme actuellement ; le temps nécessaire à la nature pour produire est bien plus long que celui requis par la contribution humaine aux semailles, à la culture et à la récolte ; dans de nombreuses industries où les pièces ne sont pas volumineuses, le lieu de fabrication ne fait pas beaucoup de différence. Grâce à l'énergie hydraulique, on peut très bien les repérer dans les pays agricoles. Ainsi, nous pouvons, dans une bien plus grande mesure qu'on le croit généralement, avoir des agriculteurs-industriels qui cultivent et travaillent dans les conditions les plus scientifiques et les plus saines. Cet arrangement profitera à certaines industries saisonnières ; d'autres peuvent agencer une succession de produits en fonction des saisons et des équipements, et d'autres encore peuvent, avec une gestion plus soignée, aplanir leurs saisons. Une étude complète de tout problème spécifique montrera la voie à suivre.

Les dépressions périodiques sont plus graves parce qu'elles semblent si vastes qu'elles sont incontrôlables. Jusqu'à ce que la réorganisation complète soit réalisée, elles ne peuvent pas être entièrement contrôlées, mais chaque homme d'affaires peut facilement faire quelque chose pour lui-même et, tout en bénéficiant à sa propre organisation d'une manière très matérielle, il peut également aider les autres. La production Ford n'a pas reflété les bons ou les mauvais moments ; elle a continué quelles que soient les conditions, sauf de 1917 à 1919, lorsque l'usine a été affectée aux travaux de guerre. L'année 1912-1913 était censée être ennuyeuse ; bien que maintenant certains appellent cela « normal » ; nous avons pratiquement doublé nos ventes ; 1913-1914 fut ennuyeuse ; nous avons augmenté nos ventes de plus d'un tiers. L'année 1920-1921 est censée avoir été l'une des plus déprimées de l'histoire ; nous avons vendu un million et quart de voitures, soit environ cinq fois plus qu'en 1913-1914, « l'année normale ». Il n'y a pas de secret particulier là-dedans. C'est, comme tout le reste dans notre métier, le résultat inévitable de l'application d'un principe qui peut s'appliquer à n'importe quelle entreprise.

Nous avons désormais un salaire minimum de six dollars par jour payé sans réserve. Les gens sont suffisamment habitués aux salaires élevés pour rendre inutile toute surveillance. Le salaire minimum est payé dès qu'un travailleur est qualifié dans sa production, ce qui dépend de son propre désir de travailler. Nous avons intégré notre estimation des profits dans les salaires et payons désormais des salaires plus élevés que lors des périodes de boom d'après-guerre. Mais nous les rémunérons, comme toujours, sur la base du travail effectué. Et le fait que les hommes travaillent effectivement est prouvé par le fait que, même si le salaire minimum est de six dollars par jour, il représente environ 60 pour cent. des travailleurs reçoivent un salaire supérieur au minimum. Les six dollars ne constituent pas un forfait mais un salaire minimum.

Considérons d'abord les principes fondamentaux de la prospérité. Les progrès ne se font pas en réalisant une série de cascades. Chaque étape doit être réglementée. Un homme ne peut pas espérer progresser sans réfléchir. Prenez la prospérité. Une époque véritablement prospère est celle où le plus grand nombre de personnes peuvent légitimement manger et se porter, et sont à l'aise dans tous les sens du terme. C'est le degré de confort de la population dans son ensemble – et non la taille du solde bancaire du fabricant – qui témoigne de la prospérité. La fonction du constructeur est de contribuer à ce confort. Il est un instrument de la société et il ne peut servir la société qu'en gérant ses entreprises de manière à fournir au public un produit toujours meilleur à un prix toujours décroissant, et en même temps à payer à tous ceux qui ont un coup de main. dans son entreprise, un salaire toujours croissant, basé sur le travail qu'ils accomplissent. C'est de cette manière et de cette manière seulement qu'un fabricant ou n'importe quelle personne en affaires peut justifier son existence.

Nous ne nous préoccupons pas beaucoup des statistiques et des théories des économistes sur les cycles récurrents de prospérité et de dépression. Ils qualifient de « prospères » les périodes où les prix sont élevés. Une période réellement prospère ne se juge pas aux prix que les fabricants proposent pour leurs articles.

Nous ne nous préoccupons pas des combinaisons de mots. Si les prix des biens sont supérieurs aux revenus de la population, alors abaissez les prix au niveau des revenus. Habituellement, une entreprise est conçue comme commençant par un processus de fabrication et se terminant par un consommateur. Si ce consommateur ne veut pas acheter ce que le fabricant doit lui vendre et n'a pas l'argent pour l'acheter, alors le fabricant blâme le consommateur et dit que les affaires vont mal, et ainsi, attelant la charrue avant les boeufs, il continue. à sa manière en se lamentant. N'est-ce pas absurde ?

Le fabricant existe-t-il pour le consommateur ou le consommateur existe-t-il pour le fabricant ? Si le consommateur n'achète pas – dit qu'il ne peut pas – ce que le fabricant lui propose, est-ce la faute du fabricant ou du consommateur ? Ou personne n'est en faute ? Si personne n'est en faute, le fabricant doit mettre la clé sous la porte.

Mais quelle activité a jamais commencé avec le fabricant et s'est terminée avec le consommateur ? D'où vient l'argent nécessaire pour faire tourner les roues ? Du consommateur, bien sûr. Et le succès dans le secteur manufacturier repose uniquement sur la capacité de servir le consommateur à sa guise. Il peut être servi par la qualité ou par le prix. Il est mieux servi par la plus haute qualité au plus bas prix, et tout homme capable d'offrir au consommateur la plus haute qualité au plus bas prix est forcément un leader dans les affaires, quel que soit le type d'article qu'il fabrique. Il n'y a pas moyen d'y échapper.

Alors pourquoi patauger en attendant de bonnes affaires ? Réduisez les coûts grâce à une meilleure gestion. Ramenez les prix au pouvoir d'achat.

Réduire les salaires est la manière la plus simple et la plus négligée de gérer la situation, sans parler de la manière inhumaine. En fait, cela revient à rejeter sur les travailleurs l'incompétence des dirigeants de l'entreprise. Si seulement nous le savions, chaque dépression est un défi pour chaque fabricant de mettre plus de cerveaux dans son entreprise – pour surmonter par la direction ce que d'autres tentent de surmonter en réduisant les salaires. Modifier les salaires avant que tout soit changé, c'est éluder le véritable problème. Et si le vrai problème est résolu en premier, aucune réduction des salaires ne sera peut-être nécessaire. Cela a été mon expérience. Le point pratique immédiat est que, dans le processus d'ajustement, quelqu'un devra subir une perte. Et qui peut subir une perte, sauf ceux qui ont quelque chose qu'ils peuvent se permettre de perdre ? Mais l'expression « subir une perte » est plutôt trompeuse. En réalité, aucune perte n'est subie. Il s'agit simplement de renoncer à une certaine partie des bénéfices passés afin d'en gagner davantage dans le futur. Je parlais il n'y a pas longtemps avec un quincaillier d'une petite ville. Il a dit:

"Je m'attends à subir une perte de 10 000 $ sur mes actions. Mais bien sûr, vous savez, ce n'est pas vraiment comme perdre autant. Nous, les quincailliers, avons connu de très bons moments. La plupart de mes actions ont été achetées à des prix élevés, mais J'ai déjà vendu plusieurs actions et j'en ai profité. De plus, les dix mille dollars que je dis que je vais perdre ne sont plus le même genre de dollars que j'avais auparavant. Ce sont, en quelque sorte, des dollars spéculatifs. pas les bons dollars qui ont permis d'acheter pour 100 cents. Ainsi, même si ma perte peut paraître importante, elle n'est pas grande. Et en même temps, je permets aux habitants de ma ville de continuer à construire leurs maisons sans se décourager. par la taille de l'élément matériel."

C'est un marchand avisé. Il préfère réaliser moins de profits et faire avancer ses affaires plutôt que de maintenir ses stocks à des prix élevés et d'empêcher le progrès de sa communauté. Un homme comme lui est un atout pour une ville. Il a la tête claire. Il est plus à même d'opérer l'ajustement grâce à ses stocks qu'en réduisant les salaires de ses livreurs – en réduisant leur capacité d'achat.

Il n'est pas resté assis à maintenir ses prix et à attendre que quelque chose se présente. Il s'est rendu compte de ce qui semble avoir été généralement oublié : que perdre de l'argent fait de temps à autre partie du régime des propriétaires. Nous avons dû accepter notre perte.

Nos ventes ont fini par chuter, comme toutes les autres ventes. Nous avions un stock important et, en prenant les matériaux et les pièces de ce stock à leur prix de revient, nous ne pouvions pas produire une voiture à un prix inférieur à celui que nous demandions, mais c'était un prix qui, au tournant des affaires, était supérieur à celui que nous avions demandé. les gens pouvaient ou voulaient payer. Nous avons fermé pour prendre nos marques. Nous avons été confrontés à une réduction de 17 000 000 $ de nos stocks ou à une perte beaucoup plus importante en ne faisant pas d'affaires. Il n'y avait donc pas de choix du tout.

C'est toujours le choix qui s'offre à un homme d'affaires. Il peut assumer la perte directe inscrite dans ses livres comptables et continuer à faire des affaires, ou il peut cesser de faire des affaires et assumer la perte de l'oisiveté.

La perte liée à l'inactivité est généralement une perte plus grande que l'argent réel impliqué, car pendant la période d'inactivité, la peur consommera l'initiative et, si l'arrêt est suffisamment long, il ne restera plus d'énergie pour recommencer.

Il ne sert à rien d'attendre que les affaires s'améliorent. Si un fabricant veut remplir sa fonction, il doit baisser son prix au niveau de ce que les gens paieront. Il y a toujours, quelle que soit la situation, un prix que les gens peuvent payer et paieront pour une nécessité, et toujours, si la volonté est là, ce prix peut être payé.

Il ne peut être satisfait par une baisse de la qualité ou par une économie à courte vue, qui n'aboutit qu'à une main-d'œuvre insatisfaite. On ne peut y parvenir en s'agitant ou en bourdonnant. On ne peut y remédier qu'en augmentant l'efficacité de la production et, considérée de cette façon, chaque dépression économique, telle qu'on l'appelle, devrait être considérée comme un défi lancé au cerveau de la communauté des affaires. Se concentrer sur les prix plutôt que sur le service est une indication certaine du genre d'homme d'affaires qui ne peut justifier son existence en tant que propriétaire.

Ce n'est qu'une autre façon de dire que les ventes doivent être réalisées sur la base naturelle de la valeur réelle, qui est le coût de la transmutation de l'énergie humaine en articles d'échange et de commerce. Mais cette formule simple n'est pas considérée comme commerciale. Ce n'est pas assez complexe. Nous avons des « affaires » qui prennent les activités humaines les plus honnêtes et les soumettent à l'astuce spéculative des hommes qui peuvent produire de fausses pénuries de nourriture et d'autres produits, et ainsi exciter dans la société l'anxiété de la demande. Nous avons une fausse stimulation puis un faux engourdissement.

La justice économique est constamment et bien souvent violée de manière innocente. Vous direz peut-être que c'est la situation économique qui fait de l'humanité ce qu'elle est ; ou bien vous pouvez dire que c'est l'humanité qui fait de la situation économique ce qu'elle est. Nombreux sont ceux qui affirment que c'est le système économique qui fait des hommes ce qu'ils sont. Ils blâment notre système industriel pour tous les défauts que nous constatons chez l'humanité en général. Et vous trouverez d'autres hommes qui disent que l'homme crée ses propres conditions ; que si le système économique, industriel ou social est mauvais, il n'est que le reflet de ce qu'est l'homme lui-même. Ce qui ne va pas dans notre système industriel est le reflet de ce qui ne va pas chez l'homme lui-même. Les fabricants hésitent à admettre que les erreurs des méthodes industrielles actuelles sont, au moins en partie, leurs propres erreurs, systématisées et étendues. Mais si l'on considère la question en dehors des préoccupations immédiates d'un homme, il comprendra assez facilement le point.

Il ne fait aucun doute qu'avec une nature humaine moins défectueuse, un système social moins défectueux aurait pu se développer. Ou bien, si la nature humaine était pire qu'elle ne l'est, un système pire se serait développé – même si un système pire n'aurait probablement pas duré aussi longtemps que le système actuel. Mais rares sont ceux qui prétendront que l'humanité a délibérément entrepris de créer un système social défectueux. En admettant sans réserve que tous les défauts du système social sont dans l'homme lui-même, cela ne signifie pas qu'il ait délibérément organisé ses imperfections et les ait établies. Il faudra imputer beaucoup à l'ignorance. Il nous faudra beaucoup accuser l'innocence.

Prenez les débuts de notre système industriel actuel. Rien n'indiquait comment cela allait se développer. Chaque nouvelle avancée était saluée avec joie. Personne n'a jamais considéré le « capital » et le « travail » comme des intérêts hostiles. Personne n'aurait jamais imaginé que le simple fait de réussir entraînerait des dangers insidieux. Et pourtant, avec la croissance, toutes les imperfections latentes du système sont apparues. Les affaires d'un homme prenaient de telles proportions qu'il devait avoir plus d'aides qu'il n'en connaissait par leurs prénoms ; mais ce fait n'a pas été regretté ; cela a été plutôt accueilli avec joie. Et pourtant, cela a depuis conduit à un système impersonnel dans lequel l'ouvrier est devenu quelque chose de moins qu'une personne – une simple partie du système. Bien entendu, personne ne croit que ce processus déshumanisant ait été délibérément inventé. Cela a juste grandi. C'était latent dans tout le système primitif, mais personne ne l'a vu et personne ne pouvait le prévoir. Seul un développement prodigieux et inouï pourrait le mettre en lumière.

Prenez l'idée industrielle ; qu'est-ce que c'est? La véritable idée industrielle n'est pas de gagner de l'argent. L'idée industrielle est d'exprimer une idée utile, de reproduire une idée utile, par autant de milliers de personnes qu'il y a de personnes qui en ont besoin.

Produire, produire; obtenir un système qui réduira la production à un art ; mettre la production sur une base telle qu'elle fournisse les moyens de s'étendre et de construire encore plus d'ateliers, la production de milliers de choses encore utiles, telle est la véritable idée industrielle. La négation de l'idée industrielle est l'effort visant à tirer profit de la spéculation plutôt que du travail. Il y a des hommes myopes qui ne voient pas que les affaires sont plus importantes que les intérêts d'un seul homme. Les affaires sont un processus de concessions mutuelles, de vivre et de laisser vivre. C'est une coopération entre de nombreuses forces et intérêts. Chaque fois que vous trouvez un homme qui croit que les affaires sont un fleuve dont le courant bénéfique devrait s'arrêter dès qu'il atteint lui, vous trouvez un homme qui pense pouvoir maintenir les affaires en vie en arrêtant sa circulation. Il produirait de la richesse par cet arrêt de la production de richesse.

Les principes du service ne peuvent manquer de remédier aux mauvaises affaires. Ce qui nous amène à l'application pratique des principes de service et de finance.

CHAPITRE X

À COMBIEN BON MARCHÉ PEUT-ON FAIRE LES CHOSES ?

Personne ne niera que si les prix sont suffisamment bas, des acheteurs seront toujours trouvés, quelles que soient les conditions économiques. C'est l'un des faits fondamentaux du monde des affaires. Parfois, les matières premières ne bougent pas, quel que soit leur prix. Nous avons vu quelque chose de cela au cours de l'année dernière, mais c'est parce que les fabricants et les distributeurs essayaient d'écouler des stocks très coûteux avant de prendre de nouveaux engagements. Les marchés stagnaient, mais pas « saturés » de marchandises. Ce qu'on appelle un marché « saturé » n'est qu'un marché dans lequel les prix sont supérieurs au pouvoir d'achat.

Des prix trop élevés sont toujours le signe d'une activité malsaine, car ils sont toujours dus à une situation anormale. Un patient en bonne santé a une température normale ; un marché sain a des prix normaux. Les prix élevés résultent généralement de spéculations suite à l'annonce d'une pénurie. Bien qu'il n'y ait jamais de pénurie dans tout, la pénurie de quelques produits importants, voire d'un seul, sert à déclencher la spéculation. Ou encore, les marchandises ne manquent peut-être pas du tout. Une inflation de la monnaie ou du crédit entraînera une augmentation rapide du pouvoir d'achat apparent et, par conséquent, une opportunité de spéculer. Il peut y avoir une combinaison de pénuries réelles et d'inflation monétaire – comme cela arrive fréquemment en temps de guerre. Mais dans toute situation de prix excessivement élevés, quelle qu'en soit la véritable cause, les gens paient des prix élevés parce qu'ils pensent qu'il va y avoir une pénurie. Ils peuvent acheter du pain avant leurs propres besoins, afin de ne pas se retrouver laissés pour compte plus tard, ou bien ils peuvent acheter dans l'espoir de le revendre avec profit. Lorsqu'on parlait de pénurie de sucre, les ménagères qui n'avaient jamais acheté plus de dix livres de sucre d'un coup essayaient de se constituer des stocks de cent ou deux cents livres, et pendant qu'elles faisaient cela, les spéculateurs achetaient du sucre pour le stocker. dans les entrepôts. Presque toutes nos pénuries de guerre étaient causées par la spéculation ou par des achats anticipés.

Peu importe à quel point l'approvisionnement d'un article est censé être limité, peu importe si le gouvernement prend le contrôle et saisit chaque once de cet article, un homme qui est prêt à payer l'argent peut toujours obtenir l'approvisionnement pour lequel il est prêt à payer. Personne ne sait jamais réellement quelle est la taille du stock national d'un produit quelconque. Les meilleurs chiffres ne sont que des suppositions ; les estimations du stock mondial d'un produit sont encore plus farfelues. Nous pouvons penser que nous savons quelle quantité d'un produit est produite un certain jour ou au cours d'un certain mois, mais cela ne nous dit pas quelle quantité sera produite le lendemain ou le mois suivant. De même, nous ne savons pas quelle quantité est consommée. En dépensant beaucoup d'argent, nous pourrions, au fil du temps, obtenir des chiffres assez précis sur la quantité d'un produit particulier qui a été consommée sur une période donnée, mais au moment où ces chiffres seraient compilés, ils seraient totalement inutiles, sauf pour à des fins historiques, car dans la période suivante, la consommation pourrait être le double ou la moitié. Les gens ne restent pas sur place. C'est là le problème de tous les auteurs des projets socialistes et communistes, ainsi que de tous les autres projets de régulation idéale de la société. Ils présument tous que les gens resteront sur place. Le réactionnaire a la même idée. Il insiste sur le fait que tout le monde doit rester sur place. Personne ne le fait, et j'en suis reconnaissant.

La consommation varie en fonction du prix et de la qualité, et personne ne sait ni ne peut prévoir à quoi s'élèvera la consommation future, car chaque fois qu'un prix baisse, une nouvelle couche de pouvoir d'achat est atteinte. Tout le monde le sait, mais beaucoup refusent de le reconnaître par leurs actes. Lorsqu'un commerçant achète des marchandises à un mauvais prix et constate qu'elles ne bougeront pas, il réduit le prix progressivement jusqu'à ce qu'elles bougent. S'il est sage, au lieu de grignoter le prix et d'encourager ses clients à espérer des prix encore plus bas, il prend une grosse part du prix et retire les marchandises de chez lui. Tout le monde subit une perte sur une proposition de vente. L'espoir commun est qu'après la perte, il puisse y avoir un gros profit pour compenser la perte. C'est généralement une illusion. Le bénéfice sur lequel la perte doit être imputée doit être trouvé dans l'entreprise précédant la coupe. Quiconque était assez stupide pour considérer les profits élevés de la période de boom comme des profits permanents se retrouvait en difficulté financière lorsque la baisse arrivait. Cependant, il existe une croyance, et très forte, selon laquelle les affaires consistent en une série de profits et de pertes, et qu'une bonne affaire est celle dans laquelle les profits dépassent les pertes. C'est pourquoi certains hommes pensent que le meilleur prix pour vendre est le prix le plus élevé qu'on puisse obtenir. C'est censé être une bonne pratique commerciale. Vraiment ? Nous ne l'avons pas trouvé ainsi.

Nous avons constaté, en achetant du matériel, qu'il ne vaut pas la peine d'acheter pour des besoins autres que immédiats. Nous achetons juste assez pour rentrer dans le plan de production, en tenant compte de l'état du transport à ce moment-là. Si le transport était parfait et qu'un flux régulier de matériaux pouvait être assuré, il ne serait pas nécessaire de transporter le moindre stock. Les wagons de matières premières arriveraient à temps, dans l'ordre et les quantités prévus, et passeraient des wagons à la production. Cela permettrait d'économiser beaucoup d'argent, car cela donnerait un chiffre d'affaires très rapide et diminuerait ainsi la somme d'argent immobilisée dans les matériaux. En cas de mauvais transport, il faut transporter des stocks plus importants. Au moment de la réévaluation des stocks en 1921, le stock était excessivement élevé en raison de la mauvaise qualité des transports. Mais nous avons appris depuis longtemps qu'il ne faut jamais acheter à l'avance à des fins spéculatives. Lorsque les prix montent, il est considéré comme une bonne affaire d'acheter longtemps à l'avance, et lorsque les prix montent, d'acheter le moins possible. Il n'est pas nécessaire de démontrer que si vous achetez des matériaux à dix cents la livre et que les matériaux passent plus tard à vingt cents la livre, vous aurez un net avantage sur l'homme qui est obligé d'acheter à vingt cents. Mais nous avons constaté qu'acheter à l'avance n'est pas payant. Il participe à un concours de devinettes. Ce n'est pas une affaire. Si un homme achète une grosse action pour dix cents, il est dans une bonne position tant que l'autre homme paie vingt cents. Ensuite, il a plus tard la possibilité d'acheter davantage de matériel à vingt cents, et cela semble être un bon achat car tout indique que le prix va atteindre trente cents. Ayant une grande satisfaction de son jugement précédent, sur lequel il a gagné de l'argent, il effectue bien sûr le nouvel achat. Ensuite, le prix baisse et il est exactement là où il a commencé. Nous avons soigneusement compris, au fil des années, qu'acheter avant les besoins ne rapporte rien – que les gains sur un achat seront compensés par les pertes sur un autre, et en fin de compte nous nous sommes donné beaucoup de mal sans aucun bénéfice correspondant. . Par conséquent, lors de nos achats, nous obtenons simplement le meilleur prix possible pour la quantité dont nous avons besoin. On n'achète pas moins si le prix est élevé et on n'achète pas plus si le prix est bas. Nous évitons soigneusement les lots dépassant les exigences. Il n'a pas été facile de prendre cette décision. Mais en fin de compte, la spéculation tuera n'importe quel fabricant. Donnez-lui quelques bons achats grâce auxquels il gagne de l'argent et, d'ici peu, il pensera davantage à gagner de l'argent en achetant et en vendant qu'en faisant de ses affaires légitimes, et il s'effondrera. La seule façon d'éviter les ennuis est d'acheter ce dont on a besoin, ni plus ni moins. Cette solution élimine un danger pour les entreprises.

Cette expérience d'achat est longuement racontée car elle explique notre politique de vente. Au lieu de prêter attention aux concurrents ou à la demande, nos prix sont basés sur une estimation de ce que le plus grand nombre possible de personnes voudra payer, ou peut payer, pour ce que nous avons à vendre. Et les résultats de cette politique sont mieux mis en évidence en comparant le prix de la voiture de tourisme et celui de la production.

ANNÉE PRIX PRODUCTION 1909-10 950 $ 18 664 voitures 1910-11 780 $ 34 528 " 1911-12 690 $ 78 440 " 1912-13 600 $ 168 220 " 1913-14 550 $ 248 307 " 1914-15 490 $ 3 08 213 " 1915-16 440 $ 533

921 " 1916-17 360 $ 785 432 " 1917-18 450 706 584 $ " 1918-19 525
533 706 $ " (Les deux années ci-dessus étaient des années de guerre et
l'usine était en guerre). 1919-20 575 $ à 440 996 660 $ " 1920-21 440 $
à 355 1 250 000 $ "

Les prix élevés de 1921 n'étaient pas vraiment élevés, compte tenu de
l'inflation financière. Au moment de la rédaction, le prix est de 497 $. Ces
prix sont en réalité inférieurs à ce qu'ils semblent être, car la qualité s'améliore
régulièrement. Nous étudions chaque voiture afin de découvrir si elle possède
des fonctionnalités qui pourraient être développées et adaptées. Si quelqu'un
a quelque chose de mieux que nous, nous voulons le savoir, et c'est pour cette
raison que nous achetons une de chaque nouvelle voiture qui sort.
Habituellement, la voiture est utilisée pendant un certain temps, soumise à
un essai routier, démontée et étudiée pour savoir comment et de quoi tout
est fabriqué. Dispersés autour de Dearborn, il y a probablement une voiture
de presque toutes les marques sur terre. De temps en temps, lorsque nous
achetons une nouvelle voiture, les journaux en parlent et quelqu'un remarque
que Ford n'utilise pas la Ford. L'année dernière, nous avons commandé une
grosse Lanchester , qui est censée être la meilleure voiture d'Angleterre. Il est
resté plusieurs mois dans notre usine de Long Island, puis j'ai décidé de le
conduire jusqu'à Détroit. Nous étions plusieurs et nous avions une petite
caravane : la Lanchester , une Packard et une Ford ou deux. Il se trouve que
je roulais dans le Lanchester en passant par une ville de New York et quand
les journalistes sont arrivés, ils ont tout de suite voulu savoir pourquoi je ne
roulais pas dans une Ford.

"Eh bien, vous voyez, c'est par ici", répondis-je. "Je suis en vacances
maintenant ; je ne suis pas pressé, nous ne nous en soucions pas beaucoup
quand nous rentrons à la maison. C'est la raison pour laquelle je ne suis pas
dans la Ford."

Vous savez, nous avons aussi une gamme d'"histoires Ford" !

Notre politique est de réduire le prix, d'étendre les opérations et d'améliorer
l'article. Vous remarquerez que la réduction de prix vient en premier. Nous
n'avons jamais considéré aucun coût comme fixe. Par conséquent, nous
réduisons d'abord le prix jusqu'à un point où nous pensons qu'il en résultera
davantage de ventes. Ensuite, nous essayons de fixer le prix. Nous ne nous
soucions pas des coûts. Le nouveau prix fait baisser les coûts. La méthode la
plus courante consiste à prendre les coûts et à déterminer ensuite le prix, et
bien que cette méthode puisse être scientifique au sens étroit, elle ne l'est pas
au sens large, car à quoi bon connaître le coût si elle vous indique vous ne
pouvez pas fabriquer à un prix auquel l'article peut être vendu ? Mais le plus
important est le fait que, même si l'on peut calculer ce qu'est un coût, et bien
sûr tous nos coûts sont soigneusement calculés, personne ne sait ce que

devrait être un coût. Une des manières de déterminer ce que devrait être un coût est de fixer un prix si bas qu'il oblige tout le monde à atteindre le point d'efficacité le plus élevé. Le bas prix incite tout le monde à rechercher des profits. Nous faisons plus de découvertes concernant la fabrication et la vente par cette méthode forcée que par n'importe quelle méthode d'investigation tranquille.

Le paiement de salaires élevés contribue heureusement à réduire les coûts, car les hommes deviennent de plus en plus efficaces grâce à la libération des soucis extérieurs. Le paiement de cinq dollars par jour pour une journée de huit heures a été l'une des meilleures mesures de réduction des coûts que nous ayons jamais prises, et le salaire journalier de six dollars est moins cher que celui de cinq dollars. Jusqu'où cela ira, nous ne le savons pas.

Nous avons toujours fait du profit aux prix que nous avons fixés et, tout comme nous n'avons aucune idée de la hauteur des salaires, nous n'avons aucune idée de la baisse des prix, mais il ne sert à rien de s'inquiéter de ce point. Le tracteur, par exemple, a d'abord été vendu 750 dollars, puis 850 dollars, puis 625 dollars, et l'autre jour, nous l'avons réduit de 37 pour cent, à 395 dollars. Le tracteur n'est pas fait en relation avec les automobiles. Aucune plante n'est assez grande pour fabriquer deux articles. Un magasin doit être consacré à exactement un produit afin de réaliser de réelles économies.

Dans la plupart des cas, un homme avec une machine vaut mieux qu'un homme sans machine. En ordonnant la conception du produit et le processus de fabrication, nous sommes capables de fournir le type de machine qui multiplie le plus la puissance de la main, et par conséquent nous donnons à cet homme un plus grand rôle de service, ce qui signifie qu'il a le droit à une plus grande part de confort.

En gardant ce principe à l'esprit, nous pouvons attaquer le gaspillage avec un objectif précis. Nous ne mettrons rien d'inutile dans notre établissement. Nous n'érigerons pas de bâtiments élaborés comme monuments de notre réussite. Les intérêts de l'investissement et le coût de leur entretien ne font qu'augmenter inutilement le coût de ce qui est produit : ces monuments de réussite risquent donc de finir en tombeaux. Un grand bâtiment administratif peut être nécessaire. En moi, cela éveille le soupçon qu'il y a peut-être trop d'administration. Nous n'avons jamais trouvé le besoin d'une administration complexe et préférerions être annoncés par notre produit plutôt que par l'endroit où nous le fabriquons.

La normalisation qui entraîne de grandes économies pour le consommateur se traduit par des bénéfices d'une telle ampleur pour le producteur qu'il peut à peine savoir quoi faire de son argent. Mais ses efforts doivent être sincères, minutieux et courageux. Supprimer une demi-douzaine de modèles n'est pas une standardisation. Cela peut être, et c'est généralement le cas, seulement une limitation des affaires, car si l'on vend sur la base habituelle du profit, c'est-à-dire en enlevant au consommateur autant d'argent qu'il est disposé à en céder, alors sûrement le le consommateur doit avoir un large choix.

La normalisation constitue donc la dernière étape du processus. Nous commençons par le consommateur, revenons sur la conception et arrivons enfin à la fabrication. La fabrication devient un moyen vers la fin du service.

Il est important de garder cet ordre à l'esprit. Pour l'instant, l'ordre n'est pas bien compris. Le rapport prix n'est pas compris. L'idée persiste selon laquelle les prix doivent être maintenus à un niveau élevé. Au contraire, la bonne marche des affaires – une consommation importante – dépend de leur baisse.

Et voici un autre point. Le service doit être le meilleur que vous puissiez offrir. Il est considéré comme une bonne pratique de fabrication, et non comme une mauvaise éthique, de modifier occasionnellement la conception de sorte que les anciens modèles deviennent obsolètes et que de nouveaux doivent être achetés, soit parce qu'il est impossible d'obtenir des pièces de rechange pour l'ancien, soit parce que le nouveau modèle offre une nouvelle fonctionnalité. argument de vente qui peut être utilisé pour persuader un consommateur de jeter ce qu'il possède et d'acheter quelque chose de nouveau. On nous a dit que c'est une bonne affaire, que c'est une affaire intelligente, que le but de l'entreprise devrait être d'amener les gens à acheter fréquemment et que c'est une mauvaise affaire d'essayer de fabriquer quelque chose qui durera éternellement, car lorsqu'une fois un l'homme est vendu, il n'achètera plus.

Notre principe de fonctionnement est précisément le contraire. Nous ne pouvons concevoir comment servir le consommateur sans lui créer quelque chose qui, dans la mesure de nos possibilités, durera pour toujours. Nous voulons construire une sorte de machine qui durera éternellement. Cela ne nous plaît pas que la voiture d'un acheteur s'use ou devienne obsolète. Nous voulons que l'homme qui achète un de nos produits n'ait jamais à en acheter un autre. Nous n'apportons jamais d'amélioration qui rendrait obsolète un modèle précédent. Les pièces d'un modèle spécifique sont non seulement interchangeables avec toutes les autres voitures de ce modèle, mais elles sont également interchangeables avec des pièces similaires sur toutes les voitures que nous avons produites. Vous pouvez prendre une voiture d'il y a dix ans et, en achetant des pièces détachées d'aujourd'hui, la transformer à très peu de frais en une voiture d'aujourd'hui. Ayant ces objectifs, les coûts diminuent toujours sous pression. Et comme nous avons une politique ferme de réduction constante des prix, il y a toujours de la pression. Parfois, c'est juste plus difficile !

Prenez quelques exemples supplémentaires d'économies. Les rafles rapportent six cent mille dollars par an. Des expériences sont constamment en cours concernant l'utilisation de la ferraille. Dans l'une des opérations d'emboutissage, des cercles de tôle de six pouces sont découpés. Ceux-ci étaient autrefois mis à la ferraille. Les déchets inquiétaient les hommes. Ils ont travaillé pour trouver des utilisations pour les disques. Ils ont constaté que les plaques avaient juste la bonne taille et la bonne forme pour être insérées dans les bouchons de radiateur, mais que le métal n'était pas assez épais. Ils ont essayé une double épaisseur de plaques, ce qui a permis de fabriquer un capuchon dont les tests se sont révélés plus résistants qu'un capuchon constitué d'une seule feuille de métal. Nous recevons 150 000 de ces disques par jour. Nous avons maintenant trouvé une utilisation pour environ 20 000 personnes par jour et nous espérons trouver d'autres utilisations pour le reste. Nous avons économisé une dizaine de dollars chacun en réalisant des transmissions au lieu de les acheter. Nous avons expérimenté des boulons et produit un boulon spécial fabriqué sur ce qu'on appelle une "machine à refouler" avec un filetage roulé qui était plus résistant que n'importe quel boulon que nous pouvions acheter, bien que dans sa fabrication n'ait utilisé qu'environ un tiers du matériau utilisé par les fabricants extérieurs. utilisé. L'économie sur un seul type de boulon s'élevait à un demi-million de dollars par an. Nous avions l'habitude d'assembler nos wagons à Détroit, et même si, grâce à un emballage spécial, nous parvenions à en mettre cinq ou six dans un wagon de marchandises, nous avions besoin de plusieurs centaines de wagons de marchandises par jour. Les trains entraient et sortaient tout le temps. Autrefois, mille wagons de marchandises étaient remplis en une seule journée. Une certaine congestion était inévitable. Il est très coûteux de démonter des machines et de les mettre en caisse afin qu'elles ne puissent pas être blessées pendant le transport, sans parler des frais de transport. Aujourd'hui, nous n'assemblons que trois ou quatre cents voitures par jour à Détroit, juste assez pour les besoins locaux. Nous expédions désormais les pièces à nos stations d'assemblage partout aux États-Unis et en fait presque partout dans le monde, et les machines y sont assemblées. Chaque fois qu'il est possible pour une succursale de fabriquer une pièce à moindre coût que nous ne pouvons la fabriquer à Détroit et la lui expédier, c'est alors la succursale qui fabrique la pièce.

L'usine de Manchester , en Angleterre, fabrique presque une voiture entière. L'usine de tracteurs de Cork, en Irlande, fabrique presque un tracteur complet. Ceci représente une énorme économie de dépenses et n'est qu'une indication de ce qui peut être réalisé dans l'ensemble de l'industrie en général, lorsque chaque partie d'un article composite est fabriquée au point exact où elle peut être fabriquée de la manière la plus économique. Nous expérimentons constamment chaque matériau entrant dans la voiture. Nous coupons la majeure partie de notre bois d'œuvre dans nos propres forêts.

Nous expérimentons la fabrication de cuir artificiel car nous utilisons environ quarante mille mètres de cuir artificiel par jour. Un centime ici et un centime là génèrent de grosses sommes au cours d'une année.

Le plus grand développement de tous, cependant, est l'usine de River Rouge qui, lorsqu'elle fonctionnera à pleine capacité, réduira considérablement et dans de nombreuses directions le prix de tout ce que nous produisons. Toute l'usine de tracteurs est désormais là. Cette usine est située sur la rivière, à la périphérie de Détroit, et la propriété couvre six cent soixante-cinq acres, soit suffisamment pour un développement futur. Il dispose d'une grande cale et d'un bassin d'évitement capables d'accueillir n'importe quel bateau à vapeur lacustre ; un canal raccourci et quelques dragages donneront une connexion directe au lac via la rivière Détroit. Nous utilisons beaucoup de charbon. Ce charbon provient directement de nos mines du Detroit, Toledo and Ironton Railway, que nous contrôlons, jusqu'à l'usine de Highland Park et à l'usine de River Rouge. Une partie est destinée à la vapeur. Une autre partie est destinée aux fours à coke de sous-produits que nous avons installés à l'usine de River Rouge. Le coke passe des fours par transmission mécanique aux hauts fourneaux. Les gaz peu volatils provenant des hauts fourneaux sont acheminés vers les chaudières de la centrale électrique où ils sont rejoints par la sciure et les copeaux de l'usine de carrosserie - la fabrication de tous nos corps a été transférée dans cette usine - et en plus de la « brise » de coke. " (la poussière utilisée dans la fabrication du coke) est désormais également utilisée pour le chauffage. La centrale à vapeur est donc alimentée presque exclusivement à partir de déchets qui autrement seraient des déchets. D'immenses turbines à vapeur directement couplées à des dynamos transforment cette énergie en électricité, et toutes les machines du tracteur et des carrosseries sont actionnées par des moteurs individuels alimentés par cette électricité. Avec le temps, on espère qu'il y aura suffisamment d'électricité pour faire fonctionner pratiquement toute la centrale de Highland Park, et nous aurons alors réduit notre facture de charbon.

Parmi les sous-produits des fours à coke se trouve un gaz. Il est acheminé vers les usines de Rouge et de Highland Park où il est utilisé à des fins de traitement thermique, pour les fours d'émaillage , pour les fours de voiture, etc. Auparavant, nous devions acheter ce gaz. Le sulfate d'ammonium est utilisé comme engrais. Le benzol est un carburant automobile. Les petites tailles de coke, qui ne conviennent pas aux hauts fourneaux, sont vendues aux employés et livrées gratuitement à leur domicile à un prix bien inférieur au prix ordinaire du marché. Le coke de grande taille est envoyé aux hauts fourneaux. Il n'y a pas de manipulation manuelle. Nous transférons le fer fondu directement des hauts fourneaux dans de grandes poches. Ces poches circulent dans les ateliers et le fer est coulé directement dans les moules sans autre chauffage. Ainsi, nous obtenons non seulement une qualité de fer uniforme selon nos propres spécifications et directement sous notre contrôle, mais nous économisons une fusion de fonte brute et supprimons de fait tout un processus de fabrication ainsi que la mise à disposition de toutes nos propres chutes.

Nous ne savons pas à combien s'élèveront ces économies en termes d'économies, c'est-à-dire que nous ne savons pas quelle sera l'ampleur des économies, car l'usine n'a pas fonctionné assez longtemps pour donner plus qu'une indication de ce qui nous attend, et nous économisons dans de nombreux domaines : dans le transport, dans la production de notre énergie, dans la production de gaz, dans les dépenses de coulée, et en plus de cela, il y a les revenus provenant des sous-produits et des plus petites tailles de coke. . L'investissement pour réaliser ces objectifs s'élève à ce jour à quelque chose de plus de quarante millions de dollars.

La mesure dans laquelle nous parviendrons ainsi aux sources dépend entièrement des circonstances. Personne, où que ce soit, ne peut réellement faire plus que deviner les futurs coûts de production. Il est plus sage de reconnaître que l'avenir nous réserve plus que le passé, que chaque jour renferme une amélioration par rapport aux méthodes de la veille.

Mais qu'en est-il de la production ? Si tout ce qui est nécessaire à la vie était produit à si bas prix et en telles quantités, le monde ne serait-il pas bientôt saturé de biens ? Ne viendra-t-il pas un moment où, quel que soit le prix, les gens ne voudront tout simplement plus rien de plus que ce qu'ils ont déjà ? Et si, dans le processus de fabrication, de moins en moins d'hommes sont utilisés, que vont devenir ces hommes : comment vont-ils trouver du travail et vivre ?

Prenez d'abord le deuxième point. Nous avons mentionné de nombreuses machines et de nombreuses méthodes qui ont déplacé un grand nombre d'hommes, puis quelqu'un a demandé :

"Oui, c'est une très bonne idée du point de vue du propriétaire, mais qu'en est-il de ces pauvres gars à qui on retire leur emploi ?"

La question est tout à fait raisonnable, mais il est un peu curieux qu'elle soit posée. Car quand les hommes ont-ils réellement été mis au chômage par l'amélioration des procédés industriels ? Les conducteurs de diligences perdirent leur emploi avec l'arrivée du chemin de fer. Fallait-il interdire les chemins de fer et garder les cochers ? Y avait-il plus d'hommes travaillant aux diligences qu'aux chemins de fer ? Fallait-il empêcher le taxi parce que son arrivée enlevait le pain de la bouche aux cochers ? Comment le nombre de taxis se compare-t-il au nombre de fiacres à l'époque où ces derniers étaient à leur apogée ? L'arrivée des machines à chaussures a fermé la plupart des magasins de ceux qui fabriquaient des chaussures à la main. Lorsque les chaussures étaient fabriquées à la main, seuls les plus aisés pouvaient posséder plus d'une seule paire de chaussures, et la plupart des travailleurs marchaient pieds nus en été. Maintenant, presque personne n'a qu'une seule paire de chaussures et la fabrication de chaussures est une grande industrie. Non, chaque fois que vous pouvez faire en sorte qu'un homme fasse le travail de deux, vous ajoutez tellement à la richesse du pays qu'il y aura un nouvel et meilleur emploi pour l'homme qui est déplacé. Si des industries entières changeaient du jour au lendemain, il serait alors difficile de se débarrasser des travailleurs excédentaires, mais ces changements ne se produisent pas aussi rapidement. Ils viennent progressivement. D'après notre propre expérience, une nouvelle place s'ouvre toujours pour un homme dès que de meilleurs processus ont repris son ancien travail. Et ce qui se passe dans mes magasins se produit partout dans l'industrie. Il y a aujourd'hui bien plus d'hommes employés dans les industries sidérurgiques qu'il n'y en avait à l'époque où chaque opération était manuelle. Il doit en être ainsi. Il en est toujours ainsi et il en sera toujours ainsi. Et si quelqu'un ne peut pas le voir, c'est parce qu'il ne veut pas regarder au-delà de son propre nez.

Maintenant, parlons de la saturation. On nous demande continuellement :

"Quand arriverez-vous au point de surproduction ? Quand y aura-t-il plus de voitures que de personnes pour les utiliser ?"

Nous pensons qu'il est possible un jour d'atteindre le point où tous les biens seront produits à un coût si bas et en quantités telles que la surproduction deviendra une réalité. Mais en ce qui nous concerne, nous n'attendons pas cette situation avec crainte – nous l'attendons avec une grande satisfaction. Rien de plus splendide qu'un monde dans lequel chacun a tout ce qu'il veut. Notre crainte est que cette condition soit trop longtemps reportée. Quant à nos propres produits, cette situation est très loin. Nous ne savons pas combien d'automobiles une famille désirera utiliser du type particulier que nous fabriquons. Nous savons que, à mesure que le prix baissait, l'agriculteur, qui utilisait d'abord une voiture (et il ne faut pas oublier qu'il n'y a pas si longtemps que le marché agricole des automobiles était absolument inconnu), la limite des ventes était (à l'époque fixé par tous les sages experts statistiques à un niveau proche du nombre de millionnaires dans le pays), il en utilise désormais souvent deux et il achète également un camion. Peut-être qu'au lieu d'envoyer les ouvriers à des travaux dispersés dans une seule voiture, il serait moins coûteux d'envoyer chaque travailleur dans sa propre voiture. Cela arrive avec les vendeurs. Le public détermine ses propres besoins de consommation avec une précision infaillible, et comme nous ne fabriquons plus d'automobiles ou de tracteurs, mais simplement les pièces qui, une fois assemblées, deviennent des automobiles et des tracteurs, les installations telles qu'elles sont actuellement disponibles seraient à peine suffisantes pour remplacer dix millions de dollars. voitures. Et ce serait la même chose pour n'importe quelle entreprise. Nous n'aurons pas à nous préoccuper d'une surproduction pendant quelques années encore, à condition que les prix soient corrects. C'est le refus des gens d'acheter en raison du prix qui stimule réellement les affaires réelles. Ensuite, si nous voulons faire des affaires, nous devons baisser les prix sans nuire à la qualité. Ainsi, la réduction des prix nous oblige à apprendre des méthodes de production améliorées et moins coûteuses. Une grande partie de la découverte de ce qui est « normal » dans l'industrie dépend du génie managérial qui découvre de meilleures façons de faire les choses. Si un homme réduit son prix de vente à un point tel qu'il ne réalise aucun profit ou subit une perte, alors il est simplement obligé de découvrir comment fabriquer un article d'aussi bonne qualité par une meilleure méthode - en faisant en sorte que sa nouvelle méthode produise le profit, et ne pas produire de profit en réduisant les salaires ou en augmentant les prix au public.

Ce n'est pas une bonne gestion que de retirer des bénéfices aux travailleurs ou aux acheteurs ; faire en sorte que la direction produise les bénéfices. Ne dévalorisez pas le produit ; ne dévalorisez pas le salaire ; ne surchargez pas le public. Mettez des cerveaux dans la méthode, et plus de cerveaux, et encore plus de cerveaux, faites les choses mieux que jamais auparavant ; et par ce moyen, toutes les parties prenantes aux affaires sont servies et bénéficient.

Et tout cela peut toujours être fait.

CHAPITRE XI

ARGENT ET BIENS

L'objet premier d'une entreprise manufacturière est de produire, et si cet objectif est toujours respecté, la finance devient une question totalement secondaire qui a largement à voir avec la comptabilité. Mes propres opérations financières ont été très simples. J'ai commencé avec une politique d'achat et de vente au comptant, en gardant toujours un important fonds de liquidités à portée de main, en profitant pleinement de toutes les remises et en percevant des intérêts sur les soldes bancaires. Je considère une banque avant tout comme un endroit où il est sûr et pratique de conserver de l'argent. Les minutes que nous consacrons aux affaires d'un concurrent, nous les perdons nous-mêmes. Les minutes que nous passons à devenir experts en finance, nous les perdons en production. Le lieu où financer une entreprise manufacturière est le magasin et non la banque. Je ne dirais pas qu'un homme d'affaires n'a besoin de rien savoir du tout en finance, mais il vaut mieux qu'il en sache trop peu que trop, car s'il devient trop expert, il finira par penser qu'il peut emprunter de l'argent à la place. de le gagner, puis il empruntera encore plus d'argent pour rembourser ce qu'il a emprunté, et au lieu d'être un homme d'affaires, il sera un jongleur de billets, essayant de maintenir en l'air un troupeau régulier d'obligations et de billets.

S'il est un jongleur vraiment expert, il peut continuer longtemps ainsi, mais un jour il ratera forcément son coup et toute la collection s'écroulera autour de lui. Il ne faut pas confondre l'industrie manufacturière et le secteur bancaire, et je pense que trop d'hommes d'affaires ont tendance à se mêler du secteur bancaire et que trop de banquiers se mêlent du secteur des affaires. La tendance est de déformer les véritables objectifs des entreprises et des banques, ce qui nuit aux deux. L'argent doit sortir du magasin, pas de la banque, et j'ai constaté que le magasin répondrait à toutes les exigences possibles, et dans un cas, alors qu'on pensait que l'entreprise avait un besoin assez sérieux de fonds, le Le magasin, lorsqu'on l'a appelé, a collecté une somme plus importante que ce que n'importe quelle banque de ce pays pourrait prêter.

Nous avons été plongés dans la finance principalement sous forme de déni. Il y a quelques années, nous avons dû continuer à nier que la Ford Motor Company appartenait à la Standard Oil Company et à ce déni, pour des raisons de commodité, nous avons ajouté un déni selon lequel nous étions liés à une autre entreprise ou que nous avions l'intention de vendre des voitures. par mail. L'année dernière, la rumeur la plus répandue était que nous étions à Wall Street à la recherche d'argent. Je n'ai pas pris la peine de le nier. Il faut trop de temps pour tout nier. Au lieu de cela, nous avons démontré que nous n'avions pas besoin d'argent. Depuis, je n'ai plus entendu parler d'un financement par Wall Street.

Nous ne sommes pas contre l'emprunt d'argent et nous ne sommes pas contre les banquiers. Nous sommes opposés à ce que l'argent emprunté remplace le travail. Nous sommes contre le genre de banquier qui considère une entreprise comme un melon à couper. Le problème est de garder l'argent, les emprunts et les finances en général à leur juste place, et pour ce faire, il faut considérer exactement pourquoi l'argent est nécessaire et comment il va être remboursé.

L'argent n'est qu'un outil dans les affaires. Ce n'est qu'une partie de la machinerie. Vous pourriez aussi bien emprunter 100 000 tours que 100 000 $ si le problème vient de votre entreprise. Plus de tours ne résoudront pas le problème ; plus d'argent non plus. Seules des doses plus fortes de cervelle, de réflexion et de courage sage peuvent guérir. Une entreprise qui abuse de ce qu'elle possède continuera à abuser de ce qu'elle peut obtenir. Le fait est de remédier à cette mauvaise utilisation. Lorsque cela sera fait, l'entreprise commencera à gagner son propre argent, tout comme un corps humain réparé commence à produire suffisamment de sang pur.

Emprunter peut facilement devenir une excuse pour ne pas s'embêter. Emprunter peut facilement devenir un remède à la paresse et à l'orgueil. Certains hommes d'affaires sont trop paresseux pour enfiler une combinaison et descendre voir ce qui ne va pas . Ou bien ils sont trop fiers pour admettre que tout ce qu'ils ont créé pourrait mal tourner. Mais les lois des affaires sont comme la loi de la gravité, et celui qui s'y oppose ressent leur puissance.

Emprunter pour l'expansion est une chose ; emprunter pour compenser la mauvaise gestion et le gaspillage en est une autre. Vous ne voulez pas d'argent pour ces derniers, parce que l'argent ne peut pas faire le travail. Les déchets sont corrigés par économie ; la mauvaise gestion est corrigée par les cerveaux. Aucun de ces correctifs n'a rien à voir avec l'argent. En effet, l'argent, dans certaines circonstances, est leur ennemi. Et beaucoup d'hommes d'affaires remercient leurs stars pour la pincée qui leur a montré que son meilleur capital était dans son propre cerveau et non dans les prêts bancaires. Emprunter dans certaines circonstances, c'est comme un ivrogne qui prend un autre verre pour guérir les effets du précédent. Il ne fait pas ce qu'il est censé faire. Cela augmente simplement la difficulté. Resserrer les espaces libres dans une entreprise est bien plus rentable que n'importe quel montant de nouveau capital à 7 pour cent.

Les maux internes des entreprises sont ceux qui nécessitent le plus d'attention. Le « business », au sens de commerce avec le peuple, consiste en grande partie à répondre aux besoins du peuple. Si vous fabriquez ce dont ils ont besoin et que vous le vendez à un prix qui fait de la possession une aide et non une difficulté, alors vous ferez des affaires aussi longtemps qu'il y aura des affaires à faire. Les gens achètent ce qui les aide aussi naturellement qu'ils boivent de l'eau.

Mais le processus de fabrication de l'article nécessitera un soin constant. Les machines s'usent et doivent être restaurées. Les hommes deviennent hautains , paresseux ou insouciants. Une entreprise est composée d'hommes et de machines unis dans la production d'une marchandise, et l'homme et les machines ont tous deux besoin d'être réparés et remplacés. Parfois, ce sont les hommes « d'en haut » qui ont le plus besoin d'être restructurés – et eux-mêmes sont toujours les derniers à s'en rendre compte. Lorsqu'une entreprise devient encombrée de mauvaises méthodes ; lorsqu'une entreprise tombe malade par manque d'attention à une ou plusieurs de ses fonctions ; lorsque les dirigeants s'assoient confortablement dans leur fauteuil comme si les projets qu'ils ont inaugurés allaient les maintenir en vie pour toujours ; lorsque les affaires deviennent une simple plantation sur laquelle vivre, et non un gros travail à accomplir, alors on peut s'attendre à des ennuis. Vous vous réveillerez un beau matin et vous vous retrouverez à faire plus d'affaires que jamais auparavant et à en tirer moins. Vous vous retrouvez à court d'argent. Vous pouvez emprunter de l'argent. Et vous pouvez le faire, oh, si facilement. Les gens vous enverront de l'argent. C'est la tentation la plus subtile du jeune homme d'affaires. Mais si vous empruntez de l'argent, vous ne faites que stimuler ce qui ne va pas. Vous nourrissez la maladie. Un homme est-il plus sage avec l'argent emprunté qu'avec le sien ? Pas comme d'habitude. Emprunter dans de telles conditions, c'est hypothéquer un bien immobilier en déclin.

Le moment idéal pour un homme d'affaires d'emprunter de l'argent, si jamais c'est lorsqu'il n'en a pas besoin. C'est-à-dire lorsqu'il n'en a pas besoin comme substitut aux choses qu'il devrait faire lui-même. Si l'entreprise d'un homme est en excellent état et a besoin d'expansion, il est relativement sûr d'emprunter. Mais si une entreprise a besoin d'argent à cause d'une mauvaise gestion, alors la chose à faire est de se lancer dans l'entreprise et de corriger les problèmes de l'intérieur, et non de la catapulter avec des prêts de l'extérieur.

Ma politique financière est le résultat de ma politique commerciale. Je pense qu'il vaut mieux vendre un grand nombre d'articles avec un petit profit que d'en vendre quelques-uns avec un gros profit. Cela permet à un plus grand nombre de personnes d'acheter et donne à un plus grand nombre d'hommes un emploi bien rémunéré. Il permet de planifier la production, d'éliminer les saisons ennuyeuses et le gaspillage lié au transport d'une usine inutilisée. Il en résulte une activité appropriée et continue, et si vous y réfléchissez bien, vous découvrirez que la plupart des financements dits urgents sont rendus nécessaires en raison d'un manque d'activité planifiée et continue. Les myopes considèrent que réduire les prix équivaut à réduire les revenus d'une entreprise. Il est très difficile de composer avec un tel esprit parce qu'il manque totalement de connaissances de base sur ce qu'est le monde des affaires. Par exemple, on m'a demandé un jour, alors que j'envisageais une réduction de quatre-vingts dollars par voiture, si sur une production de cinq cent mille voitures, cela ne réduirait pas les revenus de l'entreprise de quarante millions de dollars. Bien sûr, si l'on vendait seulement cinq cent mille voitures au nouveau prix, le revenu serait réduit de quarante millions de dollars – ce qui est un calcul mathématique intéressant qui n'a rien à voir avec les affaires, car à moins de réduire le prix d'un article, les ventes n'augmentent pas continuellement et l'entreprise n'a donc pas de stabilité.

Si une entreprise ne se développe pas, elle est vouée à diminuer, et une entreprise en déclin a toujours besoin de beaucoup de financement. Les affaires d'autrefois reposaient sur la doctrine selon laquelle les prix devaient toujours être maintenus au niveau le plus élevé auquel les gens achèteraient. Les entreprises véritablement modernes doivent adopter le point de vue opposé.

Les banquiers et les avocats peuvent rarement apprécier ce fait. Ils confondent inertie et stabilité. Il leur est parfaitement incompréhensible que le prix doive jamais être volontairement réduit. C'est pourquoi confier à la gestion d'une entreprise le type habituel de banquier ou d'avocat, c'est courir au désastre. La réduction des prix augmente le volume et élimine les finances, à condition que l'on considère le profit inévitable comme un fonds fiduciaire avec lequel faire des affaires plus nombreuses et meilleures. Notre bénéfice, en raison de la rapidité du chiffre d'affaires de l'entreprise et du grand volume des ventes, a toujours été important, quel que soit le prix auquel le produit était vendu. Nous avons réalisé un petit bénéfice par article mais un bénéfice global important. Le profit n'est pas constant. Après avoir réduit les prix, les bénéfices diminuent pendant un certain temps, mais ensuite les économies inévitables commencent à se mettre en place et les bénéfices remontent à nouveau. Mais ils ne sont pas distribués sous forme de dividendes. J'ai toujours insisté sur le versement de petits dividendes et la société n'a aujourd'hui aucun actionnaire qui souhaite une politique différente. Je considère que les bénéfices d'une entreprise dépassant un petit pourcentage appartiennent davantage à l'entreprise qu'aux actionnaires.

Les actionnaires, à mon avis, devraient être uniquement ceux qui sont actifs dans l'entreprise et qui considéreront l'entreprise comme un instrument de service plutôt que comme une machine à gagner de l'argent. Si de gros profits sont réalisés – et travailler pour servir les oblige à être importants – alors ils devraient être en partie réinjectés dans l'entreprise afin qu'elle soit encore mieux adaptée à servir, et en partie transmis à l'acheteur. Pendant un an, nos bénéfices ont été tellement plus importants que nous l'espérions, que nous avons volontairement rendu cinquante dollars à chaque acheteur d'une voiture. Nous avions l'impression que, sans le vouloir, nous avions surfacturé l'acheteur d'autant. Ma politique de prix et donc ma politique financière ont fait l'objet d'un procès intenté contre l'entreprise il y a plusieurs années pour exiger le paiement de dividendes plus importants. À la barre des témoins, j'ai donné la politique alors en vigueur et qui est toujours en vigueur. C'est ça:

En premier lieu, je considère qu'il est préférable de vendre un grand nombre de voitures avec une marge raisonnablement faible plutôt que de vendre moins de voitures avec une marge de profit importante.

Je tiens à cela parce qu'il permet à un grand nombre de personnes d'acheter et de profiter d'une voiture et parce qu'il donne à un plus grand nombre d'hommes un emploi bien rémunéré. Ce sont des objectifs que j'ai dans la vie. Mais je ne serais pas considéré comme un succès ; En fait, je serais un échec cuisant si je ne parvenais pas à y parvenir et en même temps à réaliser un bénéfice considérable pour moi-même et pour les hommes qui m'accompagnent dans les affaires.

Cette politique que je défends est une bonne politique commerciale parce qu'elle fonctionne - parce que, année après année, nous avons pu mettre notre voiture à la portée d'un plus grand nombre de personnes, donner du travail à de plus en plus d'hommes et, en même temps, grâce à le volume de nos affaires, augmenter nos propres profits au-delà de tout ce que nous avions espéré ou même rêvé au début.

Gardez à l'esprit que chaque fois que vous réduisez le prix de la voiture sans en réduire la qualité, vous augmentez le nombre possible d'acheteurs. Il y a beaucoup d'hommes qui paieraient 360 $ pour une voiture et qui ne paieraient pas 440 $. Nous avions en chiffre rond 500 000 acheteurs de voitures sur la base de 440 dollars, et je pense que sur la base de 360 dollars nous pouvons augmenter les ventes jusqu'à peut-être 800 000 voitures pour l'année - moins de profit sur chaque voiture, mais plus de voitures, plus d'emploi de main d'œuvre . et à la fin nous obtiendrons tout le profit total que nous devrions réaliser.

Et permettez-moi de dire ici que je ne crois pas que nous devrions faire un profit aussi épouvantable sur nos voitures. Un profit raisonnable, c'est bien, mais pas trop. Ma politique a donc été de faire baisser le prix de la voiture aussi vite que la production le permettait, et d'en accorder des bénéfices aux utilisateurs et aux travailleurs — avec pour résultat des bénéfices étonnamment énormes pour nous-mêmes.

Cette politique ne correspond pas à l'opinion générale selon laquelle une entreprise doit être gérée de manière à ce que les actionnaires puissent retirer le plus grand montant possible de liquidités. C'est pourquoi je ne veux pas d'actionnaires au sens ordinaire du terme : ils ne contribuent pas à la capacité de servir. Mon ambition est d'employer toujours plus d'hommes et de diffuser, autant que je le peux, les bénéfices du système industriel que nous travaillons à fonder ; nous voulons aider à construire des vies et des maisons. Cela nécessite que la plus grande part des bénéfices soit réinvestie dans les entreprises productives. Nous n'avons donc pas de place pour les actionnaires qui ne travaillent pas. L'actionnaire qui travaille est plus soucieux d'augmenter ses chances de servir que d'encaisser des dividendes.

Si jamais il s'agissait de réduire les salaires ou de supprimer les dividendes, j'abolirais les dividendes. Ce moment n'est pas susceptible de venir car, comme je l'ai souligné, il n'y a pas d'économie dans les bas salaires. Réduire les salaires est une mauvaise politique financière, car cela réduit également le pouvoir d'achat. Si l'on croit que le leadership entraîne des responsabilités, alors une partie de cette responsabilité consiste à veiller à ce que ceux que l'on dirige aient une opportunité adéquate de gagner leur vie. La finance ne concerne pas seulement le profit ou la solvabilité d'une entreprise ; cela comprend également le montant d'argent que l'entreprise restitue à la communauté sous forme de salaires. Il n'y a aucune charité là-dedans. Il n'y a pas de charité dans un salaire convenable. C'est simplement qu'aucune entreprise ne peut être considérée comme stable si elle n'est pas si bien gérée qu'elle puisse offrir à un homme la possibilité d'effectuer beaucoup de travail et donc de gagner un bon salaire.

Il y a quelque chose de sacré dans les salaires : ils représentent les foyers, les familles et les destinées domestiques. Les gens devraient faire preuve d'une grande prudence lorsqu'ils abordent la question des salaires. Sur la feuille de calcul, les salaires ne sont que des chiffres ; Dans le monde entier, les salaires sont des boîtes à pain et des bacs à charbon, des berceaux et l'éducation des enfants – le confort et le contentement de la famille. D'un autre côté, il y a quelque chose de tout aussi sacré dans le capital qui sert à fournir les moyens par lesquels le travail peut devenir productif. Personne n'est aidé si nos industries sont vidées de leur force vitale. Il y a quelque chose d'aussi sacré dans un magasin qui emploie des milliers d'hommes que dans une maison. Le magasin est le pilier de toutes les belles choses que représente la maison. Si nous voulons que la maison soit heureuse, nous devons faire en sorte que le magasin soit occupé. Toute la justification des bénéfices réalisés par le magasin est qu'ils servent à sécuriser doublement les foyers dépendants de ce magasin et à créer davantage d'emplois pour d'autres hommes. Si les profits servent à gonfler une fortune personnelle, c'est une chose ; s'ils visent à fournir une base plus solide aux affaires, de meilleures conditions de travail, de meilleurs salaires, un emploi plus étendu, c'est tout autre chose. Les capitaux ainsi employés ne doivent pas être manipulés négligemment. C'est au service de tous, même si cela peut être sous la direction d'un seul.

Les bénéfices ont leur place à trois endroits : ils appartiennent à l'entreprise – pour la maintenir stable, progressive et solide. Ils appartiennent aux hommes qui ont contribué à leur production. Et ils appartiennent aussi, en partie, au public. Une entreprise prospère profite à ces trois intérêts : le planificateur, le producteur et l'acheteur.

Les personnes dont les profits sont excessifs par rapport à n'importe quelle norme solide devraient être les premières à baisser les prix. Mais ils ne le sont jamais. Ils répercutent tous leurs coûts supplémentaires sur toute la ligne jusqu'à ce que la totalité du fardeau soit supportée par le consommateur ; et en plus de cela, ils facturent au consommateur un pourcentage sur les frais majorés. Toute leur philosophie d'entreprise est la suivante : « Obtenez pendant que vous obtenez. Ce sont les spéculateurs, les exploiteurs, les éléments nuisibles qui nuisent toujours aux entreprises légitimes. Il n'y a rien à attendre d'eux. Ils n'ont aucune vision. Ils ne peuvent pas voir au-delà de leurs propres caisses enregistreuses.

Ces gens-là parlent plus facilement de 10 ou de 20 pour cent. réduire les salaires de 10 à 20 pour cent. réduction des bénéfices. Mais un homme d'affaires, qui surveille l'ensemble de la communauté dans tous ses intérêts et souhaite la servir, devrait pouvoir apporter sa contribution à la stabilité.

Notre politique a toujours été de garder à portée de main une grande quantité de liquidités : le solde de trésorerie de ces dernières années a généralement dépassé cinquante millions de dollars. Cette somme est déposée dans les banques de tout le pays, nous n'empruntons pas mais nous avons établi des lignes de crédit, de sorte que si nous y prêtons attention, nous pourrions réunir une très grande somme d'argent par des emprunts bancaires. Mais le fait de conserver une réserve de trésorerie rend les emprunts inutiles : notre disposition vise uniquement à nous préparer à faire face à une urgence. Je n'ai aucun préjugé contre un emprunt approprié. C'est simplement que je ne veux pas courir le danger de voir le contrôle de l'entreprise et donc l'idée particulière de service à laquelle je me consacre être confiée à d'autres mains.

Une part considérable du financement consiste à surmonter le fonctionnement saisonnier. Le flux d'argent devrait être presque continu. Il faut travailler régulièrement pour être rentable. La fermeture entraîne un grand gaspillage. Cela entraîne le gaspillage du chômage des hommes, le gaspillage du chômage des équipements et le gaspillage des ventes futures restreintes à cause des prix plus élevés de la production interrompue. Cela a été l'un des problèmes que nous avons dû résoudre. Nous ne pourrions pas fabriquer des voitures pour les stocker pendant les mois d'hiver, lorsque les achats sont moindres qu'au printemps ou en été. Où et comment pourrait-on stocker un demi-million de voitures ? Et s'ils étaient stockés, comment pourraient-ils être expédiés pendant la saison de pointe ? Et qui trouverait l'argent pour transporter un tel stock de voitures même si elles pouvaient être stockées ?

Le travail saisonnier est pénible pour la main-d'œuvre. Les bons mécaniciens n'accepteront pas des emplois qui ne sont bons qu'une partie de l'année. Travailler à plein régime douze mois par an garantit aux ouvriers des capacités, construit une organisation manufacturière permanente et améliore continuellement le produit : les hommes de l'usine, grâce à un service ininterrompu, se familiarisent davantage avec les opérations.

L'usine doit construire, le département des ventes doit vendre et le concessionnaire doit acheter des voitures toute l'année, si chacun veut tirer le maximum de profit de son entreprise. Si l'acheteur au détail n'envisage pas d'acheter sauf pendant les « saisons », une campagne d'éducation doit être menée, prouvant la valeur d'une voiture toute l'année plutôt que la valeur d'une saison limitée. Et pendant que l'éducation se fait, le fabricant doit construire et le concessionnaire doit acheter, en prévision des affaires.

Nous avons été les premiers à rencontrer ce problème dans le secteur automobile. La vente de voitures Ford est une proposition de marchandisage. À l'époque où chaque voiture était construite sur commande et où 50 voitures par mois représentaient une production importante, il était raisonnable d'attendre la vente avant de commander. Le constructeur a attendu la commande avant de construire.

Très vite, nous nous sommes rendu compte que nous ne pouvions pas faire d'affaires sur commande. L'usine ne pouvait pas être construite assez grande, même si cela était souhaitable, pour fabriquer entre mars et août toutes les voitures commandées au cours de ces mois. C'est pourquoi une campagne d'éducation a été lancée il y a des années pour démontrer qu'une Ford n'était pas un luxe d'été mais une nécessité toute l'année. À cela s'ajoute l'éducation du concessionnaire qui lui a fait comprendre que même s'il ne pouvait pas vendre autant de voitures en hiver qu'en été, cela lui rapporterait de stocker en hiver pour l'été et de pouvoir ainsi effectuer une livraison instantanée. Les deux plans ont fonctionné ; dans la plupart des régions du pays, les voitures sont utilisées presque autant en hiver qu'en été. Il a été constaté qu'ils couraient dans la neige, la glace ou la boue, dans n'importe quoi. Ainsi, les soldes d'hiver sont de plus en plus importantes et la demande saisonnière est en partie retirée du revendeur. Et il trouve rentable d'acheter à l'avance en prévision des besoins. Nous n'avons donc pas de saisons dans la plante ; la production, jusqu'à ces deux dernières années, a été continue, à l'exception des arrêts annuels pour stocks. Nous avons connu une interruption pendant la période de dépression extrême, mais c'était une interruption rendue nécessaire par le processus de réajustement aux conditions du marché.

Afin d'atteindre une production continue et donc une rotation continue de l'argent, nous avons dû planifier nos opérations avec un soin extrême. Le plan de production est élaboré chaque mois avec beaucoup de soin entre les services commerciaux et de production, dans le but de produire suffisamment de voitures pour que ceux en transit s'occupent des commandes en cours. Autrefois, lorsque nous assemblions et expédiions des voitures, cela était de la plus haute importance car nous n'avions aucun endroit où stocker les voitures finies. Désormais, nous expédions des pièces au lieu de voitures et assemblons uniquement celles nécessaires au district de Détroit. La planification n'en est pas moins importante, car si le flux de production et le flux de commandes ne sont pas à peu près égaux, nous serons soit saturés de pièces invendues, soit en retard dans nos commandes. Lorsque vous fabriquez les pièces nécessaires à la fabrication de 4 000 voitures par jour, un tout petit peu de négligence dans la surestimation des commandes suffira à accumuler un stock fini se chiffrant en millions. Cela rend l'équilibrage des opérations extrêmement délicat.

Afin de réaliser un profit adéquat avec notre marge étroite, nous devons avoir un chiffre d'affaires rapide. Nous fabriquons des voitures pour vendre, pas pour stocker, et un mois de production invendue se transformerait en une somme sur laquelle les intérêts à eux seuls seraient énormes. La production est planifiée un an à l'avance et le nombre de voitures à fabriquer chaque mois de l'année est programmé, car bien sûr, c'est un gros problème d'avoir les matières premières et les pièces détachées que nous achetons encore de l'extérieur, affluant de manière cohérente. avec la production. Nous ne pouvons pas plus nous permettre de stocker d'importants stocks de produits finis que de matières premières. Tout doit entrer et sortir. Et nous avons réussi à nous en sortir de justesse. Il y a quelques années, l'usine de la Diamond Manufacturing Company a brûlé. Ils fabriquaient des pièces de radiateurs pour nous ainsi que des pièces en laiton – des tubes et des pièces moulées. Nous devions agir vite ou subir une grosse perte. Nous avons réuni les chefs de tous nos services, les modélistes et les dessinateurs . Ils travaillaient de vingt-quatre à quarante-huit heures d'affilée. Ils ont créé de nouveaux modèles ; la Diamond Company a loué une usine et a fait venir des machines par express. Nous leur avons fourni le reste du matériel et vingt jours plus tard, ils étaient à nouveau expédiés. Nous avions suffisamment de stock pour nous transporter, disons, pendant sept ou huit jours, mais cet incendie nous a empêchés d'expédier des voitures pendant dix ou quinze jours. Si nous n'avions pas eu de stock à l'avance, cela nous aurait retenu vingt jours et nos dépenses auraient continué.

Répéter. Le lieu où financer est le magasin. Cela ne nous a jamais fait défaut, et une fois, alors que l'on pensait que nous étions à court d'argent, cela a démontré de manière assez concluante combien il était possible de mieux financer de l'intérieur que de l'extérieur.

CHAPITRE XII

L'ARGENT : MAÎTRE OU SERVITEUR ?

En décembre 1920, les affaires du pays piétinaient. Plus d'usines automobiles furent fermées qu'il n'y en eut d'ouvertes, et bon nombre de celles qui furent fermées furent entièrement aux mains des banquiers. Des rumeurs de mauvaise situation financière circulaient concernant presque toutes les entreprises industrielles, et j'ai commencé à m'intéresser lorsque les rapports persistaient selon lesquels la Ford Motor Company non seulement avait besoin d'argent, mais ne pouvait pas l'obtenir. Je me suis habitué à toutes sortes de rumeurs sur notre entreprise, à tel point que de nos jours, je nie rarement toute sorte de rumeur . Mais ces rapports différaient de tous les précédents. Ils étaient si précis et circonstanciels. J'ai appris que j'avais surmonté mes préjugés contre l'emprunt et que l'on pouvait me trouver presque tous les jours à Wall Street, mon chapeau à la main, en train de demander de l'argent. Et la rumeur allait encore plus loin et disait que personne ne me donnerait d'argent et que je devrais peut-être rompre et mettre la clé sous la porte.

C'est vrai que nous avons eu un problème. En 1919, nous avions emprunté 70 000 000 $ de billets pour acheter la totalité des actions de la Ford Motor Company. Il nous restait 33 000 000 $ à payer. Nous avions 18 000 000 $ d'impôts sur le revenu dus ou sur le point de le devenir au gouvernement, et nous avions également l'intention de payer notre prime habituelle pour l'année aux ouvriers, qui s'élevait à 7 000 000 $. Au total, entre le 1er janvier et le 18 avril 1921, nous avons eu des paiements à venir totalisant 58 000 000 $. Nous n'avions que 20 000 000 $ en banque. Notre bilan était plus ou moins connu de tous et je suppose qu'il était tenu pour acquis que nous ne pouvions pas réunir les 38 000 000 $ nécessaires sans emprunter. Car cela représente une somme d'argent assez importante. Sans l'aide de Wall Street, une telle somme ne pourrait pas être réunie facilement et rapidement. Nous étions parfaitement bons pour l'argent. Deux ans auparavant, nous avions emprunté 70 000 000 $. Et comme tous nos biens étaient libres de toute charge et que nous n'avions aucune dette commerciale, la question de nous prêter une somme importante n'aurait normalement pas été une question d'importance. En fait, cela aurait été une bonne affaire bancaire.

Cependant, j'ai commencé à comprendre que notre besoin d'argent circulait assidûment comme une preuve d'un échec imminent. Puis j'ai commencé à soupçonner que, même si ces rumeurs circulaient dans des dépêches de tout le pays, elles pouvaient peut-être être attribuées à une seule source. Cette conviction s'est encore renforcée lorsque nous avons été informés qu'un très gros rédacteur financier se trouvait à Battle Creek et envoyait des bulletins concernant la gravité de notre situation financière. J'ai donc pris soin de ne démentir aucune rumeur . Nous avions fait nos plans financiers et ils ne prévoyaient pas d'emprunter de l'argent.

Je ne saurais trop insister sur le fait que le pire moment pour emprunter de l'argent est celui où les banquiers pensent que vous avez besoin d'argent. Dans le dernier chapitre, j'ai exposé nos principes financiers. Nous avons simplement appliqué ces principes. Nous avons prévu un grand ménage.

Revenez un peu en arrière et voyez quelles étaient les conditions. Au début des années 1920 apparurent les premiers signes indiquant que les activités spéculatives fébriles engendrées par la guerre n'allaient pas se poursuivre. Quelques entreprises nées de la guerre et n'ayant aucune véritable raison d'être ont échoué. Les gens ont ralenti leurs achats. Nos propres ventes se sont poursuivies, mais nous savions que tôt ou tard elles diminueraient. J'ai sérieusement pensé à baisser les prix, mais les coûts de fabrication étaient partout hors de contrôle. Le travail donnait de moins en moins en échange de salaires élevés. Les fournisseurs de matières premières refusèrent même de songer à revenir sur terre. Les avertissements très clairs de la tempête sont restés totalement ignorés.

En juin, nos propres ventes ont commencé à être affectées. Ils ont augmenté de moins en moins chaque mois de juin à septembre. Nous devions faire quelque chose pour mettre notre produit à la portée du pouvoir d'achat du public, et pas seulement cela, nous devions faire quelque chose d'assez drastique pour démontrer au public que nous jouions réellement au jeu et que nous ne nous contentions pas de faire honte. C'est pourquoi, en septembre, nous avons réduit le prix de la voiture de tourisme de 575 $ à 440 $. Nous avons réduit les prix bien en dessous du coût de production, car nous produisions toujours à partir de stocks achetés à des prix en plein essor. La coupe a fait sensation. Nous avons reçu de nombreuses critiques. On disait que nous étions dans des conditions inquiétantes. C'est exactement ce que nous essayions de faire. Nous voulions contribuer à faire passer les prix d'un niveau artificiel à un niveau naturel. Je suis fermement convaincu que si, à cette époque ou avant, les fabricants et les distributeurs avaient tous réduit drastiquement leurs prix et effectué un grand ménage, nous n'aurions pas connu une dépression économique aussi longue. S'accrocher dans l'espoir d'obtenir des prix plus élevés n'a fait que retarder l'ajustement. Personne n'a obtenu les prix plus élevés qu'il espérait, et si les pertes avaient été encaissées d'un seul coup, non seulement les pouvoirs de production et d'achat du pays se seraient harmonisés, mais nous aurions été épargnés de cette longue période d'oisiveté générale. S'accrocher dans l'espoir de prix plus élevés n'a fait qu'aggraver les pertes, car ceux qui s'accrochaient devaient payer des intérêts sur leurs actions à prix élevé et perdaient également les bénéfices qu'ils auraient pu réaliser en travaillant de manière raisonnable. Le chômage a réduit la répartition des salaires et l'acheteur et le vendeur se sont ainsi trouvés de plus en plus séparés. On a beaucoup parlé de la possibilité d'accorder de vastes crédits à l'Europe, l'idée étant que les actions à prix élevés pourraient ainsi être détournées. Bien entendu, les propositions n'étaient pas formulées d'une manière aussi grossière, et je pense que beaucoup de gens croyaient sincèrement que si des crédits importants étaient accordés à l'étranger, même sans espoir de paiement du principal ou des intérêts, les entreprises américaines en bénéficieraient d'une manière ou d'une autre. . Il est vrai que si ces crédits avaient été accaparés par les banques américaines, ceux qui possédaient des actions à des prix élevés auraient pu s'en débarrasser avec profit, mais les banques auraient acquis tellement de crédits gelés qu'elles auraient ressemblé davantage à des glacières. que les banques. Je suppose qu'il est naturel de s'accrocher à la possibilité de réaliser des bénéfices jusqu'au tout dernier moment, mais ce n'est pas une bonne affaire.

Nos propres ventes, après la réduction, ont augmenté, mais elles ont rapidement recommencé à baisser. Nous n'étions pas suffisamment à la hauteur du pouvoir d'achat du pays pour faciliter les achats. Les prix de détail n'ont généralement pas touché le fond. Le public se méfiait de tous les prix. Nous avons élaboré des plans pour une nouvelle réduction et avons maintenu notre production à environ cent mille voitures par mois. Cette production n'était pas justifiée par nos ventes mais nous souhaitions transformer le plus possible de notre matière première en produit fini avant de fermer. Nous savions que nous devions fermer nos portes pour faire un inventaire et faire le ménage. Nous voulions ouvrir avec une autre coupe importante et disposer de voitures pour répondre à la demande. Les nouvelles voitures pourraient alors être construites à partir de matériaux achetés à des prix inférieurs. Nous avons décidé que nous obtiendrions des prix plus bas.

Nous avons fermé nos portes en décembre avec l'intention de rouvrir dans environ deux semaines. Nous avons trouvé tellement de choses à faire que nous n'avons pas ouvert pendant près de six semaines. Au moment où nous avons mis fin aux rumeurs concernant notre situation financière, elles sont devenues de plus en plus actives. Je sais que beaucoup de gens espéraient que nous devions partir à la recherche de l'argent, car si nous recherchions de l'argent, nous devrions alors nous mettre d'accord. Nous n'avons pas demandé d'argent. Nous ne voulions pas d'argent. Nous avons reçu une offre d'argent. Un dirigeant d'une banque de New York m'a appelé avec un plan financier qui prévoyait un prêt important et qui prévoyait également un arrangement selon lequel un représentant des banquiers agirait en tant que trésorier et prendrait en charge les finances de l'entreprise. Ces gens avaient de bonnes intentions, j'en suis sûr. Nous ne voulions pas emprunter d'argent, mais il se trouve qu'à ce moment-là, nous n'avions pas de trésorier. Dans cette mesure, les banquiers avaient correctement envisagé notre situation. J'ai demandé à mon fils Edsel d'être trésorier ainsi que président de l'entreprise. Cela nous a donné un trésorier, donc les banquiers ne pouvaient vraiment rien faire pour nous.

Puis nous avons commencé notre ménage. Pendant la guerre, nous avions entrepris de nombreux travaux de guerre et avons donc été contraints de nous éloigner de notre principe du produit unique. Cela a entraîné l'ajout de nombreux nouveaux départements. Les effectifs de bureau s'étaient accrus et une grande partie du gaspillage d'une production dispersée s'était glissée. Le travail de guerre est un travail précipité et un travail inutile. Nous avons commencé à jeter tout ce qui ne contribuait pas à la production automobile.

Le seul paiement immédiat prévu était le paiement purement volontaire d'une prime de sept millions de dollars à nos ouvriers. Il n'y avait aucune obligation de payer, mais nous voulions payer le premier janvier. Que nous avons payé avec notre argent disponible.

Nous disposons de trente-cinq succursales dans tout le pays . Ce sont toutes des usines d'assemblage, mais dans vingt-deux d'entre elles, des pièces sont également fabriquées. Ils avaient arrêté la fabrication de pièces mais ils continuaient à assembler des voitures. Au moment de la fermeture, nous n'avions pratiquement aucune voiture à Détroit. Nous avions expédié toutes les pièces et, en janvier, les concessionnaires de Détroit ont dû se rendre jusqu'à Chicago et Columbus pour obtenir des voitures répondant aux besoins locaux. Les succursales expédiaient à chaque concessionnaire, dans le cadre de son quota annuel, suffisamment de voitures pour couvrir environ un mois de ventes. Les concessionnaires ont travaillé dur sur les ventes. Vers la fin du mois de janvier, nous avons fait appel à une organisation minimale d'environ dix mille hommes, pour la plupart des contremaîtres, des sous-contremaîtres et des chefs de paille, et nous avons lancé la production d'Highland Park. Nous collections nos comptes à l'étranger et vendions nos sous-produits.

Nous étions alors prêts pour la production complète. Et progressivement, nous sommes passés à la pleine production, sur une base rentable. Le ménage a balayé les déchets qui avaient à la fois fait monter les prix et absorbé les bénéfices. Nous avons vendu les trucs inutiles. Avant, nous employions quinze hommes par voiture et par jour. Ensuite, nous en avons employé neuf par voiture et par jour. Cela ne veut pas dire que six hommes sur quinze ont perdu leur emploi. Ils ont seulement cessé d'être improductifs. Nous avons réalisé cette réduction en appliquant la règle selon laquelle tout et tout le monde doit produire ou sortir.

Nous avons réduit de moitié nos effectifs de bureau et avons offert aux employés de meilleurs emplois dans les magasins. La plupart d'entre eux ont accepté le poste. Nous avons aboli toute commande à blanc et toute forme de statistiques qui ne contribuaient pas directement à la production d'une voiture. Nous avions collecté des tonnes de statistiques parce qu'elles étaient intéressantes. Mais les statistiques ne construiront pas d'automobiles – alors elles s'en vont.

Nous en avons retiré 60 pour cent. de nos extensions téléphoniques. Seuls quelques hommes, dans une organisation, ont besoin d'un téléphone. Nous avions autrefois un contremaître pour cinq hommes ; maintenant nous avons un contremaître pour vingt hommes. Les autres contremaîtres travaillent sur des machines.

Nous avons réduit les frais généraux de 146 dollars par voiture à 93 dollars par voiture, et quand vous comprendrez ce que cela signifie sur plus de quatre mille voitures par jour, vous aurez une idée de comment, non pas par l'économie, non pas par la réduction des salaires, mais par l'élimination des déchets, il est possible de fixer un prix « impossible ». Plus important encore, nous avons découvert comment utiliser moins d'argent dans notre entreprise en accélérant le chiffre d'affaires. Et dans l'augmentation du taux de rotation, l'un des facteurs les plus importants a été le Detroit, Toledo, & Ironton Railroad, que nous avons acheté. Le chemin de fer occupait une grande place dans le plan économique. À la route elle-même, j'ai donné un autre chapitre.

Nous avons découvert, après quelques expérimentations, que le service de fret pouvait être suffisamment amélioré pour réduire le cycle de fabrication de vingt-deux à quatorze jours. Autrement dit, la matière première pourrait être achetée, fabriquée et le produit fini mis entre les mains du distributeur dans (environ) 33 pour cent. moins de temps qu'avant. Nous avions un stock d'environ 60 000 000 $ pour assurer une production ininterrompue. Réduisant le délai, un tiers a débloqué 20 000 000 $, soit 1 200 000 $ par an en intérêts. En comptant le stock fini, nous avons économisé environ 8 000 000 $ de plus, c'est-à-dire que nous avons pu libérer 28 000 000 $ de capital et économiser les intérêts sur cette somme.

Le 1er janvier, nous avions 20 000 000 $. Le 1er avril, nous disposions de 87 300 000 $, soit 27 300 000 $ de plus que ce dont nous avions besoin pour effacer toute notre dette. C'est ce que le fait de s'ennuyer dans le métier a fait pour nous ! Ce montant nous est parvenu sous la forme de ces postes :

Encaisse, janvier 20 000 000 $
Stock en caisse transformé en espèces, 1er janvier au 1er avril 24 700 000
Accélération du transit des marchandises dédouanées 28 000 000
Recueilli auprès des agents à l'étranger 3 000 000 Vente de sous-produits 3 700 000 Vente de Liberty Bonds 7 900 000

TOTAL 87 300 000 $

Maintenant, j'ai raconté tout cela non pas à la manière d'un exploit, mais pour montrer comment une entreprise peut trouver des ressources en elle-même au lieu d'emprunter, et aussi pour commencer à réfléchir un peu à la question de savoir si la forme de notre argent ne pourrait pas constituer un avantage. prime sur l'emprunt et donner ainsi une bien trop grande place aux banquiers dans la vie.

Nous aurions pu emprunter 40 000 000 $, soit davantage si nous l'avions voulu. Supposons que nous ayons emprunté, que se serait-il passé ? Aurions-nous dû être mieux préparés pour poursuivre nos activités ? Ou pire encore ? Si nous avions emprunté, nous n'aurions pas été obligés de trouver des méthodes pour réduire le prix de la production. Si nous avions pu obtenir l'argent à 6 pour cent. plat – et nous aurions dû payer plus que cela en termes de commissions et autres –, les seuls intérêts sur une production annuelle de 500 000 voitures se seraient élevés à environ quatre dollars par voiture. Nous devrions donc désormais nous retrouver privés du bénéfice d'une meilleure production et accablés par une lourde dette. Nos voitures coûteraient probablement une centaine de dollars de plus qu'elles ne coûtent actuellement ; nous aurions donc une production moindre, car nous ne pourrions avoir autant d'acheteurs ; nous emploierions moins d'hommes, et enfin nous ne pourrions pas servir au maximum. Vous remarquerez que les financiers proposaient de guérir en prêtant de l'argent et non en améliorant les méthodes. Ils n'ont pas suggéré de faire appel à un ingénieur ; ils voulaient nommer un trésorier.

Et c'est là le danger d'avoir des banquiers en affaires. Ils pensent uniquement en termes d'argent. Ils considèrent qu'une usine rapporte de l'argent et non des marchandises. Ils veulent surveiller l'argent, pas l'efficacité de la production. Ils ne peuvent pas comprendre qu'une entreprise ne s'arrête jamais, qu'elle doit avancer ou reculer. Ils considèrent la baisse des prix comme une perte de profit plutôt que comme un développement commercial.

Les banquiers jouent un rôle bien trop important dans la conduite de l'industrie. La plupart des hommes d'affaires admettront ce fait en privé. Ils l'admettent rarement publiquement parce qu'ils ont peur de leurs banquiers. Il fallait moins de compétences pour faire fortune dans le commerce de l'argent que dans celui de la production. Le banquier moyen qui réussit n'est en aucun cas aussi intelligent et ingénieux que l'homme d'affaires prospère moyen. Pourtant, le banquier, par son contrôle du crédit, contrôle pratiquement l'homme d'affaires moyen.

Les banquiers ont déployé de grands efforts au cours des quinze ou vingt dernières années – et surtout depuis la guerre – et la Réserve fédérale a mis pendant un certain temps entre leurs mains une offre de crédit presque illimitée. Le banquier est, comme je l'ai noté, de par sa formation et en raison de sa position, totalement inapte à la conduite de l'industrie. Si donc les contrôleurs du crédit ont récemment acquis ce très grand pouvoir, ne faut-il pas y voir le signe qu'il y a quelque chose qui ne va pas dans le système financier qui donne à la finance au lieu de servir le pouvoir prédominant dans l'industrie ? Ce n'est pas le sens industriel des banquiers qui les a amenés à diriger l'industrie. Tout le monde l'admettra. Ils y ont été poussés, bon gré mal gré, par le système lui-même. C'est pourquoi je souhaite personnellement savoir si nous opérons dans le cadre du meilleur système financier.

Maintenant, permettez-moi de dire tout de suite que mon objection aux banquiers n'a rien à voir avec les personnalités. Je ne suis pas contre les banquiers en tant que tels. Nous avons cruellement besoin d'hommes réfléchis et compétents en finance. Le monde ne peut pas continuer sans services bancaires. Nous devons avoir de l'argent. Nous devons avoir du crédit. Autrement, les fruits de la production ne pourraient pas être échangés. Nous devons avoir du capital. Sans cela, il ne pourrait y avoir de production. Mais la question de savoir si nous avons fondé nos activités bancaires et notre crédit sur de bonnes bases est une tout autre affaire.

Cela ne fait pas partie de mes intentions d'attaquer notre système financier. Je ne suis pas dans la position de quelqu'un qui a été battu par le système et qui veut se venger. Pour moi personnellement, ce que font les banquiers ne fait pas la moindre différence, car nous avons pu gérer nos affaires sans aide financière extérieure. Mon enquête n'est motivée par aucun motif personnel. Je veux seulement savoir si le plus grand bien est rendu au plus grand nombre.

Aucun système financier ne favorise une catégorie de producteurs par rapport à une autre. Nous voulons découvrir s'il n'est pas possible de retirer un pouvoir qui ne repose pas sur la création de richesses. Toute sorte de législation de classe est pernicieuse. Je pense que les méthodes de production du pays ont tellement changé que l'or n'est plus le meilleur moyen de le mesurer, et que l'étalon-or, en tant que moyen de contrôle du crédit, donne, tel qu'il est maintenant (et je crois inévitablement), administré , avantage de classe. Le contrôle ultime du crédit est la quantité d'or dans le pays, quelle que soit la richesse du pays.

Je ne suis pas prêt à dogmatiser sur le sujet de l'argent ou du crédit. En ce qui concerne l'argent et le crédit, personne n'en sait encore assez pour dogmatiser. Il faudra régler toute cette question, comme toutes les autres questions d'importance réelle, et cela par une expérience prudente et bien fondée. Et je ne suis pas enclin à aller au-delà d'expérimentations prudentes. Nous devons procéder étape par étape et avec beaucoup de prudence. La question n'est pas politique, elle est économique, et je suis parfaitement certain qu'aider les gens à réfléchir sur la question est tout à fait avantageux.

Ils n'agiront pas sans connaissances adéquates, et ne provoqueront donc pas de désastre, si un effort sincère est fait pour leur fournir ces connaissances. La question de l'argent occupe la première place dans une multitude d'esprits de tous degrés et de tous pouvoirs. Mais un coup d'œil à la plupart des systèmes miracles montre à quel point ils sont contradictoires. La majorité d'entre eux partent du principe de l'honnêteté parmi l'humanité, et cela, bien sûr, est un défaut majeur. Même notre système actuel fonctionnerait à merveille si tous les hommes étaient honnêtes. En fait, toute la question de l'argent est de 95 pour cent. nature humaine ; et votre système efficace doit contrôler la nature humaine et non en dépendre.

Les gens réfléchissent à la question de l'argent ; et si les maîtres de l'argent ont des informations qu'ils pensent que le peuple devrait avoir pour éviter qu'il ne s'égare, c'est le moment de les donner. Les jours s'éloignent rapidement où la peur d'une réduction du crédit l'emportera ou où les slogans verbeux feront peur. Le peuple est naturellement conservateur. Ils sont plus conservateurs que les financiers. Ceux qui croient que le peuple est si facilement dirigé qu'il permettrait aux presses à imprimer de dépenser de l'argent comme des tickets de lait ne les comprennent pas. C'est la conservation innée du peuple qui a permis à notre argent de rester bon malgré les tours fantastiques que jouent les financiers – et qu'ils dissimulent sous des termes techniques élevés.

Les gens sont du côté d'une monnaie saine. Ils sont si invariablement du côté de la monnaie saine que la question se pose sérieusement de savoir comment ils considéreraient le système dans lequel ils vivent, s'ils savaient un jour ce que les initiés peuvent en faire.

Le système monétaire actuel ne sera pas modifié par des discours, du sensationnalisme politique ou des expériences économiques. Cela va changer sous la pression des conditions – des conditions que nous ne pouvons pas contrôler et des pressions que nous ne pouvons pas contrôler. Ces conditions sont désormais réunies ; cette pression est désormais sur nous.

Il faut aider les gens à penser naturellement à l'argent. Il faut leur dire ce que c'est, ce qui rapporte de l'argent et quelles sont les astuces possibles du système actuel qui place les nations et les peuples sous le contrôle d'une minorité .

Après tout, l'argent est extrêmement simple. Cela fait partie de notre système de transport. Il s'agit d'une méthode simple et directe de transport de marchandises d'une personne à une autre. L'argent est en soi ce qu'il y a de plus admirable. C'est essentiel. Ce n'est pas intrinsèquement mauvais. C'est l'un des appareils les plus utiles dans la vie sociale. Et lorsqu'il fait ce pour quoi il est censé faire, il ne s'agit que d'une aide et non d'un obstacle.

Mais l'argent devrait toujours être de l'argent. Un pied fait toujours douze pouces, mais quand un dollar est-il un dollar ? Si le poids des tonnes changeait dans le parc à charbon, et si les mesures de débourrage changeaient dans l'épicerie, et si les étalons mesuraient aujourd'hui 42 pouces et demain 33 pouces (par un processus occulte appelé "échange"), les gens pourraient bientôt remédier à cela. Quand un dollar n'est pas toujours un dollar, quand le dollar de 100 cents devient le dollar de 65 cents, puis le dollar de 50 cents, puis le dollar de 47 cents, comme l'ont fait les bons vieux dollars américains en or et en argent, que se passera-t-il ? est-ce à quoi sert de crier sur « l'argent bon marché », « l'argent déprécié » ? Un dollar qui reste à 100 cents est aussi nécessaire qu'une livre qui reste à 16 onces et un yard qui reste à 36 pouces.

Les banquiers qui effectuent des opérations bancaires pures devraient se considérer naturellement comme les premiers hommes à sonder et à comprendre notre système monétaire – au lieu de se contenter de la maîtrise des méthodes bancaires locales ; et s'ils voulaient priver les joueurs des comptes bancaires du nom de « banquier » et les évincer une fois pour toutes de la place d'influence que ce nom leur donne, la banque serait restaurée et établie comme le service public qu'elle devrait être, et les iniquités du système monétaire et des dispositifs financiers actuels seraient retirées des épaules du peuple.

Il y a bien sûr un « si » ici. Mais ce n'est pas insurmontable. Les choses sont déjà dans une impasse, et si ceux qui possèdent les moyens techniques ne s'engagent pas à remédier au problème, ceux qui ne disposent pas de ces moyens peuvent tenter de le faire. Rien n'est plus insensé que de croire qu'une classe sociale quelconque considère le progrès comme une attaque contre elle. Le progrès n'est qu'un appel qui lui est fait pour qu'il mette son expérience au service du progrès général. Seuls ceux qui sont imprudents tenteront de faire obstacle au progrès et en deviendront ainsi les victimes. Nous sommes tous ici ensemble, nous devons tous avancer ensemble ; il est parfaitement stupide de la part d'un homme ou d'une classe quelconque de s'offusquer du mouvement de progrès. Si les financiers estiment que le progrès n'est qu'une inquiétude de personnes faibles d'esprit, s'ils considèrent toute suggestion d'amélioration comme une gifle personnelle, alors ils prennent un rôle qui prouve plus que toute autre chose leur incapacité à continuer à diriger.

Si le système défectueux actuel est plus profitable à un financier qu'un système plus parfait ne le serait, et si ce financier accorde plus d'importance aux quelques années restantes de profits personnels qu'il n'apprécierait l'honneur d'apporter une contribution à la vie du monde en en aidant à construire un meilleur système, il n'y a alors aucun moyen d'empêcher un conflit d'intérêts. Mais il est juste de dire aux intérêts financiers égoïstes que, si leur combat est mené pour perpétuer un système simplement parce qu'il leur profite, alors leur combat est déjà perdu. Pourquoi la finance devrait-elle avoir peur ? Le monde sera toujours là. Les hommes feront des affaires entre eux. Il y aura de l'argent et il faudra des maîtres du mécanisme de l'argent. Rien ne va partir à part les nœuds et les enchevêtrements. Il y aura bien sûr quelques réajustements. Les banques ne seront plus les maîtres de l'industrie. Ils seront les serviteurs de l'industrie. Les entreprises contrôleront l'argent au lieu que ce soit l'argent qui contrôle les affaires. Le système d'intérêts ruineux sera grandement modifié. La banque ne sera pas un risque, mais un service. Les banques commenceront à faire bien plus pour le peuple qu'elles ne le font aujourd'hui, et au lieu de devenir les entreprises les plus coûteuses au monde à gérer et les plus rentables en matière de dividendes, elles deviendront moins coûteuses et les bénéfices des banques deviendront moins coûteux. leur opération ira à la communauté qu'ils servent.

Deux faits de l'ordre ancien sont fondamentaux. Premièrement : au sein même de la nation, la tendance au contrôle financier s'exerce sur les plus grandes institutions bancaires centralisées – soit une banque d'État, soit un groupe étroitement lié de financiers privés. Il existe toujours dans chaque nation un contrôle précis du crédit par des intérêts privés ou semi-publics. Deuxièmement : dans le monde dans son ensemble, la même tendance centralisatrice est à l'œuvre. Le crédit américain est sous le contrôle des intérêts new-yorkais, comme avant la guerre le crédit mondial était contrôlé par Londres : la livre sterling britannique était l'étalon d'échange pour le commerce mondial.

Deux méthodes de réforme s'offrent à nous : l'une commençant par le bas et l'autre commençant par le haut. Cette dernière solution est la plus ordonnée, tandis que la première est actuellement testée en Russie. Si notre réforme doit commencer au sommet, elle nécessitera une vision sociale et une ferveur altruiste d'une sincérité et d'une intensité totalement incompatibles avec une astuce égoïste.

La richesse du monde ne consiste ni n'est représentée de manière adéquate par l'argent du monde. L'or en lui-même n'est pas une marchandise précieuse. Ce n'est pas plus une richesse que les chèques de chapeau ne sont des chapeaux. Mais il peut être manipulé à tel point, en tant que signe de richesse, qu'il donne à ses propriétaires ou à ses contrôleurs le contrôle du crédit dont ont besoin les producteurs de richesse réelle. Le commerce de l'argent, marchandise d'échange, est un commerce très lucratif. Lorsque l'argent lui-même devient un article de commerce devant être acheté et vendu avant que la richesse réelle puisse être déplacée ou échangée, les usuriers et les spéculateurs sont ainsi autorisés à imposer un impôt sur la production. L'emprise que les contrôleurs de la monnaie sont capables d'exercer sur les forces productives apparaît plus puissante si l'on considère que, même si la monnaie est censée représenter la richesse réelle du monde, il y a toujours bien plus de richesse que d'argent, et la vraie richesse est souvent obligée d'attendre l'argent, conduisant ainsi à la situation la plus paradoxale : un monde rempli de richesse mais souffrant du besoin.

Ces faits ne sont pas simplement fiscaux, à chiffrer et à laisser là. Ils sont instinctifs avec le destin humain et ils saignent. La pauvreté dans le monde est rarement causée par le manque de biens mais par une « rigueur financière ». La concurrence commerciale entre les nations, qui conduit à la rivalité internationale et à la mauvaise volonté, qui à leur tour engendrent les guerres : telles sont quelques-unes des significations humaines de ces faits. Ainsi, la pauvreté et la guerre, deux grands maux évitables, poussent sur une seule et même tige.

Voyons si un début vers une meilleure méthode ne peut être fait.

CHAPITRE XIII

POURQUOI ÊTRE PAUVRE ?

La pauvreté a plusieurs sources, dont les plus importantes sont contrôlables. Il en va de même pour le privilège spécial. Je pense qu'il est tout à fait possible d'abolir à la fois la pauvreté et les privilèges spéciaux – et il ne fait aucun doute que leur abolition est souhaitable. Les deux ne sont pas naturels, mais c'est le travail, et non la loi, dont nous devons attendre les résultats.

Par pauvreté, j'entends le manque de nourriture, de logement et de vêtements raisonnablement suffisants pour un individu ou une famille. Il devra y avoir des différences dans les niveaux de subsistance. Les hommes ne sont pas égaux ni en mentalité ni en physique. Tout projet qui part de l'hypothèse que les hommes sont ou devraient être égaux n'est pas naturel et donc irréalisable. Il ne peut y avoir de processus réalisable ou souhaitable de nivellement par le bas. Une telle démarche ne fait que promouvoir la pauvreté en la rendant universelle plutôt qu'exceptionnelle. Forcer le producteur efficace à devenir inefficace ne rend pas le producteur inefficace plus efficace. La pauvreté ne peut être éliminée que par l'abondance, et nous sommes maintenant assez avancés dans la science de la production pour pouvoir entrevoir, comme un développement naturel, le jour où la production et la distribution seront si scientifiques que tous pourront capacité et industrie.

Les socialistes extrémistes se sont trompés dans leur raisonnement selon lequel l'industrie écraserait inévitablement le travailleur. L'industrie moderne élève progressivement le travailleur et le monde. Il nous suffit d'en savoir plus sur la planification et les méthodes. Les meilleurs résultats peuvent être obtenus et seront obtenus par l'initiative et l'ingéniosité individuelles – par un leadership individuel intelligent. Le gouvernement, parce qu'il est essentiellement négatif, ne peut apporter une aide positive à aucun programme réellement constructif . Elle peut apporter une aide négative, en éliminant les obstacles au progrès et en cessant d'être un fardeau pour la communauté.

Les causes sous-jacentes de la pauvreté, telles que je les vois, sont essentiellement dues au mauvais ajustement entre la production et la distribution, tant dans l'industrie que dans l'agriculture, entre la source d'énergie et son application. Les gaspillages dus au manque d'ajustement sont énormes. Tous ces gaspillages doivent tomber devant des dirigeants intelligents consacrés au service. Tant que les dirigeants penseront davantage à l'argent qu'au service, le gaspillage continuera. Le gaspillage est évité par des hommes clairvoyants et non par des hommes myopes. Les hommes myopes pensent d'abord à l'argent. Ils ne peuvent pas voir les déchets. Ils considèrent le service comme altruiste plutôt que comme la chose la plus pratique au monde. Ils ne peuvent pas s'éloigner suffisamment des petites choses pour voir les grandes choses, pour voir la chose la plus importante de toutes, à savoir que la production opportuniste, du point de vue purement monétaire, est la moins rentable.

Le service peut être basé sur l'altruisme, mais ce type de service n'est généralement pas le meilleur. Le sentimental fait trébucher le pratique.

Ce n'est pas que les entreprises industrielles soient incapables de répartir équitablement une part de la richesse qu'elles créent. C'est simplement que le gaspillage est si important qu'il n'y a pas une part suffisante pour tous ceux qui y participent, malgré le fait que le produit est généralement vendu à un prix si élevé qu'il limite sa consommation maximale.

Prenez quelques déchets. Prenez le gaspillage de pouvoir. La vallée du Mississippi est dépourvue de charbon. À travers son centre , déversent plusieurs millions de chevaux potentiels : le fleuve Mississippi. Mais si les gens qui habitent sur ses rives veulent de l'électricité ou du chauffage, ils achètent du charbon qui a été transporté sur des centaines de kilomètres et doit par conséquent être vendu bien au-dessus de sa valeur sous forme de chaleur ou d'électricité. Ou bien, s'ils n'ont pas les moyens d'acheter ce charbon coûteux, ils vont abattre des arbres, se privant ainsi de l'un des grands conservateurs de l'énergie hydraulique. Jusqu'à récemment, ils n'avaient jamais pensé à l'énergie disponible qui, pour presque rien au-delà du coût initial, pourrait chauffer, éclairer, cuisiner et faire fonctionner l'immense population que cette vallée est destinée à nourrir.

Le remède à la pauvreté ne réside pas dans l'économie personnelle mais dans une meilleure production. Les idées d'« économie » et d'« économie » ont été surmenées. Le mot « économie » représente une peur. Le fait grand et tragique du gaspillage est imprimé dans un esprit par certaines circonstances, généralement d'une nature très matérialiste. Il y a une réaction violente contre l'extravagance : l'esprit s'empare de l'idée d'« économie ». Mais il ne fait que passer d'un mal plus grand à un mal moindre ; il ne fait pas le chemin complet de l'erreur à la vérité.

L'économie est la règle des esprits à moitié vivants. Il ne fait aucun doute que c'est mieux que le gaspillage ; il ne fait aucun doute non plus que ce n'est pas aussi bon que l'usage. Les gens qui sont fiers de leur économie la considèrent comme une vertu. Mais quoi de plus pitoyable qu'un pauvre esprit coincé qui passe des jours et des années riches à s'accrocher à quelques morceaux de métal ? Qu'y a-t-il de bien à réduire au plus vite les nécessités de la vie ? Nous connaissons tous des « gens économiques » qui semblent être mesquins, même en ce qui concerne la quantité d'air qu'ils respirent et l'appréciation qu'ils se permettent d'accorder à quoi que ce soit. Ils se ratatinent, corps et âme. L'économie est un gaspillage : c'est un gaspillage du jus de la vie, de la sève de la vie. Car il existe deux sortes de gaspillage : celui du prodigue qui jette sa substance dans une vie tumultueuse, et celui du paresseux qui laisse pourrir sa substance faute de l'utiliser. L'économiseur rigide risque d'être classé parmi les paresseux. L'extravagance est généralement une réaction à la suppression des dépenses. L'économie sera probablement une réaction à l'extravagance.

Tout nous a été donné à utiliser. Il n'y a aucun mal dont nous souffrons qui ne soit pas le résultat d'une mauvaise utilisation. Le pire péché que nous puissions commettre contre les choses de notre vie commune est d'en abuser . « Utilisation abusive » est le terme le plus large. Nous aimons dire « gaspillage », mais le gaspillage n'est qu'une phase d'une mauvaise utilisation. Tout déchet est une mauvaise utilisation ; tout abus est un gaspillage.

Il est même possible de surestimer l'habitude d'épargner. Il est juste et souhaitable que chacun ait une marge ; c'est vraiment du gaspillage de ne pas en avoir un, si vous pouvez en avoir un. Mais cela peut être exagéré. Nous apprenons aux enfants à économiser leur argent. En tant que tentative de contrecarrer les dépenses irréfléchies et égoïstes, cela a une valeur. Mais ce n'est pas positif ; cela ne conduit pas l'enfant vers des voies sûres et utiles d'expression personnelle ou de dépense personnelle. Il vaut mieux apprendre à un enfant à investir et à utiliser que de lui apprendre à épargner. La plupart des hommes qui épargnent laborieusement quelques dollars feraient mieux d'investir ces quelques dollars, d'abord dans eux-mêmes, puis dans un travail utile. À terme, ils auraient davantage à épargner. Les jeunes hommes devraient investir plutôt qu'épargner. Ils devraient investir en eux-mêmes pour accroître la valeur créative ; une fois qu'ils auront atteint le sommet de leur utilité, il sera alors temps de songer à mettre de côté, à titre de politique fixe, une certaine part substantielle de leurs revenus. Vous n'économisez pas lorsque vous vous empêchez de devenir plus productif. Vous enlevez réellement votre capital ultime ; vous réduisez la valeur d'un des investissements de la nature. Le principe d'utilisation est le véritable guide. L'utilisation est positive, active, vivifiante . L'usage est vivant. L'usage ajoute à la somme du bien.

Le besoin personnel peut être évité sans changer l'état général. Les augmentations de salaires, les augmentations de prix, les augmentations de bénéfices, et d'autres types d'augmentations destinées à apporter plus d'argent ici ou là, ne sont que des tentatives de telle ou telle classe pour se sortir du feu, indépendamment de ce qui peut arriver à tout le monde. Il existe une croyance insensée selon laquelle si seulement l'argent peut être obtenu, la tempête peut être surmontée d'une manière ou d'une autre. Les travaillistes estiment que s'ils parviennent à obtenir davantage de salaires, ils pourront résister à la tempête. Le capital pense que s'il parvient à réaliser davantage de profits, il pourra résister à la tempête. Il existe une foi pathétique dans ce que l'argent peut faire. L'argent est très utile en temps normal, mais l'argent n'a pas plus de valeur que les personnes qui y ont investi par la production, et il peut être très mal utilisé. Il peut être vénéré de manière si superstitieuse comme substitut à la richesse réelle qu'il en détruit complètement la valeur.

L'idée persiste qu'il existe un conflit essentiel entre l'industrie et l'agriculture. Un tel conflit n'existe pas. Il est absurde de dire que parce que les villes sont surpeuplées, tout le monde devrait retourner à la ferme. Si tout le monde le faisait, l'agriculture perdrait bientôt son statut d'occupation satisfaisante. Il n'est pas plus judicieux que tout le monde se précipite vers les villes manufacturières. Si les fermes sont désertées, à quoi servent les industriels ? Une réciprocité peut exister entre l'agriculture et l'industrie manufacturière. Le fabricant peut donner à l'agriculteur ce dont il a besoin pour être un bon agriculteur, et l'agriculteur et les autres producteurs de matières premières peuvent donner au fabricant ce dont il a besoin pour être un bon fabricant. Ensuite, avec le transport comme messager, nous aurons une écurie et un système de sonorisation construits sur le service. Si nous vivons dans des communautés plus petites où la tension de la vie n'est pas si élevée et où les produits des champs et des jardins peuvent être obtenus sans l'interférence de tant de profiteurs, il y aura peu de pauvreté ou de troubles.

Regardez toute cette question du travail saisonnier. Prenons la construction comme exemple de commerce saisonnier. Quel gaspillage d'énergie que de permettre aux constructeurs d'hiberner pendant l'hiver, en attendant que la saison de construction arrive !

Et quel tout aussi gaspillage de compétences que de forcer des artisans expérimentés qui sont allés dans des usines pour échapper à la perte de la saison hivernale, à conserver leur emploi en usine pendant la saison de construction, parce qu'ils ont peur de ne pas retrouver leur place d'usine à la fin de la saison. hiver. Quel gâchis ce système appliqué toute l'année a été ! Si l'agriculteur pouvait s'éloigner de son atelier pour cultiver sa ferme pendant les saisons de plantation, de croissance et de récolte (elles ne représentent qu'une petite partie de l'année, après tout), et si le constructeur pouvait s'éloigner de son atelier pour travailler un commerce utile en sa saison, à quel point ils seraient meilleurs et à quel point le monde avancerait plus facilement.

Supposons que nous déménagions tous dehors chaque printemps et chaque été et que nous vivions la vie saine du plein air pendant trois ou quatre mois ! Nous ne pouvions pas avoir de « périodes creuses ».

La ferme a sa saison maussade. C'est le moment pour l'agriculteur de venir à l'usine et d'aider à produire les choses dont il a besoin pour cultiver la ferme. L'usine connaît aussi sa saison maussade. C'est le moment pour les ouvriers d'aller à la terre pour aider à produire de la nourriture. Nous pourrions ainsi réduire le relâchement du travail et rétablir l'équilibre entre l'artificiel et le naturel.

Mais la vision plus équilibrée de la vie que nous obtiendrons ainsi ne serait pas le moindre bénéfice. Le mélange des arts n'est pas seulement bénéfique d'un point de vue matériel, mais il favorise la largeur d'esprit et l'équité du jugement. Une grande partie de nos troubles actuels sont le résultat d'un jugement étroit et préjugé. Si notre travail était plus diversifié, si nous voyions plus d'aspects de la vie, si nous voyions à quel point un facteur est nécessaire par rapport à un autre, nous serions plus équilibrés. Tout homme est meilleur pour une période de travail à ciel ouvert.

Ce n'est pas du tout impossible. Ce qui est souhaitable et juste n'est jamais impossible. Cela signifierait seulement un peu de travail d'équipe – un peu moins d'attention aux ambitions cupides et un peu plus d'attention à la vie.

Ceux qui sont riches trouvent souhaitable de partir trois ou quatre mois par an et de flâner dans l'oisiveté autour d'une station balnéaire chic d'hiver ou d'été. La base du peuple américain ne perdrait pas son temps de cette façon, même si elle le pouvait. Mais ils fourniraient le travail d'équipe nécessaire à un emploi saisonnier à l'extérieur.

Il n'est guère possible de douter qu'une grande partie des troubles que nous observons autour de nous soient le résultat de modes de vie contre nature. Les hommes qui font continuellement la même chose toute l'année et qui sont privés de la santé du soleil et de l'espace des grands espaces extérieurs ne sont guère à blâmer s'ils voient les choses sous un jour déformé. Et cela s'applique aussi bien au capitaliste qu'au travailleur.

Qu'y a-t-il dans la vie qui devrait entraver un mode de vie normal et sain ? Et qu'y a-t-il dans l'industrie d'incompatible avec que tous les arts reçoivent à leur tour l'attention de ceux qui sont qualifiés pour y servir ? On pourrait objecter que si les forces industrielles étaient retirées des ateliers chaque été, cela entraverait la production. Mais il faut considérer la question d'un point de vue universel. Il faut considérer l'énergie accrue des forces industrielles après trois ou quatre mois de travail en extérieur. Il faut aussi considérer l'effet sur le coût de la vie qui résulterait d'un retour général aux champs.

Nous avons, comme je l'ai indiqué dans un chapitre précédent, travaillé à cette combinaison de ferme et d'usine et avec des résultats tout à fait satisfaisants. A Northville, non loin de Détroit, nous avons une petite usine qui fabrique des valves. C'est une petite usine, mais elle fabrique un grand nombre de vannes. La gestion et le mécanisme de l'usine sont relativement simples, car ils ne constituent qu'une seule chose. Nous n'avons pas besoin de rechercher des employés qualifiés. La compétence est dans la machine. Les gens des campagnes peuvent travailler une partie du temps à l'usine et une partie du temps à la ferme, car l'agriculture mécanique n'est pas très laborieuse. L'énergie de la centrale provient de l'eau.

Une autre usine, d'une dimension un peu plus grande, est en construction à Flat Rock, à environ quinze milles de Détroit. Nous avons endigué la rivière. Le barrage sert également de pont pour le chemin de fer Detroit, Toledo & Ironton, qui avait alors besoin d'un nouveau pont, et de route pour le public, le tout dans une seule construction. Nous allons fabriquer notre verre à ce stade. Les barrages sur la rivière fournissent suffisamment d'eau pour nous faire flotter la plupart de nos matières premières. Cela nous donne également notre électricité grâce à une centrale hydroélectrique. Et, étant bien au milieu d'une campagne agricole, il ne peut y avoir aucune possibilité de surpeuplement ni aucun des maux inhérents à une trop grande concentration de population. Les hommes auront des parcelles de terrain ou des fermes ainsi que leurs emplois à l'usine, et ceux-ci peuvent être dispersés sur quinze ou vingt milles à la ronde - car bien sûr, de nos jours, l'ouvrier peut venir au magasin en automobile. Là nous aurons la combinaison de l'agriculture et de l'industrialisme et l'absence totale de tous les maux de la concentration.

L'idée selon laquelle un pays industrialisé doit concentrer ses industries n'est pas, à mon avis, fondée. Ce n'est qu'une étape du développement industriel. À mesure que nous en apprenons davantage sur la fabrication et que nous apprenons à fabriquer des articles avec des pièces interchangeables, ces pièces peuvent alors être fabriquées dans les meilleures conditions possibles. Et ces meilleures conditions possibles, du point de vue des salariés, sont aussi les meilleures conditions possibles du point de vue de la production. On ne pourrait pas planter une grande plante sur un petit ruisseau. On peut installer une petite plante sur un petit ruisseau, et la combinaison de petites plantes, chacune formant une seule partie, rendra l'ensemble moins cher qu'une vaste usine. Il existe des exceptions, par exemple lorsque le casting doit être effectué. Dans un tel cas, comme à River Rouge, nous voulons combiner la fabrication du métal et sa coulée et nous voulons également utiliser toute l'énergie résiduelle. Cela nécessite un investissement important et une force humaine considérable en un seul endroit. Mais de telles combinaisons sont plutôt l'exception que la règle, et elles ne seraient pas suffisamment nombreuses pour entraver sérieusement le processus de rupture de la concentration industrielle.

L'industrie va se décentraliser. Aucune ville ne serait reconstruite telle qu'elle est si elle était détruite – ce qui est en soi un aveu de notre véritable estimation de nos villes. La ville avait un endroit à occuper, un travail à accomplir. Il ne fait aucun doute que les campagnes n'auraient pas atteint à peu près leur qualité de vie sans les villes. En se regroupant, les hommes ont appris quelques secrets. Ils ne les auraient jamais appris seuls à la campagne. Assainissement, éclairage, organisation sociale : tout cela est le produit de l'expérience des hommes en ville. Mais aussi tous les maux sociaux dont nous souffrons aujourd'hui trouvent leur origine et leur foyer dans les grandes villes. Vous trouverez des communautés plus petites vivant à l'unisson des saisons, sans pauvreté ni richesse extrêmes – sans les violents fléaux de bouleversements et de troubles qui affligent nos grandes populations. Il y a quelque chose d'indompté et de menaçant dans une ville d'un million d'habitants. A trente milles de là, des villages heureux et satisfaits lisent les délires de la ville ! Une grande ville est en réalité une masse impuissante. Tout ce qu'il utilise lui est transporté. Arrêtez les transports et la ville s'arrête. Il vit dans les rayons des magasins. Les étagères ne produisent rien. La ville ne peut pas se nourrir, se vêtir, se réchauffer ou se loger. Les conditions de travail et de vie en ville sont si artificielles que les instincts se rebellent parfois contre leur caractère contre nature.

Et enfin, les frais généraux liés à la vie ou aux affaires dans les grandes villes deviennent si élevés qu'ils deviennent insupportables. Il impose une telle taxe sur la vie qu'il n'y a aucun excédent pour vivre. Les politiciens ont trouvé facile d'emprunter de l'argent et ils ont emprunté jusqu'à la limite. Au cours de la dernière décennie, les dépenses liées au fonctionnement de chaque ville du pays ont considérablement augmenté. Une bonne partie de cette dépense concerne les intérêts sur l'argent emprunté ; l'argent a été investi soit dans des briques, des pierres et du mortier non productifs, soit dans des produits de première nécessité de la vie urbaine, comme l'approvisionnement en eau et les systèmes d'égouts, à un coût bien supérieur à un coût raisonnable. Le coût de l'entretien de ces ouvrages, le coût du maintien en ordre des grandes masses de personnes et du trafic sont supérieurs aux avantages tirés de la vie communautaire. La ville moderne a été prodigue, elle est aujourd'hui en faillite, et demain elle ne l'est plus.

La fourniture d'une grande quantité d'énergie bon marché et pratique – pas d'un seul coup, mais au fur et à mesure de son utilisation – contribuera plus que toute autre chose à équilibrer la vie et à réduire le gaspillage qui engendre la pauvreté. Il n'existe pas de source d'énergie unique. Il se peut que la production d'électricité au moyen d'une centrale à vapeur située à l'entrée de la mine soit la méthode la plus économique pour une communauté. L'énergie hydroélectrique pourrait être la meilleure solution pour une autre communauté. Mais il est certain que dans chaque communauté il devrait y avoir une station centrale pour fournir de l'électricité à bon marché ; elle devrait être considérée comme aussi essentielle qu'un chemin de fer ou un approvisionnement en eau. Et nous pourrions exploiter toutes les grandes sources de pouvoir et travailler pour le bien commun si les dépenses liées à l'obtention de capitaux ne faisaient pas obstacle. Je pense qu'il va falloir revoir certaines de nos notions sur le capital.

Le capital qu'une entreprise fabrique pour elle-même, qui est employé pour accroître les opportunités de l'ouvrier et accroître son confort et sa prospérité, et qui est utilisé pour donner du travail à de plus en plus d'hommes, tout en réduisant le coût du service au public - ce genre de capital. Le contrôle du capital, même s'il est sous contrôle unique, ne constitue pas une menace pour l'humanité. Il s'agit d'un surplus de travail détenu en fiducie et utilisé quotidiennement pour le bénéfice de tous. Le détenteur d'un tel capital ne peut guère le considérer comme une récompense personnelle. Aucun homme ne peut considérer un tel excédent comme étant le sien, car il ne l'a pas créé seul. C'est le produit commun de toute son organisation. L'idée du propriétaire a peut-être libéré toute l'énergie et la direction, mais elle n'a certainement pas fourni toute l'énergie et la direction. Chaque ouvrier était partenaire de la création. Aucune entreprise ne peut être considérée uniquement en référence au présent et aux individus qui y sont engagés. Il faut qu'elle ait les moyens de continuer. Les meilleurs salaires doivent être payés. Une vie décente doit être assurée à chaque participant à l'entreprise, quel que soit son rôle. Mais pour que cette entreprise puisse subvenir aux besoins de ceux qui y travaillent, un excédent doit être conservé quelque part. Le fabricant véritablement honnête conserve ses bénéfices excédentaires dans cette fiducie. En fin de compte, peu importe où se trouve cet excédent ni qui le contrôle ; c'est son utilisation qui compte.

Le capital qui ne crée pas constamment des emplois plus nombreux et de meilleure qualité est plus inutile que le sable. Le capital qui n'améliore pas constamment les conditions de travail quotidien et ne rend pas plus juste la récompense du travail quotidien ne remplit pas sa fonction la plus élevée. L'utilisation la plus importante du capital n'est pas de gagner plus d'argent, mais de faire en sorte que l'argent serve davantage pour l'amélioration de la vie. Si nous ne contribuons pas, dans nos industries, à résoudre le problème social, nous ne accomplirons pas notre travail principal. Nous ne servons pas pleinement.

CHAPITRE XIV

LE TRACTEUR ET LE POWER FARMING

On ignore généralement que notre tracteur, que nous appelons le « Fordson », a été mis en production environ un an avant notre intention, en raison de la crise alimentaire des Alliés en temps de guerre, et que toutes nos premières productions (à part, bien sûr, des machines d'essai et expérimentales) sont allés directement en Angleterre. Nous avons envoyé cinq mille tracteurs à travers la mer au cours de la période critique de 1917-1918, lorsque les sous-marins étaient les plus occupés. Chacun d'entre eux est arrivé sain et sauf, et les responsables du gouvernement britannique ont eu la gentillesse de dire que sans leur aide, l'Angleterre n'aurait guère pu faire face à sa crise alimentaire.

Ce sont ces tracteurs, conduits principalement par des femmes, qui ont labouré les anciens domaines et les terrains de golf et ont permis de planter et de cultiver toute l'Angleterre sans enlever aux combattants la force humaine ni paralyser les forces dans les usines de munitions.

Cela s'est produit de la manière suivante : l'administration alimentaire anglaise, à peu près au moment où nous sommes entrés en guerre en 1917, a compris que, avec les sous-marins allemands torpillant un cargo presque tous les jours, l'offre déjà faible de navires allait être totalement insuffisante pour répondre aux besoins des clients. transporter les troupes américaines à travers les mers, transporter les munitions essentielles pour ces troupes et les Alliés, transporter la nourriture pour les forces combattantes, et en même temps transporter suffisamment de nourriture pour la population anglaise. C'est alors qu'ils commencèrent à expédier hors d'Angleterre les épouses et les familles des colons et élaborèrent des plans pour faire pousser des cultures chez eux. La situation était grave. Il n'y avait pas assez d'animaux de trait dans toute l'Angleterre pour labourer et cultiver la terre afin de produire des récoltes en volume suffisant pour réduire ne serait-ce que les importations alimentaires. L'agriculture mécanique était à peine connue, car les fermes anglaises n'étaient pas, avant la guerre, assez grandes pour justifier l'achat de machines agricoles lourdes et coûteuses, et surtout avec une main d'œuvre agricole si bon marché et si abondante. Diverses entreprises en Angleterre fabriquaient des tracteurs, mais ils étaient lourds et fonctionnaient principalement à la vapeur. Il n'y en avait pas assez pour faire le tour. Il n'était pas facile d'en faire davantage, car toutes les usines travaillaient sur des munitions, et même si elles avaient été fabriquées, elles étaient trop grandes et encombrantes pour le champ moyen et nécessitaient en outre la direction d'ingénieurs. Nous avions assemblé plusieurs tracteurs dans notre usine de Manchester à des fins de démonstration. Ils avaient été fabriqués aux États-

Unis et simplement assemblés en Angleterre. Le Conseil de l'Agriculture a demandé à la Royal Agricultural Society de faire un test de ces tracteurs et d'en faire rapport. Voici ce qu'ils ont rapporté :

À la demande de la Royal Agricultural Society of England, nous avons examiné deux tracteurs Ford, d'une puissance de 25 CV, en train de labourer :

D'abord, le labour croisé d'une jachère de terre solide et sale, puis d'un champ de terre plus légère qui s'était semée en herbe dure et qui offrait toutes les possibilités de tester le moteur sur le niveau et sur une pente raide. .

Dans le premier essai, une charrue Oliver à 2 corps a été utilisée, labourant en moyenne 5 pouces de profondeur avec un sillon de 16 pouces de large ; une charrue Cockshutt à 3 corps a également été utilisée à la même profondeur avec la poitrine inclinée de 10 pouces.

Dans le deuxième essai, la charrue à 3 corps a été utilisée, labourant en moyenne 6 pouces de profondeur.

Dans les deux cas, le moteur a fait son travail avec facilité, et sur un acre mesuré, le temps occupé était de 1 heure 30 minutes, avec une consommation de 2 gallons de paraffine par acre.

Ces résultats nous semblent très satisfaisants.

Les charrues n'étaient pas tout à fait adaptées au terrain et les tracteurs travaillaient donc dans une certaine mesure désavantageuse.

Le poids total du tracteur entièrement chargé de carburant et d'eau, tel que pesé par nos soins, était de 23 1/4 quintaux .

Le tracteur est léger pour sa puissance et, par conséquent, léger sur le terrain, se manie facilement, tourne sur un petit cercle et laisse un promontoire très étroit.

Le moteur démarre rapidement à froid avec une petite quantité d'essence.

Après ces essais, nous nous sommes rendus à l'usine de MM. Ford à Trafford Park, Manchester, où l'un des moteurs avait été envoyé pour être démonté et inspecté en détail.

On retrouve la conception d'une grande solidité, et le travail d'une qualité de premier ordre. Nous considérons les roues motrices plutôt légères et nous comprenons qu'un nouveau modèle plus solide sera fourni à l'avenir.

Le tracteur est conçu uniquement pour le travail de la terre et les roues, qui sont munies de crampons, devraient être dotées d'une certaine protection pour leur permettre de circuler sur la route lors de leurs déplacements de ferme en ferme.

Compte tenu des points ci-dessus, nous recommandons, dans les circonstances actuelles, que des mesures soient prises pour construire immédiatement le plus grand nombre possible de ces tracteurs.

Le rapport a été signé par le professeur WE Dalby et FS Courtney, ingénierie ; RN Greaves, ingénierie et agriculture; Robert W. Hobbs et Henry Overman, agriculture ; Gilbert Greenall, directeurs honoraires, et John E. Cross, délégué syndical.

Presque immédiatement après le dépôt de ce rapport, nous avons reçu le télégramme suivant :

Je n'ai rien reçu de précis concernant l'expédition de l'acier et de l'usine nécessaires à l'usine de Cork. Toutefois, dans le meilleur des cas, la production en usine de liège ne pourrait pas être disponible avant le printemps prochain. Le besoin de production alimentaire en Angleterre est impératif et une grande quantité de tracteurs doit être disponible le plus tôt possible pour défricher les prairies existantes et labourer le blé d'automne . Les hautes autorités me demandent de faire appel à l'aide de M. Ford. Seriez-vous prêt à envoyer Sorensen et d'autres avec des dessins de tout ce qui est nécessaire, en les prêtant au gouvernement britannique afin que les pièces puissent être fabriquées ici et assemblées dans les usines gouvernementales sous la direction de Sorensen ? Je peux vous assurer positivement que cette suggestion est faite dans l'intérêt national et si elle est mise en œuvre, elle sera faite par le gouvernement pour le peuple sans aucun intérêt manufacturier ou capitaliste investi et sans aucun profit réalisé par quelque intérêt que ce soit. La question est très urgente. Impossible d'expédier quoi que ce soit d'approprié depuis l'Amérique car il faut fournir plusieurs milliers de tracteurs. Le tracteur Ford est considéré comme le meilleur et le seul modèle approprié. Par conséquent, la nécessité nationale dépend entièrement du projet de M. Ford. Mon travail m'empêche de venir en Amérique pour présenter personnellement la proposition. Exhortez une considération favorable et une décision immédiate car chaque jour est d'une importance vitale. Vous pouvez compter sur des installations de fabrication pour la production ici sous le contrôle gouvernemental impartial le plus strict. Sorensen serait le bienvenu et toute autre aide et conseil que vous pourriez fournir depuis l'Amérique. Réponse par câble, Perry, Care of Harding " Prodome ", Londres.

PRODÔME.

Je comprends que son envoi a été ordonné par le Cabinet britannique. Nous avons immédiatement fait part de notre entière volonté de prêter les dessins, du bénéfice de l'expérience que nous avions à ce jour et de tous les hommes qui pourraient être nécessaires pour lancer la production, et sur le navire suivant, nous avons envoyé Charles E. Sorensen avec les dessins complets.

M. Sorensen avait ouvert l'usine de Manchester et connaissait les conditions anglaises. Il était en charge de la fabrication des tracteurs dans ce pays.

M. Sorensen a commencé à travailler avec les responsables britanniques jusqu'à ce que les pièces soient fabriquées et assemblées en Angleterre. La plupart des matériaux que nous utilisions étaient spéciaux et ne pouvaient pas être obtenus en Angleterre. Toutes leurs usines équipées pour le travail de fonderie et de machines étaient remplies de commandes de munitions. Il s'est avéré extrêmement difficile pour le ministère d'obtenir des offres de quelque nature que ce soit. Puis vint juin et une série de raids aériens destructeurs sur Londres. Il y a eu une crise. Il fallait faire quelque chose, et finalement, après avoir parcouru la moitié des usines d'Angleterre, nos hommes réussirent à faire déposer les offres auprès du ministère.

Lord Milner a présenté ces offres à M. Sorensen. En prenant le meilleur d'entre eux, le prix par tracteur s'élevait à environ 1 500 dollars sans aucune garantie de livraison.

"Ce prix est déraisonnable", a déclaré M. Sorensen,

"Ceux-ci ne devraient pas coûter plus de 700 dollars pièce."

"Pouvez-vous en gagner cinq mille à ce prix-là ?" » demanda Lord Milner.

"Oui", a répondu M. Sorensen.

"Combien de temps vous faudra-t-il pour les livrer ?"

"Nous commencerons à expédier dans soixante jours."

Ils ont signé sur place un contrat qui prévoyait, entre autres, un acompte de 25 pour cent. de la somme totale. M. Sorensen nous a télégraphié ce qu'il avait fait et a pris le bateau suivant pour rentrer chez lui. Les 25 cinq pour cent. Nous n'avons d'ailleurs touché au paiement qu'après l'achèvement de l'ensemble du contrat : nous l'avons déposé dans une sorte de fonds fiduciaire.

L'usine de tracteurs n'était pas prête à entrer en production. L'usine de Highland Park aurait pu être adaptée, mais toutes les machines qui s'y trouvaient travaillaient jour et nuit à des travaux de guerre essentiels. Il n'y avait qu'une chose à faire. Nous avons agrandi en urgence notre usine de Dearborn, l'avons équipée de machines commandées par télégraphe et arrivant pour la plupart par express, et en moins de soixante jours les premiers tracteurs étaient sur les quais de New York, aux mains des autorités britanniques. . Ils ont tardé à obtenir de l'espace de chargement, mais le 6 décembre 1917, nous avons reçu ce câble :

Londres, 5 décembre 1917.

SORENSEN,

Fordson , FR Dearborn.

Les premiers tracteurs sont arrivés, quand Smith et les autres partiront-ils ? Câble.

POIRÉ.

La totalité de la livraison de cinq mille tracteurs a été expédiée en trois mois et c'est pourquoi les tracteurs étaient utilisés en Angleterre bien avant d'être réellement connus aux États-Unis.

La conception du tracteur était bien antérieure à celle de l'automobile. À la ferme, mes premières expériences furent avec des tracteurs, et on se souvient que j'ai été employé pendant quelque temps par un fabricant de tracteurs à vapeur, les gros moteurs lourds de route et de batteuses. Mais je ne voyais aucun avenir pour les gros tracteurs. Ils étaient trop chers pour une petite ferme, nécessitaient trop de compétences pour fonctionner et étaient beaucoup trop lourds par rapport à la force de traction qu'ils exerçaient. Et de toute façon, le public était plus intéressé à être porté qu'à être tiré ; la calèche sans chevaux faisait davantage appel à l'imagination. Et c'est ainsi que j'ai pratiquement abandonné le travail sur un tracteur jusqu'à ce que l'automobile soit en production. Avec l'automobile dans les fermes, le tracteur est devenu une nécessité. Car alors les agriculteurs avaient été introduits au pouvoir.

L'agriculteur n'a pas tant besoin de nouveaux outils que de puissance pour faire fonctionner les outils dont il dispose. J'ai parcouru de nombreux kilomètres derrière une charrue et j'en connais toute la corvée. Quel gâchis pour un être humain de passer des heures et des jours derrière un attelage de chevaux qui se déplacent lentement alors qu'en même temps un tracteur pourrait faire six fois plus de travail ! Il n'est pas étonnant qu'en faisant tout lentement et manuellement, l'agriculteur moyen n'ait pas pu gagner plus que le minimum vital alors que les produits agricoles ne sont jamais aussi abondants et bon marché qu'ils devraient l'être.

Comme dans l'automobile, nous voulions de la puissance et non du poids. L'idée du poids était fermement ancrée dans l'esprit des constructeurs de tracteurs. On pensait qu'un excès de poids signifiait une puissance de traction excessive – que la machine ne pouvait pas saisir si elle n'était pas lourde. Et cela malgré le fait qu'un chat n'a pas beaucoup de poids et qu'il est un très bon grimpeur. J'ai déjà exposé mes idées sur le poids. Le seul type de tracteur sur lequel je pensais qu'il valait la peine de travailler était celui qui serait léger, solide et si simple que n'importe qui pourrait le conduire. Il fallait aussi qu'il soit si bon marché que n'importe qui puisse l'acheter. Dans ce but, nous avons travaillé pendant près de quinze ans sur un projet et dépensé quelques millions de dollars en expériences. Nous avons suivi exactement le même parcours que pour l'automobile. Chaque pièce devait être aussi solide qu'il était possible de la fabriquer, les pièces devaient être peu nombreuses et l'ensemble devait permettre une production en quantité. Nous avons pensé que le moteur automobile pourrait peut-être être utilisé et nous avons mené quelques expériences avec lui. Mais finalement, nous sommes devenus convaincus que le type de tracteur que nous souhaitions et l'automobile n'avaient pratiquement rien de commun. Dès le début, l'intention était que le tracteur soit fabriqué comme une entreprise distincte de l'automobile et dans une usine distincte. Aucune plante n'est assez grande pour fabriquer deux articles.

L'automobile est conçue pour transporter : le tracteur est conçu pour tirer, pour grimper. Et cette différence de fonction a fait toute la différence dans le monde de la construction. Le problème difficile était d'obtenir des roulements capables de résister à la forte traction. Nous les avons finalement obtenus ainsi qu'une construction qui semble donner les meilleures performances moyennes dans toutes les conditions. Nous avons opté pour un moteur quatre cylindres qui démarre à l'essence mais fonctionne ensuite au kérosène. Le poids le plus léger que nous pouvions atteindre avec de la force était de 2 425 livres. L'adhérence se trouve dans les pattes des roues motrices, comme dans les griffes du chat.

En plus de ses fonctions strictement de traction, le tracteur, pour rendre le plus grand service, devait également être conçu pour fonctionner comme un moteur stationnaire, de sorte que lorsqu'il n'est pas sur la route ou dans les champs, il puisse être attelé à un moteur stationnaire. une courroie pour faire fonctionner des machines. Bref, il fallait que ce soit une centrale électrique compacte et polyvalente. Et ça a été le cas. Elle a non seulement labouré, hersé, cultivé et moissonné, mais elle a également battu, fait fonctionner des moulins à farine, des scieries et diverses autres sortes de moulins, arraché des souches, labouré la neige et fait à peu près tout ce qu'une usine de puissance modérée pourrait faire. de la tonte des moutons à l'impression d'un journal. Il a été équipé de pneus lourds pour le transport sur route, de patins de traîneau pour les bois et la glace, et de roues cerclées pour rouler sur les rails. Lorsque les magasins de Detroit ont été fermés à cause de la pénurie de charbon, nous avons sorti le *Dearborn Independent* en envoyant un tracteur à l'usine d'électro-dactylographie - en stationnant le tracteur dans l'allée, en envoyant un tapis sur quatre étages et en fabriquant les plaques grâce à la puissance du tracteur. . Son utilisation dans quatre-vingt-quinze lignes de service distinctes a été portée à notre attention, et nous n'en connaissons probablement qu'une fraction.

Le mécanisme du tracteur est encore plus simple que celui de l'automobile et il est fabriqué exactement de la même façon. Jusqu'à cette année, la production était freinée par le manque d'usine adaptée. Les premiers tracteurs avaient été fabriqués dans l'usine de Dearborn, qui sert aujourd'hui de station expérimentale. Ce n'était pas assez important pour affecter les économies d'une production à grande échelle et il ne pouvait pas être élargi car le projet prévoyait de fabriquer les tracteurs à l'usine de River Rouge, et celle-ci, jusqu'à cette année, n'était pas pleinement opérationnelle.

Maintenant, cette usine est terminée pour la fabrication de tracteurs. Le travail se déroule exactement comme pour les automobiles. Chaque pièce est une entreprise départementale distincte et chaque pièce, une fois terminée, rejoint le système de convoyeur qui la mène à son assemblage initial approprié et finalement à l'assemblage final. Tout bouge et il n'y a pas de travail qualifié. La capacité de l'usine actuelle est d'un million de tracteurs par an. C'est le chiffre que nous espérons atteindre – car le monde a plus que jamais besoin de centrales électriques bon marché et d'utilité générale – et il en sait désormais suffisamment sur les machines pour vouloir de telles centrales.

Les premiers tracteurs, comme je l'ai dit, sont allés en Angleterre. Ils ont été proposés pour la première fois aux États-Unis en 1918 au prix de 750 dollars. L'année suivante, avec les coûts plus élevés, le prix a dû être porté à 885 $; au milieu de l'année, il était à nouveau possible d'atteindre le prix de lancement de 750 $. En 1920, nous facturions 790 $; l'année suivante, nous connaissions suffisamment la production pour commencer à couper. Le prix est descendu à 625 $, puis en 1922, avec l'exploitation de l'usine de River Rouge, nous avons pu le réduire à 395 $. Tout cela montre l'impact du fait de se lancer dans la production scientifique sur les prix. Tout comme je n'ai aucune idée à quel point l'automobile Ford pourra finalement être fabriquée à moindre coût, je n'ai aucune idée à quel point le tracteur pourra éventuellement être fabriqué à moindre coût.

Il est important que ce soit bon marché. Autrement, l' électricité ne parviendra pas à toutes les fermes. Et ils doivent tous avoir le pouvoir. D'ici quelques années, une ferme dépendant uniquement de la force du cheval et de la main deviendra autant une curiosité qu'une usine dirigée par un tapis roulant. L'agriculteur doit soit prendre le pouvoir, soit faire faillite. Les chiffres des coûts rendent cela inévitable. Pendant la guerre, le gouvernement a testé un tracteur Fordson pour voir quel était son coût par rapport au travail effectué avec des chevaux. Les chiffres sur le tracteur ont été pris au prix élevé plus le fret. Les éléments de dépréciation et de réparation ne sont pas aussi importants que le rapport le prétend, et même s'ils l'étaient, les prix sont réduits de moitié, ce qui réduirait donc de moitié les frais d'amortissement et de réparation. Voici les chiffres :

COÛT, FORDSON, 880 $. DURÉE DE VIE, 4 800 HEURES À 4/5 ACRES PAR HEURE, 3 840 ACRES

3 840 acres à 880 $; dépréciation par acre 0,221

Réparations pour 3 840 acres, 100 $; par acre 0,026

Coût du carburant, kérosène à 19 cents ; 2 gallons. par acre 0,38

1 gallon. pétrole par 8 acres; par acre 0,075

Chauffeur, 2 $ par jour, 8 acres ; par acre 0,25
—- Coût du labour avec Fordson ; par acre. .95

COÛT DE 8 CHEVAUX, 1 200 $. DURÉE DE VIE, 5 000 HEURES À 4/5 ACRES PAR HEURE, 4 000 ACRES

4 000 acres à 1 200 $, amortissement des chevaux, l'acre. . . . 30 aliments par cheval, 40 cents (100 jours ouvrables) par acre . . . . . 40 aliments par cheval, 10 cents par jour (265 jours d'inactivité) par acre. . . 2.65 Deux conducteurs, deux charrues collectives, à 2 $ chacun par jour et par acre. . 50 —— Coût du labour avec des chevaux ; par acre. 1,46

Aux coûts actuels, un acre coûterait environ 40 cents, seulement deux cents représentant la dépréciation et les réparations. Mais cela ne prend pas en compte l'élément temps. Le labour est effectué environ quatre fois plus rapidement, seule l'énergie physique étant utilisée pour diriger le tracteur. Le labour est devenu une question de déplacement automobile à travers un champ.

L'agriculture à l'ancienne disparaît rapidement dans un souvenir pittoresque. Cela ne veut pas dire que le travail va disparaître de l'exploitation agricole. Le travail ne peut être supprimé de toute vie productive. Mais l'agriculture énergétique signifie bien ceci : les corvées vont être supprimées de l'agriculture. L'agriculture énergétique consiste simplement à retirer le fardeau de la chair et du sang et à le mettre sur l'acier. Nous sommes dans les premières années de l'agriculture énergétique . L'automobile a révolutionné la vie agricole moderne, non pas parce qu'elle était un véhicule, mais parce qu'elle était puissante. L'agriculture devrait être plus qu'une activité rurale. Il devrait s'agir de produire de la nourriture. Et quand cela devient une entreprise, le travail agricole proprement dit peut être réalisé en moyenne en vingt-quatre jours par an. Les autres jours peuvent être consacrés à d'autres types d'activités. L'agriculture est une activité trop saisonnière pour occuper tout le temps d'un homme.

En tant qu'entreprise alimentaire, l'agriculture se justifiera en tant qu'entreprise si elle produit de la nourriture en quantité suffisante et la distribue dans des conditions permettant à chaque famille d'avoir suffisamment de nourriture pour ses besoins raisonnables. Il ne pourrait pas y avoir de fiducie alimentaire si nous devions récolter des quantités si écrasantes de toutes sortes d'aliments qu'elles rendraient la manipulation et l'exploitation impossibles. L'agriculteur qui limite ses plantations fait le jeu des spéculateurs.

Et alors, peut-être assisterons-nous à une renaissance de la petite minoterie. Ce fut un jour sinistre lorsque le moulin à farine du village disparut. L'agriculture coopérative deviendra si développée que nous verrons des associations d'agriculteurs possédant leurs propres usines de conditionnement dans lesquelles leurs propres porcs seront transformés en jambon et en bacon, et leurs propres moulins à farine dans lesquels leurs céréales seront transformées en denrées alimentaires commerciales.

Pourquoi un bœuf élevé au Texas devrait-il être amené à Chicago puis servi à Boston est une question à laquelle on ne peut répondre tant que tous les bœufs dont la ville a besoin pourraient être élevés près de Boston. La centralisation des industries agro-alimentaires, qui entraîne d'énormes coûts de transport et d'organisation, est un gaspillage trop long pour perdurer dans une communauté développée.

Nous connaîtrons un développement agricole aussi important au cours des vingt prochaines années que celui de l'industrie manufacturière au cours des vingt dernières années.

CHAPITRE XV

POURQUOI LA CHARITÉ ?

Pourquoi devrait-il y avoir une quelconque nécessité de faire l'aumône dans une communauté civilisée ? Ce n'est pas l'esprit charitable auquel je m'oppose. Dieu nous préserve que nous devenions froids envers un semblable dans le besoin. La sympathie humaine est trop belle pour que l'attitude froide et calculatrice puisse la remplacer. On ne peut citer que très peu de grandes avancées qui n'aient pas bénéficié de la sympathie humaine. C'est pour aider les gens que tout service notable est entrepris.

Le problème est que nous avons utilisé cette grande et belle force motrice à des fins trop modestes. Si la sympathie humaine nous pousse à nourrir ceux qui ont faim, pourquoi ne devrait-elle pas susciter un désir plus vaste : rendre la faim impossible parmi nous ? Si nous avons suffisamment de sympathie pour que les gens les aident à sortir de leurs problèmes, nous devrions sûrement avoir suffisamment de sympathie pour les tenir à l'écart.

Il est facile de donner ; il est plus difficile de rendre le don inutile. Pour rendre le don inutile, nous devons regarder au-delà de l'individu vers la cause de sa misère – sans hésiter, bien sûr, à le soulager entre-temps, mais sans s'arrêter à un simple soulagement temporaire. La difficulté semble être d'arriver à aller au-delà des causes. Il est possible d'inciter davantage de personnes à aider une famille pauvre qu'à se consacrer entièrement à l'élimination de la pauvreté.

Je n'ai aucune patience avec la charité professionnelle, ni avec toute sorte d'humanitarisme commercialisé. Dès que l'utilité humaine est systématisée, organisée, commercialisée et professionnalisée, son cœur s'éteint et devient une chose froide et moite.

La véritable serviabilité humaine n'est jamais répertoriée ni annoncée. Il y a plus d'enfants orphelins pris en charge dans les foyers privés de ceux qui les aiment que dans les institutions. Il y a plus de personnes âgées hébergées par des amis que dans les maisons de retraite. Il y a plus d'aide par les prêts de famille à famille que par les sociétés de prêt. Autrement dit, la société humaine veille sur elle-même sur une base humaine. La question est grave de savoir dans quelle mesure nous devons accepter la commercialisation de l'instinct naturel de charité.

La charité professionnelle n'est pas seulement froide, mais elle fait plus mal qu'elle n'aide. Cela dégrade les destinataires et drogue leur estime de soi. L'idéalisme sentimental s'en rapproche. L'idée s'est répandue à l'étranger il n'y a pas si longtemps que le « service » était quelque chose que nous devions nous attendre à faire pour nous. Un nombre incalculable de personnes sont devenues les bénéficiaires de « services sociaux » bien intentionnés. Des pans entiers de notre population ont été plongés dans un état d'impuissance infantile et d'expectative. Il s'est développé une profession régulière consistant à faire des choses pour les gens, qui donnait un exutoire à un désir louable de service, mais qui ne contribuait en rien à l'autonomie du peuple ni à la correction des conditions dans lesquelles le prétendu besoin car un tel service s'est développé.

Pire encore que cet encouragement à la nostalgie enfantine, au lieu d'un entraînement à l'autonomie et à l'autosuffisance, était la création d'un sentiment de ressentiment qui l'emportait presque toujours sur les objets de charité. Les gens se plaignent souvent de « l'ingratitude » de ceux qu'ils aident. Rien de plus naturel. En premier lieu, peu de notre soi-disant charité est une véritable charité, offerte d'un cœur plein d'intérêt et de sympathie. En deuxième lieu, personne n'apprécie jamais d'être obligé d'accepter des faveurs.

Un tel « travail social » crée une relation tendue : le bénéficiaire de la prime se sent rabaissé en recevant, et la question se pose de savoir si le donateur ne devrait pas également se sentir rabaissé en donnant. La charité n'a jamais conduit à une situation réglée. Le système caritatif qui ne cherche pas à se rendre inutile ne rend pas service. Il s'agit simplement de créer un travail pour lui-même et de s'ajouter au registre de la non-production.

La charité devient inutile dans la mesure où ceux qui semblent incapables de gagner leur vie sont retirés de la classe non productive et intégrés dans la classe productive. Dans un chapitre précédent, j'ai exposé comment des expériences faites dans nos ateliers ont démontré que, dans une industrie suffisamment subdivisée, il y a des places qui peuvent être occupées par des estropiés, des invalides et des aveugles. L'industrie scientifique ne doit pas nécessairement être un monstre dévorant tous ceux qui l'approchent. Quand c'est le cas, alors il ne remplit pas sa place dans la vie. Dans et hors de l'industrie, il doit y avoir des emplois qui sollicitent toute la force d'un homme puissant ; il existe d'autres travaux, et ils sont nombreux, qui exigent plus de compétences que n'en ont jamais eu les artisans du Moyen Âge. La subdivision minutieuse de l'industrie permet à un homme fort ou à un homme habile de toujours utiliser sa force ou son habileté. Dans l'ancienne industrie manuelle, un homme qualifié consacrait une bonne partie de son temps à un travail non qualifié. C'était du gaspillage. Mais comme à cette époque chaque tâche nécessitait à la fois du travail qualifié et du travail non qualifié pour être accompli par un seul homme, il y avait peu de place ni pour l'homme trop stupide pour être qualifié, ni pour celui qui n'avait pas la possibilité d'apprendre un métier. .

Aucun mécanicien travaillant uniquement avec ses mains ne peut gagner plus qu'une simple subsistance. Il ne peut pas avoir de surplus. Il est admis que, lorsqu'il atteint un âge avancé, un mécanicien doit être entretenu par ses enfants ou, s'il n'a pas d'enfants, qu'il sera à la charge de l'État. Tout cela est bien inutile. La subdivision de l'industrie ouvre des places qui peuvent être occupées par pratiquement n'importe qui. Il y a plus de postes dans l'industrie de subdivision qui peuvent être occupés par des aveugles qu'il n'y a d'aveugles. Il y a plus de postes pouvant être occupés par des infirmes que d'infirmes. Et dans chacun de ces lieux, l'homme qui, à courte vue, pourrait être considéré comme un objet de charité, peut gagner sa vie aussi bien que l'homme le plus intelligent et le plus valide. C'est du gaspillage que de confier à un homme valide un travail qui pourrait tout aussi bien être confié à un infirme . C'est un gaspillage effroyable que de mettre des aveugles à tisser des paniers. C'est du gaspillage que de voir des condamnés casser des pierres, cueillir du chanvre ou accomplir n'importe quelle sorte de tâche insignifiante et inutile.

Une prison bien gérée ne devrait pas seulement être autonome, mais un homme en prison devrait être en mesure de subvenir aux besoins de sa famille ou, s'il n'a pas de famille, il devrait être en mesure d'accumuler une somme d'argent suffisante pour lui permettre d'être incarcéré. pieds à sa sortie de prison. Je ne préconise pas le travail des prisonniers ni l'exploitation agricole des hommes pratiquement comme des esclaves. Un tel plan est trop détestable pour être décrit. De toute façon, nous avons largement exagéré en matière de prisons ; nous commençons par le mauvais bout. Mais aussi longtemps que nous aurons des prisons, elles pourront s'intégrer si parfaitement dans le système général de production qu'une prison pourra devenir une unité productive travaillant pour le soulagement du public et le bénéfice des prisonniers. Je sais qu'il existe des lois – des lois insensées adoptées par des hommes irréfléchis – qui restreignent les activités industrielles des prisons. Ces lois ont été adoptées pour la plupart à la demande de ce qu'on appelle le parti travailliste . Ils ne profitent pas à l'ouvrier. Augmenter les charges imposées à une communauté ne profite à personne dans la communauté. Si l'on garde à l'esprit l'idée du service, il y aura toujours dans chaque communauté plus de travail à faire qu'il n'y a d'hommes capables de le faire.

L'industrie organisée pour le service supprime le besoin de philanthropie. La philanthropie, aussi noble soit-elle, ne garantit pas l'autonomie. Nous devons être autonomes. Une communauté se porte mieux lorsqu'elle est mécontente, insatisfaite de ce qu'elle possède. Je ne parle pas d'une sorte de mécontentement mesquin, quotidien, lancinant et lancinant, mais d'une sorte de mécontentement large et courageux qui croit que tout ce qui est fait peut et doit être finalement fait mieux. L'industrie organisée pour le service — et l'ouvrier aussi bien que le chef doit servir — peut payer des salaires suffisamment élevés pour permettre à chaque famille d'être à la fois autonome et autonome. Une philanthropie qui consacre son temps et son argent à aider le monde à faire davantage pour elle-même est bien meilleure qu'une philanthropie qui se contente de donner et encourage ainsi l'oisiveté. La philanthropie, comme toute autre chose, devrait être productive, et je crois qu'elle peut l'être. J'ai personnellement fait des expériences avec une école de métiers et un hôpital pour découvrir si de telles institutions, qui sont communément considérées comme bienveillantes, ne pouvaient pas être amenées à voler de leurs propres ailes. J'ai découvert qu'ils pouvaient l'être.

Je ne sympathise pas avec l'école de métiers telle qu'elle est généralement organisée : les garçons n'acquièrent qu'un minimum de connaissances et n'apprennent pas à utiliser ces connaissances. L'école de métiers ne doit pas être un croisement entre un collège technique et une école ; cela devrait être un moyen d'apprendre aux garçons à être productifs. S'ils sont affectés à des tâches inutiles – fabriquer des articles puis les jeter – ils ne peuvent pas avoir l'intérêt ou acquérir la connaissance qui leur revient. Et pendant la période scolaire, le garçon n'est pas productif ; les écoles, sauf par charité, ne prévoient rien pour l'entretien du garçon. De nombreux garçons ont besoin de soutien ; ils doivent travailler à la première chose qui leur tombe sous la main. Ils n'ont aucune chance de choisir.

Lorsque le garçon entre ainsi dans la vie sans formation, il ne fait qu'ajouter à la pénurie déjà grande de main-d'œuvre compétente . L'industrie moderne exige un degré de capacité et de compétence que n'offrent ni un abandon précoce de l'école, ni une longue persévérance scolaire. Il est vrai que, afin de maintenir l'intérêt du garçon et de le former à l'artisanat, des départements de formation manuelle ont été introduits dans les systèmes scolaires les plus progressistes, mais même ceux-ci sont de toute évidence des pis-aller car ils ne répondent qu'aux besoins normaux, sans les satisfaire. les instincts créatifs du garçon.

Pour remplir cette condition – réaliser les possibilités éducatives du garçon et en même temps commencer sa formation industrielle de manière constructive – la Henry Ford Trade School a été constituée en 1916. Nous n'utilisons pas le mot philanthropie en relation avec cet effort. Cette initiative est née du désir d'aider le garçon dont les circonstances l'ont contraint à quitter l'école plus tôt. Ce désir d'aider s'accordait bien avec la nécessité de fournir des outilleurs qualifiés dans les ateliers. Dès le début, nous nous sommes tenus à trois principes cardinaux : premièrement, que le garçon devait rester un garçon et ne pas devenir un ouvrier prématuré ; deuxièmement, que la formation académique devait aller de pair avec l'instruction industrielle ; troisièmement, il fallait donner au garçon un sentiment de fierté et de responsabilité dans son travail en étant formé aux articles qui devaient être utilisés. Il travaille sur des objets d'une valeur industrielle reconnue. L'école est constituée en école privée et est ouverte aux garçons âgés de douze à dix-huit ans. Il est organisé sur la base de bourses et chaque garçon reçoit une bourse annuelle en espèces de quatre cents dollars à son entrée. Celui-ci est progressivement augmenté jusqu'à un maximum de six cents dollars si son dossier est satisfaisant.

Un registre du travail en classe et en atelier est conservé ainsi que du secteur d'activité que le garçon affiche dans chacun d'eux. Ce sont les notes obtenues dans l'industrie qui sont utilisées pour ajuster ultérieurement sa bourse. En plus de sa bourse, chaque garçon reçoit chaque mois une petite somme qui doit être déposée sur son compte d'épargne. Ce fonds d'épargne doit être laissé à la banque aussi longtemps que le garçon reste à l'école, à moins que les autorités ne l'autorisent à l'utiliser en cas d'urgence.

Un à un, les problèmes de gestion de l'école sont résolus et de meilleurs moyens d'accomplir ses objectifs sont découverts. Au début, il était d'usage de consacrer au garçon un tiers de la journée au travail en classe et les deux tiers au travail en atelier. Cet ajustement quotidien s'est révélé être un obstacle au progrès, et maintenant le garçon suit sa formation par blocs de semaines : une semaine en classe et deux semaines à l'atelier. Les cours sont continus, les différents groupes prenant leurs semaines à tour de rôle.

Les meilleurs instructeurs disponibles font partie du personnel et le manuel est celui de l'usine Ford. Elle offre plus de ressources pour l'enseignement pratique que la plupart des universités. Les leçons d'arithmétique se déclinent en problèmes concrets d'atelier. L'esprit du garçon n'est plus torturé par le mystérieux A qui peut ramer quatre milles tandis que B en rame deux. Les processus et les conditions réels lui sont exposés : on lui apprend à observer. Les villes ne sont plus des points noirs sur les cartes et les continents ne sont plus que les pages d'un livre. Les expéditions des magasins à Singapour, les reçus des magasins de matériel en provenance d'Afrique et d'Amérique du Sud lui sont montrés, et le monde devient une planète habitée au lieu d'un globe coloré sur le bureau du professeur. En physique et en chimie, l'installation industrielle constitue un laboratoire dans lequel la théorie devient pratique et la leçon devient expérience réelle. Supposons que l'action d'une pompe soit enseignée. L'enseignant explique les pièces et leurs fonctions, répond aux questions, puis ils se dirigent tous vers les salles des machines pour voir une superbe pompe. L'école dispose d'un atelier d'usine régulier doté des meilleurs équipements. Les garçons travaillent d'une machine à l'autre. Ils travaillent uniquement sur les pièces ou articles nécessaires à l'entreprise, mais nos besoins sont si vastes que cette liste comprend presque tout. L'œuvre inspectée est achetée par la Ford Motor Company et, bien entendu, l'œuvre qui ne passe pas l'inspection constitue une perte pour l'école.

Les garçons qui ont progressé le plus font un travail micrométrique fin et effectuent chaque opération avec une compréhension claire des objectifs et des principes impliqués. Ils réparent leurs propres machines ; ils apprennent à prendre soin d'eux-mêmes à proximité des machines ; ils étudient le modélisme et, dans des salles propres et bien éclairées, avec leurs instructeurs, ils jettent les bases d'une carrière réussie.

Lorsqu'ils obtiennent leur diplôme, des places leur sont toujours ouvertes dans les magasins à de bons salaires. Le bien-être social et moral des garçons fait l'objet d'une attention discrète. La surveillance n'est pas d'autorité mais d'intérêt amical. Les conditions familiales de chaque garçon sont assez bien connues et ses tendances sont observées. Et aucune tentative n'est faite pour le dorloter. Aucune tentative n'est faite pour le rendre namby-pamby. Un jour, alors que deux garçons étaient sur le point de se battre, on ne leur a pas enseigné la méchanceté du combat. On leur a conseillé de mieux régler leurs différends, mais lorsque, comme des garçons, ils préféraient le mode de règlement le plus primitif, on leur donnait des gants et on les obligeait à se battre dans un coin du magasin. La seule interdiction qui leur était imposée était qu'ils devaient en finir là-bas et ne pas être surpris en train de se battre à l'extérieur du magasin. Le résultat fut une courte rencontre et une amitié.

Ils sont traités comme des garçons ; leurs meilleurs instincts de garçon sont encouragés ; et quand on les voit dans les magasins et dans les cours, on ne peut pas facilement manquer la lumière de la maîtrise naissante dans leurs yeux. Ils ont un sentiment « d'appartenance ». Ils ont le sentiment de faire quelque chose qui en vaut la peine . Ils apprennent facilement et avec enthousiasme parce qu'ils apprennent les choses que tout garçon actif veut apprendre et sur lesquelles il pose constamment des questions auxquelles aucun des membres de sa famille ne peut répondre.

Commençant avec six garçons, l'école en compte aujourd'hui deux cents et possède un système si pratique qu'elle pourrait s'étendre jusqu'à sept cents. Cela a commencé avec un déficit, mais comme l'une de mes idées fondamentales est que tout ce qui a de la valeur en soi peut devenir autonome, les processus ont tellement évolué qu'ils en payent désormais le prix.

Nous avons pu laisser le garçon vivre son enfance. Ces garçons apprennent à être ouvriers mais ils n'oublient pas comment être des garçons. C'est de la première importance. Ils gagnent entre 19 et 35 cents de l'heure, ce qui est plus que ce qu'ils pourraient gagner en tant que garçons dans le genre de travail ouvert aux jeunes. Ils peuvent mieux contribuer à subvenir aux besoins de leur famille en poursuivant leurs études plutôt qu'en allant travailler. Lorsqu'ils ont terminé, ils ont une bonne éducation générale, un début d'enseignement technique, et ils sont des ouvriers si qualifiés qu'ils peuvent gagner un salaire qui leur donnera la liberté de continuer leur éducation s'ils le souhaitent. S'ils ne veulent pas plus d'éducation, ils ont au moins les compétences nécessaires pour obtenir des salaires élevés n'importe où. Ils ne sont pas obligés d'entrer dans nos usines ; la plupart d'entre eux le font parce qu'ils ne savent pas où trouver de meilleurs emplois : nous voulons que tous nos emplois soient bons pour les hommes qui les acceptent. Mais il n'y a aucune condition liée aux garçons. Ils ont gagné leur vie et n'ont d'obligations envers personne. Il n'y a pas de charité. L'endroit se rentabilise.

L'hôpital Ford est en cours de construction selon des modalités assez similaires, mais en raison de l'interruption de la guerre, lorsqu'il fut cédé au gouvernement et devint l'hôpital général n° 36, abritant quelque mille cinq cents patients, les travaux n'ont pas encore atteint leur stade final. point de résultats absolument précis. Je n'ai pas délibérément entrepris de construire cet hôpital. Il a débuté en 1914 sous le nom de Detroit General Hospital et a été conçu pour être érigé par souscription populaire. Avec d'autres, j'ai souscrit, et le chantier a commencé. Bien avant que les premiers bâtiments soient terminés, les fonds furent épuisés et on me demanda de faire une nouvelle souscription. J'ai refusé parce que je pensais que les gérants auraient dû savoir combien coûterait le bâtiment avant de commencer. Et ce genre de début ne donnait pas une grande confiance quant à la manière dont le lieu serait géré une fois terminé. Cependant, j'ai proposé de prendre tout l'hôpital en remboursant toutes les souscriptions faites. Ceci fut accompli et nous poursuivions nos travaux lorsque, le 1er août 1918, l'ensemble de l'institution fut remis au gouvernement. Il nous fut restitué en octobre 1919 et le 10 novembre de la même année le premier patient privé fut admis.

L'hôpital se trouve sur West Grand Boulevard à Détroit et le terrain s'étend sur vingt acres, ce qui laisse suffisamment de place pour une expansion. Nous pensons étendre les installations à mesure qu'elles se justifient. La conception originale de l'hôpital a été complètement abandonnée et nous nous sommes efforcés d'élaborer un nouveau type d'hôpital, tant au niveau de la conception que de la gestion. Il existe de nombreux hôpitaux pour les riches. Il existe de nombreux hôpitaux pour les pauvres. Il n'existe pas d'hôpitaux pour ceux qui ne peuvent se permettre de payer qu'un montant modéré et qui souhaitent pourtant payer sans avoir le sentiment d'être bénéficiaires de la charité. Il a été tenu pour acquis qu'un hôpital ne peut pas à la fois servir et être autonome ; qu'il doit être soit une institution alimentée par des contributions privées, soit passer dans la classe des sanatoriums privés gérés dans un but lucratif. Cet hôpital est conçu pour subvenir à ses propres besoins, pour offrir un maximum de services à un coût minimum et sans la moindre coloration de charité.

Dans les nouveaux bâtiments que nous avons construits, il n'y a pas de salles. Toutes les chambres sont privées et chacune est équipée d'une baignoire. Les chambres, regroupées par vingt-quatre, sont toutes identiques en taille, en équipements et en mobilier. Il n'y a pas de choix de chambres. Il est prévu qu'il n'y ait aucun choix au sein de l'hôpital. Chaque patient est sur un pied d'égalité avec tous les autres patients.

Il n'est pas du tout certain que les hôpitaux tels qu'ils sont gérés aujourd'hui existent pour les patients ou pour les médecins. Je n'oublie pas le temps considérable qu'un médecin ou un chirurgien compétent consacre à la charité, mais je ne suis pas non plus convaincu que les honoraires des chirurgiens doivent être réglés en fonction de la richesse du patient, et je suis entièrement convaincu que ce qui est ce que l'on appelle « l'étiquette professionnelle » est une malédiction pour l'humanité et pour le développement de la médecine. Le diagnostic n'est pas très développé. Cela ne me dérangerait pas d'être parmi les propriétaires d'un hôpital dans lequel toutes les mesures n'avaient pas été prises pour garantir que les patients étaient traités pour ce qui leur posait réellement un problème, au lieu de quelque chose qu'un médecin avait décidé qu'ils avaient. L'étiquette professionnelle rend très difficile la correction d'un mauvais diagnostic. Le médecin consultant, à moins d'être un homme de grand tact, ne modifiera un diagnostic ou un traitement que si le médecin qui l'a appelé est parfaitement d'accord, et alors si un changement est opéré, c'est généralement à l'insu du médecin qui l'a consulté. patient. Il semble y avoir une idée selon laquelle un patient, surtout lorsqu'il est hospitalisé, devient la propriété du médecin. Un praticien consciencieux n'exploite pas le patient. Un moins consciencieux le fait. De nombreux médecins semblent considérer le maintien de leur propre diagnostic comme aussi important que le rétablissement du patient.

L'objectif de notre hôpital a été de s'éloigner de toutes ces pratiques et de donner la priorité à l'intérêt du patient. Il s'agit donc d'un hôpital dit « fermé ». Tous les médecins et toutes les infirmières sont employés à l'année et ne peuvent exercer en dehors de l'hôpital. Y compris les internes, vingt et un médecins et chirurgiens font partie du personnel. Ces hommes ont été sélectionnés avec le plus grand soin et ils reçoivent des salaires au moins équivalents à ceux qu'ils gagneraient normalement dans un cabinet privé prospère. Aucun d'entre eux n'a d'intérêt financier quel qu'il soit dans un patient, et un patient ne peut être soigné par un médecin extérieur. Nous reconnaissons volontiers la place et l'utilité du médecin de famille. Nous ne cherchons pas à le supplanter. Nous reprenons le cas là où il s'arrête et ramenons le patient le plus rapidement possible. Notre système fait qu'il n'est pas souhaitable que nous gardions les patients plus longtemps que nécessaire – nous n'avons pas besoin de ce genre d'activité. Et nous partagerons avec le médecin de famille notre connaissance du cas, mais pendant que le patient est à l'hôpital, nous assumons l'entière responsabilité. Il est « fermé » à la pratique des médecins extérieurs, même s'il n'est pas fermé à notre coopération avec tout médecin de famille qui le désire.

L'admission d'un patient est intéressante. Le patient entrant est d'abord examiné par le médecin-chef, puis est acheminé pour examen par trois, quatre ou tout autre nombre de médecins qui semble nécessaire. Cet acheminement s'effectue indépendamment de la raison pour laquelle le patient est venu à l'hôpital, car, comme nous l'apprenons progressivement, c'est la santé globale plutôt qu'une seule maladie qui compte. Chacun des médecins procède à un examen complet et chacun transmet par écrit ses conclusions au médecin-chef sans aucune possibilité de consulter aucun des autres médecins examinateurs. Au moins trois, et parfois six ou sept diagnostics absolument complets et absolument indépendants sont ainsi entre les mains du chef de l'hôpital. Ils constituent un dossier complet de l'affaire. Ces précautions sont prises afin d'assurer, dans les limites des connaissances actuelles, un diagnostic correct.

À l'heure actuelle, environ six cents lits sont disponibles. Chaque patient paie selon un horaire fixe qui comprend la chambre d'hôpital, la pension, les soins médicaux et chirurgicaux et les soins infirmiers. Il n'y a pas d'extras. Il n'y a pas d'infirmières privées. Si un cas nécessite plus d'attention que ce que les infirmières affectées à l'aile peuvent en donner, une autre infirmière est alors affectée, mais sans aucune dépense supplémentaire pour le patient. Toutefois, cela est rarement nécessaire car les patients sont regroupés en fonction de la quantité de soins infirmiers dont ils auront besoin. Il peut y avoir une infirmière pour deux patients, ou une infirmière pour cinq patients, selon le type de cas. Aucune infirmière n'a jamais à s'occuper de plus de sept patients et, grâce aux dispositions prises, il est facilement possible pour une infirmière de s'occuper de sept patients qui ne sont pas désespérément malades. Dans l'hôpital ordinaire, les infirmières doivent faire de nombreuses démarches inutiles. Ils passent plus de temps à marcher qu'à soigner le patient. Cet hôpital est conçu pour économiser des étapes. Chaque étage est complet en soi et, tout comme dans les usines, nous avons essayé d'éliminer la nécessité de déplacer les déchets, nous avons également essayé d'éliminer le mouvement des déchets à l'hôpital. Les frais facturés aux patients pour une chambre, les soins infirmiers et les soins médicaux sont de 4,50 $ par jour. Ce montant sera réduit à mesure que la taille de l'hôpital augmentera . Les frais pour une opération majeure sont de 125 $. Le tarif des petites opérations est fixé selon un barème fixe. Toutes les accusations sont provisoires. L'hôpital a un système de coûts, tout comme une usine. Les tarifs seront réglementés pour joindre les deux bouts.

Il ne semble y avoir aucune bonne raison pour que l'expérience ne réussisse pas. Son succès est purement une question de gestion et de mathématiques. Le même type de gestion qui permet à une usine de fournir le service le plus complet permettra à un hôpital de fournir le service le plus complet, et à un prix si bas qu'il sera à la portée de tous. La seule différence entre la comptabilité d'un hôpital et celle d'une usine est que je ne m'attends pas à ce que l'hôpital rapporte un bénéfice ; nous nous attendons à ce qu'il couvre la dépréciation. L'investissement dans cet hôpital à ce jour s'élève à environ 9 000 000 $.

Si nous parvenons à nous éloigner de la charité, les fonds qui sont désormais consacrés aux entreprises caritatives pourront être consacrés au développement de la production, à la fabrication de biens à moindre coût et en grande quantité. Et alors, non seulement nous supprimerons le fardeau des impôts de la communauté et libérerons les hommes, mais nous pourrons également accroître la richesse générale. Nous laissons à l'intérêt privé trop de choses que nous devrions faire pour nous-mêmes dans l'intérêt collectif. Nous avons besoin d'une réflexion plus constructive dans la fonction publique. Nous avons besoin d'une sorte de « formation universelle » aux faits économiques. Les ambitions démesurées du capital spéculatif, ainsi que les exigences déraisonnables d' un travail irresponsable , sont dues à l'ignorance des bases économiques de la vie. Personne ne peut tirer plus de la vie que ce qu'elle peut produire – et pourtant presque tout le monde pense qu'il le peut. Le capital spéculatif en veut plus ; le travail en veut plus ; la source de matière première en veut plus ; et le public acheteur en veut plus. Une famille sait qu'elle ne peut pas vivre au-delà de ses revenus ; même les enfants le savent. Mais le public ne semble jamais comprendre qu'il ne peut pas vivre au-delà de ses revenus – avoir plus que ce qu'il produit.

En éliminant le besoin de charité, nous devons garder à l'esprit non seulement les faits économiques de l'existence, mais aussi le fait que le manque de connaissance de ces faits encourage la peur. Bannissez la peur et nous pourrons devenir autonomes. La charité n'est pas présente là où réside l'autonomie.

La peur est le fruit d'une confiance placée dans quelque chose d'extérieur – dans la bonne volonté d'un contremaître, peut-être, dans la prospérité d'un magasin, dans la stabilité d'un marché. C'est simplement une autre façon de dire que la peur est la part de l'homme qui reconnaît que sa carrière est sous la garde des circonstances terrestres. La peur est le résultat de l'ascendant du corps sur l'âme.

L'habitude de l'échec est purement mentale et est la mère de la peur. Cette habitude s'impose aux hommes parce qu'ils manquent de vision. Ils commencent par faire quelque chose qui va de A à Z. En A, ils échouent, en B, ils trébuchent et en C, ils rencontrent ce qui semble être une difficulté insurmontable. Ils crient alors « Soyez Aton » et abandonnent toute la tâche. Ils ne se sont même pas donné une chance d'échouer réellement ; ils n'ont pas donné à leur vision une chance d'être prouvée ou réfutée. Ils se sont simplement laissés vaincre par les difficultés naturelles qui accompagnent tout effort.

Plus d'hommes sont battus que d'échoués. Ce n'est pas de sagesse, ni d'argent, ni de génie, ni de « traction », mais simplement de cartilages et d'os. Ce pouvoir grossier, simple et primitif que nous appelons « s'en tenir à cela » est le roi sans couronne du monde de l'effort . Les gens ont complètement tort dans leur vision des choses. Ils voient les succès que les hommes ont réalisés et, d'une manière ou d'une autre, ils semblent faciles. Mais c'est un monde loin des faits. C'est l'échec qui est facile. Le succès est toujours difficile. Un homme peut échouer dans l'aisance ; il ne peut réussir qu'en payant tout ce qu'il a et ce qu'il est. C'est ce qui rend le succès si pitoyable s'il s'agit de lignes qui ne sont ni utiles ni édifiantes.

Si un homme a constamment peur de la situation industrielle, il doit changer sa vie pour ne plus en dépendre. Il y a toujours de la terre, et il y a moins de gens sur la terre que jamais auparavant. Si un homme vit dans la crainte de voir la faveur d'un employeur se tourner vers lui, il devrait se libérer de sa dépendance à l'égard de tout employeur. Il peut devenir son propre patron. Il se peut qu'il soit un patron moins bon que celui qu'il quitte, et que ses revenus soient bien moindres, mais au moins il se sera débarrassé de l'ombre de sa peur domestique, et cela vaut beaucoup d'argent. et position. Mieux encore, c'est que l'homme se dépasse et se dépasse en se débarrassant de ses peurs au milieu des circonstances où se joue son sort quotidien. Devenez un homme libre là où vous avez renoncé pour la première fois à votre liberté. Gagnez votre bataille là où vous l'avez perdue. Et vous verrez que, même s'il y avait beaucoup de choses à l'extérieur de vous qui n'allaient pas, il y avait encore plus à l'intérieur de vous qui n'allait pas. Ainsi, vous apprendrez que le mal à l'intérieur de vous gâte même le bien qui est à l'extérieur de vous.

L'homme reste l'être supérieur de la terre. Quoi qu'il arrive, il reste un homme. Les affaires pourraient ralentir demain, c'est toujours un homme. Il subit les changements de circonstances, comme il subit les variations de température – toujours un homme. S'il parvient seulement à faire renaître cette pensée en lui, cela ouvrira de nouveaux puits et de nouvelles mines dans son propre être. Il n'y a aucune sécurité en dehors de lui. Il n'y a pas de richesse en dehors de lui. L'élimination de la peur implique l'instauration de la sécurité et de l'approvisionnement.

Que chaque Américain s'oppose au dorlotage. Les Américains devraient être réticents à se laisser dorloter. C'est une drogue. Levez-vous et démarquez-vous ; que les faibles acceptent la charité.

CHAPITRE XVI

LES CHEMINS DE FER

Rien dans ce pays ne fournit un meilleur exemple de la façon dont une entreprise peut être détournée de sa fonction de service que les chemins de fer. Nous avons un problème ferroviaire et de nombreuses réflexions et discussions savantes ont été consacrées à la solution de ce problème. Tout le monde est mécontent des chemins de fer. Le public est mécontent parce que les tarifs passagers et fret sont trop élevés. Les employés des chemins de fer sont mécontents car ils estiment que leurs salaires sont trop bas et leurs heures de travail trop longues. Les propriétaires des chemins de fer sont mécontents car on prétend que l'argent investi ne rapporte pas suffisamment. Tous les contacts d'une entreprise bien gérée doivent être satisfaisants. Si le public, les employés et les propriétaires ne se trouvent pas dans une meilleure situation grâce à l'entreprise, alors il doit y avoir quelque chose de très mauvais dans la manière dont l'entreprise est menée à bien.

Je ne suis absolument pas disposé à me poser en autorité ferroviaire. Il existe peut-être des autorités ferroviaires, mais si le service rendu aujourd'hui par le chemin de fer américain est le résultat d'une connaissance accumulée des chemins de fer, alors je ne peux pas dire que mon respect pour l'utilité de cette connaissance soit profond. Je n'ai aucun doute sur le fait que les directeurs actifs des chemins de fer, les hommes qui font réellement le travail, sont tout à fait capables de diriger les chemins de fer du pays à la satisfaction de tous, et je n'ai aucun doute non plus que ces les gestionnaires actifs ont, par la force d'un enchaînement de circonstances, pratiquement cessé de gérer. Et c'est là que réside la source de la plupart des problèmes. Les hommes qui connaissent les chemins de fer n'ont pas été autorisés à gérer les chemins de fer.

Dans un chapitre précédent sur la finance, nous avons exposé les dangers liés à l'emprunt aveugle d'argent. Il est inévitable que quiconque peut emprunter librement pour couvrir des erreurs de gestion emprunte plutôt que de corriger ses erreurs. Nos directeurs ferroviaires ont été pratiquement contraints d'emprunter, car depuis la création même des chemins de fer, ils ne sont pas des agents libres. Le guide du chemin de fer n'a pas été le cheminot, mais le banquier. Lorsque le crédit ferroviaire était élevé, il fallait gagner plus d'argent grâce à l'émission d'obligations flottantes et à la spéculation sur les valeurs mobilières qu'avec le service rendu au public. Une très petite fraction de l'argent gagné par les chemins de fer a été réinvestie dans la réhabilitation des propriétés. Lorsque, grâce à une gestion compétente, le revenu net est devenu suffisamment important pour verser un dividende considérable sur les actions, alors ce dividende a été utilisé d'abord par les spéculateurs de l'intérieur et contrôlant la politique fiscale des chemins de fer pour faire exploser les actions et décharger leurs avoirs, puis pour flotter. une émission d'obligations sur la base du crédit acquis grâce aux bénéfices. Lorsque les bénéfices chutaient ou étaient artificiellement déprimés, les spéculateurs rachetaient les actions et, au fil du temps, organisaient une nouvelle avance et un nouveau déchargement. Il n'existe guère de chemin de fer aux États-Unis qui n'ait pas connu une ou plusieurs mises sous séquestre, du fait que les intérêts financiers se sont accumulés chargement après chargement de titres jusqu'à ce que les structures deviennent lourdes et s'effondrent. Ensuite, ils se sont lancés dans les mises sous séquestre, ont gagné de l'argent aux dépens de détenteurs de titres crédules et ont recommencé le même vieux jeu pyramidal.

L'allié naturel du banquier est l'avocat. Les jeux tels que ceux qui ont été joués sur les chemins de fer ont nécessité l'avis d'experts juridiques. Les avocats, tout comme les banquiers, ne connaissent absolument rien aux affaires. Ils imaginent qu'une entreprise est correctement menée si elle respecte la loi ou si la loi peut être modifiée ou interprétée en fonction de l'objectif poursuivi. Ils vivent selon des règles. Les banquiers ont retiré les finances des mains des dirigeants. Ils ont fait appel à des avocats pour vérifier que les chemins de fer ne violaient la loi que de manière légale et ont ainsi créé d'immenses départements juridiques. Au lieu de fonctionner selon les règles du bon sens et selon les circonstances, chaque chemin de fer a dû fonctionner sur les conseils d'un avocat. Les règles sont répandues dans toutes les parties de l'organisation. Puis vint l'avalanche de réglementations étatiques et fédérales, jusqu'à ce qu'aujourd'hui nous trouvions les chemins de fer entravés par une masse de règles et de réglementations. Avec les avocats et les financiers à l'intérieur et diverses commissions d'État à l'extérieur, le directeur ferroviaire n'a que peu de chances. C'est là le problème des chemins de fer. Les affaires ne peuvent pas être menées par la loi.

Nous avons eu l'occasion de nous démontrer ce que signifie l'affranchissement de la mainmorte légale des banquiers, dans notre expérience avec le Detroit, Toledo & Ironton Railway. Nous avons acheté le chemin de fer parce que son emprise nuisait à certaines de nos améliorations sur la rivière Rouge. Nous ne l'avons pas acheté à titre d'investissement, ni comme complément à nos industries, ni en raison de sa position stratégique. La situation extraordinairement bonne du chemin de fer semble être devenue universellement apparente seulement depuis que nous l'avons acheté. Mais là n'est pas la question. Nous avons acheté le chemin de fer parce qu'il interférait avec nos projets. Ensuite, nous avons dû en faire quelque chose. La seule chose à faire était de la diriger comme une entreprise productive, en lui appliquant exactement les mêmes principes que ceux qui sont appliqués dans tous les secteurs de nos industries. Nous n'avons encore fait aucun effort particulier d'aucune sorte et le chemin de fer n'a pas été créé pour démontrer comment tout chemin de fer devrait être exploité. Il est vrai que l'application de la règle du service maximum au coût minimum a amené les revenus de la route à dépasser les dépenses, ce qui, pour cette route, représente une situation des plus inhabituelles. On a dit que les changements que nous avons apportés — et rappelons-le, ils ont été faits simplement dans le cadre du travail quotidien — sont particulièrement révolutionnaires et totalement sans application pour la gestion ferroviaire en général. Personnellement, il me semble que notre petite ligne ne diffère pas beaucoup des grandes lignes. Dans notre propre travail, nous avons toujours constaté que, si nos principes étaient justes, le domaine dans lequel ils s'appliquaient n'avait pas d'importance. Les principes que nous utilisons dans la grande usine de Highland Park semblent fonctionner également bien dans chaque usine que nous établissons. Cela n'a jamais fait de différence pour nous que nous multipliions ce que nous faisions par cinq ou cinq cents. De toute façon, la taille n'est qu'une question de table de multiplication.

Le Detroit, Toledo & Ironton Railway a été organisé il y a une vingtaine d'années et a été réorganisé toutes les quelques années depuis lors. La dernière réorganisation remonte à 1914. La guerre et le contrôle fédéral des chemins de fer interrompirent le cycle de réorganisation. La route possède 343 milles de voies, 52 milles de branches et 45 milles de droits de voie sur d'autres routes. Il va de Détroit presque plein sud jusqu'à Ironton sur la rivière Ohio, exploitant ainsi les gisements de charbon de Virginie occidentale. Elle traverse la plupart des grandes lignes principales et c'est une route qui, d'un point de vue commercial général, devrait être payante. Cela a payé. Il semble qu'il ait payé les banquiers. En 1913, la capitalisation nette par mile de route était de 105 000 $. Lors de la mise sous séquestre suivante, ce montant a été réduit à 47 000 $ par mile. Je ne sais pas combien d'argent au total a été récolté grâce à la route. Je sais que lors de la réorganisation de 1914, les obligataires ont été évalués et contraints de remettre au trésor près de cinq millions de dollars, soit le montant que nous avons payé pour la route entière. Nous avons payé soixante cents par dollar pour les obligations hypothécaires en cours, même si le prix en vigueur juste avant l'achat se situait entre trente et quarante cents par dollar. Nous avons payé un dollar par action pour les actions ordinaires et cinq dollars par action pour les actions privilégiées, ce qui semblait être un prix équitable étant donné qu'aucun intérêt n'avait jamais été payé sur les obligations et qu'un dividende sur les actions était une possibilité très lointaine. Le matériel roulant de la route se composait d'environ soixante-dix locomotives, vingt-sept wagons de voyageurs et environ deux mille huit cents wagons de marchandises. L'ensemble du matériel roulant était en très mauvais état et une bonne partie ne roulait plus du tout. Tous les bâtiments étaient sales, non peints et généralement délabrés. La plate-forme était plus qu'une traînée de rouille et quelque chose de moins qu'une voie ferrée. Les ateliers de réparation étaient surpeuplés et sous-usinés. Pratiquement tout ce qui touche à l'exploitation a été réalisé avec un maximum de déchets. Il y avait cependant un département exécutif et administratif extrêmement important, et bien sûr un département juridique. Le service juridique à lui seul a coûté en un mois près de 18 000 dollars.

Nous avons repris la route en mars 1921. Nous avons commencé à appliquer des principes industriels. Il y avait eu un bureau exécutif à Détroit. Nous avons fermé l'affaire et confié l'administration à un seul homme, auquel nous avons confié la moitié du bureau à plateau plat du bureau de fret. Le service juridique s'est associé aux bureaux exécutifs. Il n'y a aucune raison pour qu'il y ait autant de litiges en matière de chemin de fer. Nos collaborateurs ont rapidement réglé la masse des réclamations en suspens, dont certaines duraient depuis des années. Lorsque de nouvelles réclamations surviennent, elles sont réglées immédiatement et sur la base des faits, de sorte que les frais juridiques dépassent rarement 200 $ par mois. Toutes les comptabilités et formalités administratives inutiles ont été supprimées et la masse salariale de la route a été réduite de 2 700 à 1 650 hommes. Conformément à notre politique générale, tous les titres et fonctions autres que ceux requis par la loi ont été abolis. L'organisation ferroviaire ordinaire est rigide ; un message doit passer par une certaine ligne d'autorité et aucun homme n'est censé faire quoi que ce soit sans ordres explicites de son supérieur. Un matin, je suis sorti très tôt sur la route et j'ai trouvé un train de démolition avec de la vapeur, un équipage à bord et tout prêt à démarrer. Cela faisait une demi-heure qu'il « attendait les ordres ». Nous sommes descendus et avons nettoyé l'épave avant que les ordres n'arrivent ; c'était avant que l'idée de responsabilité personnelle ne s'imprègne. Il était un peu difficile de rompre avec l'habitude des « ordres » ; Au début, les hommes avaient peur de prendre leurs responsabilités. Mais au fur et à mesure que nous avancions, ils semblaient de plus en plus apprécier le plan et désormais plus personne ne limite ses tâches. Un homme est payé pour une journée de travail de huit heures et il est censé travailler pendant ces huit heures. S'il est ingénieur et qu'il termine un travail en quatre heures, il travaille sur tout ce qui peut être demandé pendant les quatre heures suivantes. Si un homme travaille plus de huit heures, ses heures supplémentaires ne sont pas payées : il déduit ses heures supplémentaires du jour ouvrable suivant ou les met de côté et bénéficie d'un jour entier de congé payé. Notre journée de huit heures est une journée de huit heures et ne constitue pas une base de calcul de salaire.

Le salaire minimum est de six dollars par jour. Il n'y a pas d'hommes supplémentaires. Nous avons réduit les dépenses dans les bureaux, dans les magasins et sur les routes. Dans un atelier, 20 hommes font désormais plus de travail que 59 auparavant. Il n'y a pas longtemps, une de nos équipes de chenilles, composée d'un contremaître et de 15 hommes, travaillait le long d'une route parallèle sur laquelle se trouvait une équipe de 40 hommes effectuant exactement le même genre de réparation et de ballastage des voies. En cinq jours, notre bande a réalisé deux poteaux télégraphiques de plus que la bande concurrente !

La route est en cours de réhabilitation ; presque toute la voie a été reballastée et plusieurs kilomètres de nouveaux rails ont été posés. Les locomotives et le matériel roulant sont révisés dans nos propres ateliers et à moindre coût. Nous avons constaté que les fournitures achetées précédemment étaient de mauvaise qualité ou impropres à l'usage ; nous économisons de l'argent sur les fournitures en achetant de meilleures qualités et en veillant à ce que rien ne soit gaspillé. Les hommes semblent tout à fait disposés à coopérer à l'épargne. Ils ne jettent pas ce qui pourrait être utilisé. Nous demandons à un homme : « Que peut-on retirer d'un moteur ? » et il répond avec un bilan économique. Et nous n'investissons pas de grosses sommes d'argent. Tout se fait grâce aux revenus. C'est notre politique. Les trains doivent passer et à l'heure. Le temps de transport des marchandises a été réduit d'environ deux tiers. Une voiture sur une voie d'évitement n'est pas seulement une voiture sur une voie d'évitement. C'est un très gros point d'interrogation. Il faut que quelqu'un sache pourquoi c'est là. Auparavant, il fallait 8 ou 9 jours pour acheminer le fret vers Philadelphie ou New York ; maintenant, cela prend trois jours et demi. L'organisation est au service.

Toutes sortes d'explications sont avancées pour expliquer pourquoi un déficit s'est transformé en excédent. On me dit que tout cela est dû au détournement du fret des industries Ford. Si nous avions détourné toutes nos activités vers cette route, cela n'expliquerait pas pourquoi nous gérons avec des coûts d'exploitation bien inférieurs à ceux d'avant. Nous acheminons autant que possible de nos propres affaires par la route, mais uniquement parce que nous y obtenons le meilleur service. Depuis des années, nous essayions d'acheminer des marchandises par cette route parce qu'elle était bien située, mais nous n'avions jamais pu l'utiliser dans une certaine mesure en raison des retards de livraison. Nous ne pouvions pas compter sur une expédition dans un délai de cinq ou six semaines ; cela mobilisait trop d'argent et perturbait également notre calendrier de production. Il n'y avait aucune raison pour que la route n'ait pas d'horaire ; mais ce n'est pas le cas. Les retards sont devenus des questions juridiques à traiter en temps voulu ; ce n'est pas ainsi que l'on fait des affaires. Nous pensons qu'un retard constitue une critique de notre travail et mérite d'être examiné immédiatement. C'est du business.

Les chemins de fer en général sont tombés en panne, et si l'ancienne conduite des compagnies de Detroit, Toledo et Ironton est un critère de gestion en général, il n'y a aucune raison au monde pour laquelle elles n'auraient pas dû tomber en panne. Trop de chemins de fer sont gérés, non pas par des bureaux d'hommes pratiques, mais par des bureaux de banques, et les principes de procédure, l'ensemble des perspectives, sont financiers, non pas de transport , mais financiers. Il y a eu un effondrement simplement parce qu'on a accordé plus d'attention aux chemins de fer en tant qu'acteurs du marché boursier qu'en tant que serviteurs du peuple. Les idées dépassées ont été conservées, le développement a été pratiquement stoppé et les cheminots visionnaires n'ont pas eu la liberté de se développer.

Un milliard de dollars résoudra-t-il ce genre de problèmes ? Non, un milliard de dollars ne fera qu'aggraver la difficulté. Le but de ce milliard est simplement de maintenir les méthodes actuelles de gestion des chemins de fer, et c'est à cause des méthodes actuelles que nous rencontrons des difficultés dans les chemins de fer.

Les choses erronées et insensées que nous avons faites il y a des années sont en train de nous dépasser. Aux débuts du transport ferroviaire aux États-Unis, il fallait apprendre aux gens à s'en servir, tout comme il fallait leur apprendre à se servir du téléphone. En outre, les nouveaux chemins de fer devaient faire des affaires pour rester solvables. Et parce que le financement des chemins de fer a débuté dans l'une des périodes les plus pourries de notre histoire économique, un certain nombre de pratiques ont été établies comme des précédents qui ont influencé le travail ferroviaire depuis lors. L'une des premières mesures prises par les chemins de fer a été de limiter tous les autres moyens de transport. Il y avait le début d'un splendide système de canaux dans ce pays et un grand mouvement en faveur de la canalisation était à son apogée. Les compagnies de chemin de fer ont racheté les compagnies de canaux et ont laissé les canaux se remplir et s'étouffer sous les mauvaises herbes et les détritus. Partout dans les États de l'Est et dans certaines parties du Moyen-Ouest se trouvent les vestiges de ce réseau de voies navigables intérieures. Ils sont désormais restaurés le plus rapidement possible ; ils sont liés entre eux ; diverses commissions, publiques et privées, ont vu naître la vision d'un système complet de voies navigables desservant toutes les régions du pays, et grâce à leurs efforts, leur persévérance et leur foi, des progrès ont été réalisés.

Mais il y en avait un autre. C'était le système permettant de rendre le transport aussi long que possible. Quiconque est familier avec les révélations qui ont abouti à la création de l'Interstate Commerce Commission sait ce que cela signifie. Il fut un temps où le transport ferroviaire n'était pas considéré comme au service des publics voyageurs, manufacturiers et commerciaux. Les affaires étaient traitées comme si elles existaient au profit des chemins de fer. Durant cette période de folie, il n'était pas bon pour les chemins de fer d'acheminer les marchandises de leur point d'expédition à leur destination par la ligne la plus directe possible, mais de les maintenir sur la route le plus longtemps possible, de les acheminer par le plus long chemin, de donner le plus grand nombre possible de marchandises. connecter les lignes autant que possible une part du bénéfice et laisser le public supporter la perte de temps et d'argent qui en résulte. C'était autrefois considéré comme un bon chemin de fer. Aujourd'hui, cette pratique n'est pas entièrement abandonnée.

L'un des grands changements dans notre vie économique auquel a contribué cette politique ferroviaire a été la centralisation de certaines activités, non pas parce que la centralisation était nécessaire, ni parce qu'elle contribuait au bien-être des gens, mais parce que, entre autres choses, elle rendait double activité pour les chemins de fer. Prenez deux produits de base : la viande et les céréales. Si vous regardez les cartes publiées par les abattoirs et voyez d'où vient le bétail ; et puis si vous considérez que le bétail, une fois transformé en nourriture, est de nouveau transporté par les mêmes chemins de fer jusqu'à l'endroit d'où il vient, vous aurez un aperçu du problème du transport et du prix de la viande. Prenez aussi des céréales. Tout lecteur de publicité sait où se trouvent les grandes minoteries du pays. Et ils savent probablement aussi que ces grands moulins ne sont pas situés dans les régions où l'on cultive le grain des États-Unis. Il y a des quantités stupéfiantes de céréales, des milliers de trains complets, transportés inutilement sur de longues distances, puis sous forme de farine transportée à nouveau sur de longues distances vers les États et les sections où le grain a été cultivé - une charge pour les chemins de fer qui ne profite à personne. aux communautés d'origine du grain, ni à personne d' autre que les moulins monopolistiques et les chemins de fer. Les chemins de fer peuvent toujours faire de grosses affaires sans aider du tout les affaires du pays ; ils peuvent toujours se livrer à de tels transports inutiles. Pour la viande et les céréales, et peut-être aussi pour le coton, la charge de transport pourrait être réduite de plus de moitié, grâce à la préparation du produit avant son expédition. Si une communauté charbonnière extrayait du charbon en Pennsylvanie, puis l'envoyait par chemin de fer au Michigan ou au Wisconsin pour y être criblé, puis le transportait de nouveau en Pennsylvanie pour y être utilisé, cela ne serait pas beaucoup plus stupide que de transporter du bœuf du Texas vivant jusqu'à Chicago. là pour être tué, puis renvoyé mort au Texas ; ou le transport des céréales du Kansas jusqu'au Minnesota, pour y être moulues dans les moulins et ramenées sous forme de farine. C'est une bonne affaire pour les chemins de fer, mais une mauvaise affaire pour les entreprises. Un aspect du problème des transports auquel trop peu d'hommes prêtent attention est le transport inutile de matériaux. Si le problème était abordé en débarrassant les chemins de fer de leurs transports inutiles, nous découvririons peut-être que nous sommes en meilleure forme que nous ne le pensons pour nous occuper des affaires légitimes de transport du pays. Dans le cas de produits comme le charbon, il est nécessaire qu'ils soient transportés d'où ils se trouvent jusqu'à là où ils sont nécessaires. Il en va de même pour les matières premières de l'industrie : elles doivent être transportées de l'endroit où la nature les a stockées jusqu'à l'endroit où se trouvent des gens prêts à les travailler. Et comme ces matières premières ne sont pas souvent assemblées en une seule section, un transport considérable vers un lieu d'assemblage central est nécessaire. Le charbon vient d'une section, le cuivre d'une autre, le fer d'une autre, le bois d'une autre, il faut les réunir tous.

Mais partout où cela est possible, une politique de décentralisation devrait être adoptée. Nous avons besoin, au lieu de moulins à farine gigantesques, d'une multitude de moulins plus petits répartis dans toutes les sections où les céréales sont cultivées. Chaque fois que cela est possible, la section qui produit la matière première doit également produire le produit fini. Les céréales doivent être moulues en farine là où elles sont cultivées. Un pays producteur de porcs ne devrait pas exporter de porcs, mais du porc, des jambons et du bacon. Les filatures de coton devraient être situées à proximité des champs de coton. Ce n'est pas une idée révolutionnaire. Dans un sens, c'est une attitude réactionnaire. Cela ne suggère rien de nouveau ; cela suggère quelque chose de très ancien. C'est ainsi que le pays procédait avant que nous prenions l'habitude de tout transporter sur quelques milliers de kilomètres et d'ajouter le transport à la facture du consommateur. Nos communautés devraient être plus complètes en elles-mêmes. Ils ne devraient pas dépendre inutilement du transport ferroviaire. Avec ce qu'ils produisent, ils devraient subvenir à leurs propres besoins et expédier le surplus. Et comment peuvent-ils y parvenir s'ils n'ont pas les moyens de transformer leurs matières premières, comme les céréales et le bétail, en produits finis ? Si l'entreprise privée ne fournit pas ces moyens, la coopération des agriculteurs peut le faire. La principale injustice subie aujourd'hui par le fermier est que, étant le plus grand producteur, il ne peut pas être aussi le plus grand marchand, parce qu'il est obligé de vendre à ceux qui mettent ses produits sous une forme marchande. S'il pouvait transformer ses céréales en farine, son bétail en bœuf et ses porcs en jambons et bacon, non seulement il tirerait le meilleur profit de son produit, mais il rendrait ses communautés voisines plus indépendantes des exigences ferroviaires et améliorer ainsi le système de transport en le soulageant du fardeau de son produit inachevé. La chose est non seulement raisonnable et réalisable, mais elle devient absolument nécessaire. Qui plus est, cela se fait dans de nombreux endroits. Mais elle ne produira son plein effet sur la situation des transports et sur le coût de la vie que lorsqu'elle sera appliquée à une échelle plus large et dans des domaines plus variés.

C'est une des compensations de la nature que de retirer la prospérité à une entreprise qui ne sert à rien.

Nous avons constaté que sur les lignes Detroit, Toledo et Ironton, nous pourrions, en suivant notre politique universelle, réduire nos tarifs et obtenir plus d'affaires. Nous avons fait quelques coupes, mais l'Interstate Commerce Commission a refusé de les autoriser ! Dans de telles conditions, pourquoi discuter des chemins de fer en tant qu'entreprise ? Ou en tant que service ?

CHAPITRE XVII

CHOSES EN GÉNÉRAL

Aucun homme ne dépasse Thomas A. Edison en termes de vision et de compréhension. Je l'ai rencontré pour la première fois il y a de nombreuses années, alors que je travaillais pour la Detroit Edison Company, probablement vers 1887 environ. Les électriciens ont tenu une convention à Atlantic City et Edison, en tant que leader de la science électrique, a prononcé un discours. Je travaillais alors sur mon moteur à essence, et la plupart des gens, y compris tous mes associés dans l'entreprise d'électricité, avaient pris la peine de me dire que le temps passé sur un moteur à essence était du temps perdu, que l'énergie du futur devait être l'électricité. . Ces critiques ne m'avaient fait aucune impression. Je travaillais de toutes mes forces. Mais être dans la même pièce qu'Edison m'a suggéré que ce serait une bonne idée de savoir si le maître de l'électricité pensait que ce serait la seule énergie à l'avenir. Ainsi, après que M. Edison eut terminé son discours, j'ai réussi à le surprendre seul pendant un moment. Je lui ai dit sur quoi je travaillais.

Tout de suite, il fut intéressé. Il s'intéresse à toute recherche de nouvelles connaissances. Et puis je lui ai demandé s'il pensait qu'il y avait un avenir pour le moteur à combustion interne. Il répondit quelque chose de cette façon :

Oui, il y a un grand avenir pour tout moteur léger capable de développer une puissance élevée et d'être autonome. Aucun type de force motrice ne pourra jamais faire tout le travail du pays. Nous ne savons pas ce que l'électricité peut faire, mais je considère qu'elle ne peut pas tout faire.

Continuez avec votre moteur. Si vous pouvez obtenir ce que vous recherchez, je peux entrevoir un grand avenir.

C'est une caractéristique d'Edison. Il était la figure centrale de l'industrie électrique, alors jeune et enthousiaste. La base des électriciens ne voyait rien d'autre que l'électricité, mais leur chef voyait avec une clarté cristalline qu'aucune puissance ne pouvait faire tout le travail du pays. Je suppose que c'est pour cela qu'il était le leader.

Telle fut ma première rencontre avec Edison. Je ne l'ai revu que plusieurs années plus tard, jusqu'à ce que notre moteur ait été développé et soit entré en production. Il se souvient parfaitement de notre première rencontre. Depuis, nous nous sommes vus souvent. Il est l'un de mes amis les plus proches et nous avons échangé ensemble de nombreuses idées.

Son savoir est presque universel. Il s'intéresse à tous les sujets imaginables et ne connaît aucune limite. Il croit que tout est possible. En même temps, il garde les pieds sur terre. Il avance pas à pas. Il considère « impossible » comme une description de ce que nous n'avons pas actuellement les connaissances nécessaires pour réaliser. Il sait qu'en acquérant des connaissances, nous développons le pouvoir de surmonter l'impossible. C'est la manière rationnelle de réaliser « l'impossible ». La voie irrationnelle consiste à tenter sa chance sans avoir à accumuler des connaissances. M. Edison approche seulement du sommet de son pouvoir. C'est l'homme qui va nous montrer ce que la chimie peut réellement faire. Car c'est un véritable scientifique qui considère les connaissances qu'il recherche toujours comme un outil pour façonner le progrès du monde. Ce n'est pas le genre de scientifique qui se contente d'accumuler des connaissances et de transformer sa tête en musée. Edison est sans conteste le plus grand scientifique du monde. Je ne suis pas sûr qu'il ne soit pas aussi le pire homme d'affaires du monde. Il ne connaît presque rien aux affaires.

John Burroughs était un autre de ceux qui m'ont honoré de leur amitié. Moi aussi, j'aime les oiseaux. J'aime le plein air. J'aime marcher à travers la campagne et sauter les clôtures. Nous avons cinq cents nichoirs à oiseaux sur la ferme. Nous les appelons nos hôtels à oiseaux, et l'un d'eux, l'hôtel Pontchartrain – une maison Martin – compte soixante-seize appartements. Tout l'hiver, nous avons des paniers grillagés remplis de nourriture qui traînent dans les arbres, puis il y a un grand bassin dans lequel l'eau est empêchée de geler grâce à un radiateur électrique. Été comme hiver, nourriture, boisson et abri sont à la disposition des oiseaux. Nous avons fait éclore des faisans et des cailles dans des incubateurs, puis les avons confiés à des couveuses électriques. Nous avons toutes sortes de nichoirs et de nids à oiseaux. Les moineaux, qui abusent beaucoup de l'hospitalité, insistent pour que leurs nids soient immobiles, qu'ils ne se balancent pas au vent ; les troglodytes aiment les nids qui se balancent. Nous avons donc monté un certain nombre de boîtes à troglodytes sur des bandes d'acier à ressort afin qu'elles se balancent au gré du vent. Les troglodytes ont aimé l'idée mais pas les moineaux, nous avons donc pu faire nicher les troglodytes en paix. En été, nous laissons les cerises sur les arbres et les fraises ouvertes dans les plates-bandes, et je pense que nous avons non seulement plus, mais aussi plus d'espèces d'appelants d'oiseaux que partout ailleurs dans les États du nord. John Burroughs a dit qu'il pensait que c'était le cas, et un jour, alors qu'il séjournait chez nous, il est tombé sur un oiseau qu'il n'avait jamais vu auparavant.

Il y a une dizaine d'années, nous importions de l'étranger un grand nombre d'oiseaux : marteaux jaunes, pinsons, pinsons verts, pâles rouges, twites , bouvreuils, geais, linottes, alouettes, environ cinq cents. Ils sont restés quelque temps, mais je ne sais pas où ils se trouvent actuellement. Je n'en importerai plus. Les oiseaux ont le droit de vivre là où ils veulent vivre.

Les oiseaux sont les meilleurs compagnons. Nous en avons besoin pour leur beauté et leur compagnie, mais aussi pour la raison strictement économique : ils détruisent les insectes nuisibles. La seule fois où j'ai utilisé l'organisation Ford pour influencer la législation, c'était au nom des oiseaux, et je pense que la fin justifiait les moyens. Le projet de loi Weeks-McLean sur les oiseaux, prévoyant des sanctuaires d'oiseaux pour nos oiseaux migrateurs, avait été présenté au Congrès avec toutes les chances de mourir de mort naturelle. Ses sponsors immédiats n'ont pas pu susciter beaucoup d'intérêt parmi les membres du Congrès. Les oiseaux ne votent pas. Nous avons soutenu ce projet de loi et nous avons demandé à chacun de nos six mille concessionnaires de télégraphier à son représentant au Congrès. Il commença à devenir évident que les oiseaux pouvaient avoir des voix ; le projet de loi a été adopté. Notre organisation n'a jamais été utilisée à des fins politiques et ne le sera jamais. Nous partons du principe que notre peuple a droit à ses propres préférences.

Pour revenir à John Burroughs. Bien sûr, je savais qui il était et j'avais lu presque tout ce qu'il avait écrit, mais je n'avais jamais pensé à le rencontrer jusqu'à il y a quelques années, lorsqu'il a développé une rancune contre le progrès moderne. Il détestait l'argent et surtout il détestait le pouvoir que l'argent donne aux gens vulgaires pour dépouiller les belles campagnes. Il a commencé à détester l'industrie qui permet de gagner de l'argent. Il n'aimait pas le bruit des usines et des chemins de fer. Il critiquait le progrès industriel et déclarait que l'automobile allait tuer l'appréciation de la nature. Je suis fondamentalement en désaccord avec lui. Je pensais que ses émotions l'avaient mené sur une mauvaise voie et je lui ai donc envoyé une automobile en lui demandant de l'essayer et de découvrir par lui-même si elle ne l'aiderait pas à mieux connaître la nature. Cette automobile – et il lui a fallu du temps pour apprendre à la conduire lui-même – a complètement changé son point de vue. Il a constaté que cela l'aidait à voir davantage et, à partir du moment où il l'a obtenu, il a effectué presque toutes ses expéditions de chasse aux oiseaux au volant. Il apprit qu'au lieu de devoir se limiter à quelques kilomètres autour de Slabsides , toute la campagne lui était ouverte.

De cette automobile est née notre amitié, et elle était excellente. Aucun homme ne pouvait s'empêcher d'être meilleur en connaissant John Burroughs. Il n'était pas un naturaliste professionnel et il ne se contentait pas de recherches approfondies. Il est facile de devenir sentimental à l'extérieur ; il est difficile de rechercher la vérité sur un oiseau comme on rechercherait un principe mécanique. Mais John Burroughs l'a fait et, par conséquent, les observations qu'il a formulées étaient dans une large mesure exactes. Il était impatient envers les hommes qui n'étaient pas précis dans leurs observations de la vie naturelle. John Burroughs a d'abord aimé la nature pour elle-même

; il ne s'agissait pas seulement de son matériel d'écrivain professionnel. Il l'a adoré avant d'en parler.

Tard dans sa vie, il devint philosophe. Sa philosophie n'était pas tant une philosophie de la nature qu'une philosophie naturelle : les longues et sereines pensées d'un homme qui avait vécu dans l'esprit tranquille des arbres. Il n'était pas païen ; il n'était pas panthéiste ; mais il ne faisait pas beaucoup de différence entre la nature et la nature humaine, ni entre la nature humaine et la nature divine. John Burroughs a vécu une vie saine. Il a eu la chance d'avoir comme maison la ferme dans laquelle il est né. Pendant de longues années, son environnement était celui qui garantissait la tranquillité d'esprit. Il aimait les bois et il les faisait aimer aussi aux citadins à l'esprit poussiéreux – il les aidait à voir ce qu'il voyait. Il ne gagnait pas grand-chose au-delà de sa vie. Il aurait pu le faire, peut-être, mais ce n'était pas son objectif. Comme un autre naturaliste américain, son métier aurait pu être décrit comme celui d'inspecteur des nids d'oiseaux et des sentiers à flanc de colline. Bien entendu, cela ne se paie pas en dollars ni en centimes.

Lorsqu'il eut dépassé les trois points et dix, il changea d'avis sur l'industrie. Peut-être que j'avais quelque chose à voir avec ça. Il se rendit compte que le monde entier ne pouvait pas vivre de la chasse aux nids d'oiseaux. À une époque de sa vie, il en voulait à tout progrès moderne, surtout lorsqu'il était associé à la combustion du charbon et au bruit de la circulation. C'était peut-être ce qui se rapprochait le plus de l'affectation littéraire. Wordsworth n'aimait pas non plus les chemins de fer, et Thoreau a déclaré qu'il pouvait découvrir davantage le pays en marchant. Ce sont peut-être de telles influences qui ont incité John Burroughs pendant un certain temps à s'opposer au progrès industriel. Mais seulement pour un temps. Il en est venu à réaliser qu'il était heureux pour lui que les goûts des autres s'expriment par d'autres canaux, tout comme il était heureux pour le monde que ses goûts s'expriment par son propre canal. Il n'y a eu aucune évolution notable dans la méthode de fabrication des nids d'oiseaux depuis le début des observations enregistrées, mais ce n'est pas une raison pour laquelle les êtres humains ne devraient pas préférer les maisons sanitaires modernes aux habitations troglodytes. Cela faisait partie de la raison de John Burroughs : il n'avait pas peur de changer d'avis. Il était un amoureux de la nature, pas sa dupe. Au fil du temps, il en est venu à apprécier et à approuver les appareils modernes, et bien que cela soit en soi un fait intéressant, ce n'est pas aussi intéressant que le fait qu'il ait opéré ce changement après l'âge de soixante-dix ans. John Burroughs n'a jamais été trop vieux pour changer. Il a continué à grandir jusqu'au bout. L'homme qui est trop prêt à changer est déjà mort. Les funérailles ne sont qu'un détail.

S'il parlait plus d'une personne que d'une autre, c'était bien Emerson. Non seulement il connaissait Emerson par cœur en tant qu'auteur, mais il le connaissait par cœur en tant qu'esprit. Il m'a appris à connaître Emerson. Il s'était tellement saturé d'Emerson qu'à un moment donné, il pensait comme il le faisait et tombait même dans son mode d'expression. Mais ensuite, il a trouvé sa propre voie, ce qui était pour lui la meilleure.

Il n'y avait aucune tristesse dans la mort de John Burroughs. Lorsque le grain est brun et mûr sous le soleil de la moisson et que les moissonneurs sont occupés à le lier en gerbes, il n'y a aucune tristesse pour le grain. Il a mûri et a rempli son mandat, tout comme John Burroughs. Chez lui, c'était la pleine maturité et la récolte, pas la pourriture. Il a travaillé presque jusqu'au bout. Ses projets allaient au-delà de la fin. Ils l'ont enterré au milieu des scènes qu'il aimait, et c'était son quatre-vingt-quatrième anniversaire. Ces scènes seront conservées telles qu'il les aimait.

John Burroughs, Edison et moi, avec Harvey S. Firestone, avons fait plusieurs voyages vagabonds ensemble. Nous partions en camping-car et dormions sous la toile. Une fois, nous avons traversé les Adirondacks, puis les Alleghenies, en direction du sud. Les voyages étaient très amusants, sauf qu'ils commençaient à attirer trop d'attention.

* * * * *

Aujourd'hui, je suis plus opposé à la guerre que jamais, et je pense que les peuples du monde savent – même si les politiciens ne le savent pas – que la guerre ne règle jamais rien. C'est la guerre qui a fait des processus ordonnés et rentables du monde ce qu'ils sont aujourd'hui : une masse lâche et disjointe. Bien sûr, certains hommes s'enrichissent grâce à la guerre ; d'autres deviennent pauvres. Mais les hommes qui s'enrichissent ne sont pas ceux qui se sont battus ou qui ont réellement aidé derrière les lignes. Aucun patriote ne gagne de l'argent avec la guerre. Aucun homme doté d'un véritable patriotisme ne pourrait gagner de l'argent grâce à la guerre, grâce au sacrifice de la vie d'autrui. Jusqu'à ce que le soldat gagne de l'argent en combattant, jusqu'à ce que les mères gagnent de l'argent en donnant leurs fils à la mort, ce n'est qu'alors qu'un citoyen ne devrait pas gagner d'argent en fournissant à son pays les moyens de préserver sa vie.

Si les guerres doivent continuer, il sera de plus en plus difficile pour l'homme d'affaires honnête de considérer la guerre comme un moyen légitime d'obtenir des profits élevés et rapides. Les fortunes de guerre perdent chaque jour leur caste. Même l'avidité hésitera un jour devant l'impopularité et l'opposition écrasantes auxquelles se heurteront les profiteurs de la guerre. Les entreprises doivent être du côté de la paix, car la paix est le meilleur atout des entreprises.

Et d'ailleurs, le génie inventif a-t-il jamais été aussi stérile que pendant la guerre ?

Une enquête impartiale sur la dernière guerre, sur ce qui l'a précédée et sur ce qui en a résulté, montrerait sans aucun doute qu'il existe dans le monde un groupe d'hommes dotés de vastes pouvoirs de contrôle, qui préfèrent rester inconnus, qui ne veulent pas chercher un poste ou l'un des signes de pouvoir, qui n'appartient à aucune nation mais est international - une force qui utilise chaque gouvernement, chaque organisation commerciale répandue, chaque agence de publicité, chaque ressource de la psychologie nationale, pour jeter le monde dans la panique dans le but d'acquérir encore plus de pouvoir sur le monde. Autrefois, une vieille astuce de jeu consistait pour le joueur à crier « Police ! » quand beaucoup d'argent était sur la table et, dans la panique qui a suivi, de saisir l'argent et de s'enfuir avec lui. Il existe une puissance dans le monde qui crie « Guerre ! » et dans la confusion des nations, le sacrifice effréné que les gens font pour la sécurité et la paix s'envole avec les dépouilles de la panique.

Ce qu'il faut garder à l'esprit est que, même si nous avons gagné la compétition militaire, le monde n'a pas encore réussi à remporter une victoire complète sur les promoteurs de la guerre. Nous ne devons pas oublier que les guerres sont un mal purement fabriqué et réalisées selon une technique précise. Une campagne de guerre se déroule selon des lignes aussi précises qu'une campagne menée dans tout autre but. Premièrement, on travaille sur les gens. Par des histoires astucieuses, les soupçons du peuple sont éveillés à l'égard de la nation contre laquelle on souhaite la guerre. Rendre la nation suspecte ; rendre l'autre nation suspecte. Pour cela, il suffit de quelques agents intelligents et sans conscience, et d'une presse dont les intérêts sont liés aux intérêts qui bénéficieront de la guerre. Alors « l'acte manifeste » apparaîtra bientôt. Ce n'est pas du tout une astuce que d'obtenir un « acte manifeste » une fois que vous avez poussé la haine entre deux nations à un niveau approprié.

Il y avait des hommes dans tous les pays qui étaient heureux de voir la guerre mondiale commencer et désolés de la voir s'arrêter. Des centaines de fortunes américaines datent de la guerre civile ; des milliers de nouvelles fortunes datent de la guerre mondiale. Personne ne peut nier que la guerre est une affaire rentable pour ceux qui aiment ce genre d'argent. La guerre est une orgie d'argent, tout comme elle est une orgie de sang.

Et nous ne serions pas si facilement entraînés dans la guerre si nous réfléchissions à ce qui fait la grandeur d'une nation. Ce n'est pas l'ampleur des échanges commerciaux qui fait la grandeur d'une nation. La création de fortunes privées, tout comme la création d'une autocratie, ne fait la grandeur d'aucun pays. Le simple changement d'une population agricole en population industrielle ne l'est pas non plus. Un pays devient grand lorsque, grâce au développement judicieux de ses ressources et aux compétences de sa population, la propriété est largement et équitablement répartie.

Le commerce extérieur est plein d'illusions. Nous devons souhaiter à chaque nation le plus grand degré possible d'autosuffisance. Au lieu de vouloir qu'ils dépendent de nous pour ce que nous fabriquons, nous devrions souhaiter qu'ils apprennent à fabriquer eux-mêmes et à bâtir une civilisation solidement fondée. Lorsque chaque nation apprendra à produire ce qu'elle est capable de produire, nous pourrons nous mettre au service les uns des autres selon ces lignes particulières dans lesquelles il ne peut y avoir de concurrence. La zone tempérée du Nord ne pourra jamais rivaliser avec les tropiques dans les produits spéciaux des tropiques. Notre pays ne sera jamais un concurrent de l'Orient dans la production du thé, ni du Sud dans la production du caoutchouc.

Une grande partie de notre commerce extérieur repose sur le retard de nos clients étrangers. L'égoïsme est un motif qui préserverait ce retard. L'humanité est un motif qui aiderait les nations arriérées à devenir autonomes. Prenez le Mexique, par exemple. Nous avons beaucoup entendu parler du « développement » du Mexique. Exploitation est le mot qu'il faudrait plutôt utiliser. Lorsque ses riches ressources naturelles sont exploitées pour accroître la fortune privée des capitalistes étrangers, cela n'est pas du développement, c'est du ravissement. Vous ne pourrez jamais développer le Mexique tant que vous n'aurez pas développé le Mexicain. Et pourtant, dans quelle mesure le « développement » du Mexique par les exploiteurs étrangers a-t-il jamais tenu compte du développement de sa population ? Le péon mexicain a été considéré comme un simple carburant pour les investisseurs étrangers. Le commerce extérieur a été sa dégradation.

Les myopes ont peur de tels conseils. Ils disent : « Que deviendrait notre commerce extérieur ?

Lorsque les indigènes d'Afrique commenceront à cultiver leur propre coton, que les indigènes de Russie commenceront à fabriquer leurs propres outils agricoles et que les indigènes de Chine commenceront à subvenir à leurs propres besoins, cela fera une différence, bien sûr, mais un homme réfléchi imagine-t-il que Le monde peut-il continuer longtemps sur la base actuelle de quelques nations pourvoyant aux besoins du monde ? Nous devons penser à ce que sera le monde lorsque la civilisation se généralisera, lorsque tous les peuples auront appris à s'aider eux-mêmes.

Lorsqu'un pays se passionne pour le commerce extérieur, il dépend généralement d'autres pays pour ses matières premières, transforme sa population en fourrage pour ses usines, crée une classe privée riche et laisse ses propres intérêts immédiats être négligés. Ici, aux États-Unis, nous avons suffisamment de travail à faire pour développer notre propre pays pour nous libérer de la nécessité de rechercher longtemps le commerce extérieur. Nous disposons de suffisamment d'agriculture pour nous nourrir pendant que nous le faisons, et de suffisamment d'argent pour mener à bien notre travail. Y a-t-il quelque chose de plus stupide que les États-Unis qui restent les bras croisés parce que le Japon, la France ou tout autre pays ne nous a pas envoyé d'ordre alors qu'un travail de cent ans nous attend pour développer notre propre pays ?

Le commerce a commencé dans le service. Les hommes emportaient leur surplus à ceux qui n'en avaient pas. Le pays qui cultivait du maïs l'apportait au pays qui ne pouvait pas cultiver de maïs. Le pays du bois a apporté du bois dans les plaines sans arbres. La région viticole a apporté des fruits dans les climats froids du nord. Les pâturages apportaient de la viande dans les régions sans herbe. C'était tout du service. Lorsque tous les peuples du monde seront parvenus à acquérir l'art de subvenir à leurs propres besoins, le commerce reviendra à cette base. Les affaires redeviendront des services. Il n'y aura pas de concurrence, car la base de la concurrence aura disparu. Les peuples les plus divers développeront des compétences qui relèveront de la nature de monopoles et non de concurrence. Depuis le début, les races ont fait preuve de génies distincts : celui-ci pour le gouvernement ; un autre pour la colonisation ; un autre pour la mer ; un autre pour l'art et la musique ; un autre pour l'agriculture ; un autre pour les affaires, et ainsi de suite. Lincoln a déclaré que cette nation ne pouvait pas survivre à moitié esclave et à moitié libre. La race humaine ne peut pas exister éternellement à moitié exploiteuse et à moitié exploitée. Tant que nous ne deviendrons pas à la fois acheteurs et vendeurs, producteurs et consommateurs, gardant l'équilibre non pas pour le profit mais pour le service, nous nous retrouverons dans des conditions sens dessus dessous.

La France a quelque chose à offrir au monde dont aucune concurrence ne peut la tromper. L'Italie aussi. La Russie aussi. Il en va de même pour les pays d'Amérique du Sud. Le Japon aussi. La Grande-Bretagne aussi. Les États-Unis aussi. Plus tôt nous reviendrons à une base de spécialités naturelles et abandonnerons ce système d'accaparement de tous, plus tôt nous serons sûrs du respect de nous-mêmes sur le plan international – et de la paix internationale. Essayer de s'emparer du commerce mondial peut favoriser la guerre. Cela ne peut pas promouvoir la prospérité. Un jour, même les banquiers internationaux l'apprendront.

Je n'ai jamais pu découvrir de raisons honorables pour le déclenchement de la guerre mondiale. Il semble qu'elle soit née d'une situation très complexe créée en grande partie par ceux qui pensaient pouvoir profiter de la guerre. Je croyais, d'après les informations qui m'avaient été données en 1916, que certaines nations désiraient la paix et accueilleraient favorablement une manifestation en faveur de la paix. C'est dans l'espoir que cela soit vrai que j'ai financé l'expédition vers Stockholm à bord de ce qu'on appelle depuis le « Peace Ship ». Je ne regrette pas la tentative. Le simple fait que cela ait échoué ne constitue pas, à mes yeux, une preuve concluante que cela ne valait pas la peine d'essayer. Nous apprenons davantage de nos échecs que de nos succès. Ce que j'ai appris au cours de ce voyage valait le temps et l'argent dépensés. Je ne sais pas maintenant si les informations qui m'ont été transmises étaient vraies ou fausses. Je m'en fiche. Mais je pense que tout le monde conviendra que s'il avait été possible de mettre fin à la guerre en 1916, le monde se porterait mieux qu'il ne l'est aujourd'hui.

Car les vainqueurs se sont gaspillés à vaincre, et les vaincus à résister. Personne n'a tiré d'avantage, honorable ou déshonorant , de cette guerre. J'avais finalement espéré, lorsque les États-Unis sont entrés en guerre, que ce serait une guerre pour mettre fin aux guerres, mais maintenant je sais que les guerres ne mettent pas fin aux guerres, pas plus qu'une conflagration d'une ampleur extraordinaire ne supprime le risque d'incendie. Lorsque notre pays est entré en guerre, il est devenu le devoir de chaque citoyen de faire tout son possible pour mener à bien ce que nous avions entrepris. Je crois qu'il est du devoir de l'homme qui s'oppose à la guerre de s'opposer à la guerre jusqu'au moment de sa déclaration effective. Mon opposition à la guerre ne repose pas sur des principes pacifistes ou de non-résistance. Il se peut que l'état actuel de la civilisation soit tel que certaines questions internationales ne puissent être discutées ; il se peut qu'il faille les combattre. Mais les combats ne règlent jamais la question. Cela amène seulement les participants à un état d'esprit où ils accepteront de discuter de ce pour quoi ils se battent.

Une fois la guerre entrée, toutes les installations des industries Ford furent mises à la disposition du gouvernement. Nous avions, jusqu'à la déclaration de guerre, absolument refusé de recevoir des ordres de guerre des belligérants étrangers. Il est totalement contraire aux principes de notre entreprise de perturber la routine de notre production, sauf en cas d'urgence. Il est contraire à nos principes humains d'aider l'une ou l'autre des parties dans une guerre dans laquelle notre pays n'a pas été impliqué. Ces principes n'ont eu aucune application une fois que les États-Unis sont entrés en guerre. D'avril 1917 à novembre 1918, notre usine a travaillé pratiquement exclusivement pour le gouvernement. Bien sûr, nous fabriquions des voitures et des pièces détachées ainsi que des camions de livraison spéciaux et des ambulances dans le cadre de notre production générale, mais nous fabriquions également de nombreux autres articles plus ou moins nouveaux pour nous. Nous avons fabriqué des camions de 2 1/2 tonnes et 6 tonnes. Nous fabriquions des moteurs Liberty en grande quantité, des cylindres aérodynamiques de 1,55 Mm. et 4,7 millimètres. caissons. Nous avons fabriqué des appareils d'écoute, des casques en acier (à Highland Park et à Philadelphie) et des Eagle Boats, et nous avons effectué de nombreux travaux expérimentaux sur les plaques de blindage , les compensateurs et les gilets pare- balles . Pour les Eagle Boats, nous avons installé une usine spéciale sur le site de River Rouge. Ces bateaux étaient conçus pour combattre les sous-marins. Ils mesuraient 204 pieds de long, étaient fabriqués en acier , et l'une des conditions préalables à leur construction était que leur construction ne devait pas interférer avec aucune autre ligne de production de guerre et également qu'ils soient livrés rapidement. La conception a été élaborée par le Département de la Marine. Le 22 décembre 1917, j'ai proposé de construire les bateaux pour la Marine. La discussion prit fin le 15 janvier 1918, lorsque le ministère de la Marine attribua le contrat à la société Ford. Le 11 juillet, le premier bateau terminé a été mis à l'eau. Nous avons fabriqué à la fois les coques et les moteurs, et aucune pièce forgée ou poutre laminée n'est entrée dans la construction autre que le moteur. Nous avons embouti les coques entièrement en tôle d'acier. Ils ont été construits à l'intérieur. En quatre mois, nous avons construit un bâtiment au bord de la rivière Rouge d'un tiers de mille de long, 350 pieds de large et 100 pieds de haut, couvrant plus de treize acres. Ces bateaux n'ont pas été construits par des ingénieurs maritimes. Ils ont été construits simplement en appliquant nos principes de production à un nouveau produit.

Avec l'Armistice, nous avons immédiatement abandonné la guerre et sommes revenus à la paix.

* * * * *

Un homme capable est un homme qui peut faire des choses, et sa capacité à faire des choses dépend de ce qu'il a en lui. Ce qu'il a en lui dépend de ce avec quoi il a commencé et de ce qu'il a fait pour l'augmenter et le discipliner.

Un homme instruit n'est pas quelqu'un dont la mémoire est entraînée à porter quelques dates dans l'histoire : c'est quelqu'un qui peut accomplir des choses. Un homme incapable de penser n'est pas un homme instruit, quel que soit le nombre de diplômes universitaires qu'il ait acquis. Penser est le travail le plus difficile qu'on puisse accomplir – ce qui explique probablement pourquoi nous avons si peu de penseurs. Il y a deux extrêmes à éviter : l'un est l'attitude de mépris envers l'éducation, l'autre est le snobisme tragique qui consiste à supposer que traverser un système éducatif est un remède sûr à l'ignorance et à la médiocrité. Vous ne pouvez apprendre dans aucune école ce que le monde fera l'année prochaine, mais vous pouvez apprendre certaines des choses que le monde a essayé de faire au cours des années précédentes, et où il a échoué et où il a réussi. Si l'éducation consistait à mettre le jeune étudiant en garde contre certaines des fausses théories sur lesquelles les hommes ont essayé de s'appuyer, afin de lui épargner la perte de temps à découvrir par une expérience amère, son bien serait indiscutable. Une éducation composée de panneaux indiquant les échecs et les erreurs du passé serait sans aucun doute très utile. Il ne s'agit pas simplement de posséder les théories d'un grand nombre de professeurs. La spéculation est très intéressante, et parfois rentable, mais ce n'est pas de l'éducation. Être instruit en science aujourd'hui, c'est simplement connaître une centaine de théories qui n'ont pas été prouvées. Et ne pas savoir ce que sont ces théories, c'est être « sans instruction », « ignorant », et ainsi de suite. Si la connaissance des suppositions est un apprentissage, alors on peut devenir instruit par le simple fait de faire ses propres suppositions. Et du même coup, il peut qualifier le reste du monde d'« ignorant » parce qu'il ne sait pas quelles sont ses hypothèses. Mais le mieux que l'éducation puisse faire pour un homme, c'est de le mettre en possession de ses pouvoirs, de lui donner la maîtrise des outils dont le destin l'a doté et de lui apprendre à penser. Le collège rend ses meilleurs services en tant que gymnase intellectuel, dans lequel les muscles mentaux sont développés et l'étudiant renforcé pour faire ce qu'il peut. Dire, cependant, que la gymnastique mentale ne peut être pratiquée qu'à l'université n'est pas vrai, comme le savent tous les éducateurs. La véritable éducation d'un homme commence après qu'il ait quitté l'école. La véritable éducation s'acquiert par la discipline de la vie.

Il existe de nombreux types de connaissances, et cela dépend du public dans lequel vous vous trouvez, de la façon dont se déroulent les modes du moment, quel type de connaissances est le plus respecté à l'heure actuelle. Il y a des modes dans le savoir, comme dans tout le reste. Lorsque certains d'entre nous étaient enfants, la connaissance se limitait à la Bible. Il y avait certains hommes dans le quartier qui connaissaient parfaitement le Livre, et ils étaient admirés et respectés. La connaissance biblique était alors très appréciée. Mais de nos jours, il est douteux qu'une connaissance approfondie de la Bible suffise à gagner à un homme une réputation d'érudit.

La connaissance, à mon avis, est quelque chose que quelqu'un a connu dans le passé et a laissé sous une forme qui permet à tous ceux qui le veulent de l'obtenir. Si un homme naît avec des facultés humaines normales, s'il est équipé de suffisamment de capacités pour utiliser les outils que nous appelons « lettres » en lecture ou en écriture, il n'y a aucune connaissance en possession de la race qu'il ne puisse avoir – s'il le veut. il! La seule raison pour laquelle tout homme ne sait pas tout ce que l'esprit humain a jamais appris, c'est que personne n'a encore jugé utile d' en savoir autant. Les hommes satisfont davantage leur esprit en découvrant les choses par eux-mêmes qu'en accumulant les choses que quelqu'un d'autre a découvertes. Vous pouvez sortir et rassembler des connaissances toute votre vie, et avec tous vos rassemblements, vous ne rattraperez même pas votre propre temps. Vous pouvez remplir votre tête de tous les « faits » de tous les âges, et votre tête peut n'être qu'une boîte de faits surchargée une fois que vous avez terminé. Le point est le suivant : de grandes quantités de connaissances dans la tête ne sont pas la même chose qu'une activité mentale. Un homme peut être très instruit et très inutile. Et puis, un homme peut être ignorant et très utile.

Le but de l'éducation n'est pas de remplir l'esprit d'un homme de faits ; c'est pour lui apprendre à utiliser son esprit pour penser. Et il arrive souvent qu'un homme puisse mieux penser s'il n'est pas gêné par la connaissance du passé.

C'est une tendance très humaine de penser que ce que l'humanité ne sait pas encore, personne ne peut l'apprendre. Et pourtant, il doit être parfaitement clair pour chacun que les connaissances passées de l'humanité ne peuvent pas faire obstacle à nos connaissances futures. L'humanité n'est pas allée aussi loin si l'on mesure ses progrès à l'aune des connaissances qui restent à acquérir, des secrets qui restent à apprendre.

Un bon moyen d'entraver le progrès est de remplir la tête d'un homme de toutes les connaissances du passé ; cela lui donne l'impression que parce qu'il a la tête pleine, il n'y a plus rien à apprendre. La simple collecte de connaissances peut devenir le travail le plus inutile qu'un homme puisse accomplir. Que pouvez-vous faire pour aider et guérir le monde ? C'est le test pédagogique. Si un homme peut atteindre son objectif, il compte pour un. S'il peut aider dix, cent ou mille autres hommes à atteindre leurs objectifs, il compte pour plus. Il est peut-être assez rouillé sur beaucoup de choses qui touchent le domaine de l'imprimé, mais c'est tout de même un homme érudit. Lorsqu'un homme est maître de sa propre sphère, quelle qu'elle soit, il a obtenu son diplôme, il est entré dans le domaine de la sagesse.

* * * * *

L'ouvrage que nous décrivons comme Études sur la question juive, et qui est diversement décrit par les antagonistes comme « la campagne juive », « l'attaque contre les Juifs », « le pogrom antisémite », etc., n'a pas besoin d'explication pour être expliqué. ceux qui l'ont suivi. Ses motivations et ses objectifs doivent être jugés par l'œuvre elle-même. Il se propose comme une contribution à une question qui touche profondément le pays, une question qui est raciale à sa source, et qui concerne les influences et les idéaux plutôt que les personnes. Nos déclarations doivent être jugées par des lecteurs francs, suffisamment intelligents pour associer nos paroles à la vie telle qu'ils sont capables de l'observer. Si notre parole et leurs observations concordent, le dossier est plaidé. Il est parfaitement stupide de commencer à nous damner avant qu'il ait été démontré que nos déclarations sont sans fondement ou irresponsables. Le premier élément à considérer est la véracité de ce que nous avons exposé. Et c'est précisément ce point que nos critiques choisissent d'éluder.

Les lecteurs de nos articles verront immédiatement que nous ne sommes animés par aucun préjugé, sauf s'il s'agit d'un préjugé en faveur des principes qui ont fait notre civilisation. On avait observé dans ce pays certains courants d'influence qui provoquaient une détérioration marquée de notre littérature, de nos divertissements et de notre conduite sociale ; les affaires s'éloignaient de leur solidité substantielle d'antan ; une baisse générale des normes se faisait sentir partout. Ce n'était pas la grossièreté robuste de l'homme blanc, la grossière indélicatesse, par exemple, des personnages de Shakespeare, mais un orientalisme méchant qui a insidieusement affecté tous les canaux d'expression - et à tel point qu'il était temps de le contester. Le fait que ces influences soient toutes imputables à une seule source raciale est un fait dont il faut tenir compte, non seulement par nous, mais aussi par les personnes intelligentes de la race en question. Il leur est tout à fait honorable d'avoir pris des mesures pour retirer leur protection aux contrevenants les plus flagrants de l'hospitalité américaine, mais il est encore possible d'écarter les idées dépassées de supériorité raciale entretenues par une guerre économique ou intellectuellement subversive contre la société chrétienne.

Notre travail ne prétend pas dire le dernier mot sur les Juifs d'Amérique. Il ne dit que le mot qui décrit son empreinte actuelle évidente sur le pays. Lorsque cette impression est modifiée, le rapport peut être modifié. Pour le moment donc, la question est entièrement entre les mains des Juifs. S'ils sont aussi sages qu'ils le prétendent, ils s'efforceront de rendre les Juifs américains, au lieu de s'efforcer de rendre l'Amérique juive. Le génie des États-Unis d'Amérique est chrétien au sens le plus large, et son destin est de rester chrétien. Cela n'a aucune signification sectaire, mais se rapporte à un principe fondamental qui diffère des autres principes en ce qu'il prévoit la liberté avec la moralité et engage la société à un code de relations basé sur des conceptions chrétiennes fondamentales des droits et devoirs de l'homme.

Quant aux préjugés ou à la haine contre les personnes, ils ne sont ni américains ni chrétiens. Notre opposition s'adresse uniquement aux idées, aux idées fausses, qui sapent la vigueur morale du peuple. Ces idées proviennent de sources facilement identifiables, elles sont promulguées par des méthodes facilement découvrables ; et ils sont contrôlés par la simple exposition. Nous avons simplement utilisé la méthode d'exposition. Lorsque les gens apprennent à identifier la source et la nature de l'influence qui tourbillonne autour d'eux, cela suffit. Que le peuple américain comprenne une fois que ce n'est pas une dégénérescence naturelle, mais une subversion calculée qui nous afflige, et il sera en sécurité. L'explication est le remède.

Ce travail a été entrepris sans motivations personnelles. Lorsqu'il a atteint un stade où nous pensions que le peuple américain pouvait saisir la clé, nous l'avons laissé en suspens pour le moment. Nos ennemis disent que nous l'avons commencé par vengeance et que nous l'avons abandonné par peur. Le temps montrera que nos critiques ne font que se soustraire au problème parce qu'ils n'osent pas aborder la question principale. Le temps montrera également que nous sommes de meilleurs amis pour les meilleurs intérêts des Juifs que ne le sont ceux qui les vantent en face et les critiquent dans leur dos.

CHAPITRE XVIII

DÉMOCRATIE ET INDUSTRIE

Peut-être qu'aucun mot n'est plus surchargé de nos jours que le mot « démocratie », et ceux qui en parlent le plus fort, je pense, en règle générale, le souhaitent le moins. Je me méfie toujours des hommes qui parlent avec désinvolture de démocratie. Je me demande s'ils veulent instaurer une sorte de despotisme ou s'ils veulent que quelqu'un fasse pour eux ce qu'ils devraient faire pour eux-mêmes. Je suis pour une démocratie qui donne à chacun une chance égale selon ses capacités. Je pense que si nous accordons plus d'attention au service de nos concitoyens, nous nous soucierons moins des formes vides de gouvernement et nous nous soucierons davantage des choses à faire. En pensant au service, nous ne nous soucierons pas du bien-être dans l'industrie ou dans la vie ; nous ne nous soucierons pas des masses et des classes, ni des magasins fermés ou ouverts, ni de questions qui n'ont rien à voir avec les véritables affaires de la vie. Nous pouvons revenir aux faits. Nous avons besoin de faits.

C'est un choc lorsque l'esprit se rend compte que l'humanité tout entière n'est pas humaine et que des groupes entiers de personnes ne considèrent pas les autres avec des sentiments humains. De grands efforts ont été faits pour que cela apparaisse comme l'attitude d'une classe, mais c'est en réalité l'attitude de toutes les « classes », dans la mesure où elles sont influencées par la fausse notion de « classes ». Autrefois, lorsque la propagande s'efforçait constamment de faire croire au peuple que seuls les « riches » étaient dépourvus de sentiments humains, l'opinion s'est généralisée selon laquelle parmi les « pauvres » fleurissaient les vertus humaines.

Mais les « riches » et les « pauvres » constituent tous deux de très petites minorités, et on ne peut pas classer la société sous de telles catégories. Il n'y a pas assez de « riches » ni assez de « pauvres » pour répondre aux objectifs d'une telle classification. Les hommes riches sont devenus pauvres sans changer de nature, et les hommes pauvres sont devenus riches, et le problème n'en a pas été affecté.

Entre les riches et les pauvres se trouve la grande masse des gens qui ne sont ni riches ni pauvres. Une société composée exclusivement de millionnaires ne serait pas différente de notre société actuelle ; certains millionnaires devraient cultiver du blé, faire du pain, fabriquer des machines et faire fonctionner des trains, sinon ils mourraient tous de faim. Quelqu'un doit faire le travail. En réalité, nous n'avons pas de classes fixes. Nous avons des hommes qui travailleront et d'autres qui ne le feront pas. La plupart des « cours » dont on parle sont purement fictifs. Prenez certains journaux capitalistes. Vous serez étonné par certaines déclarations concernant la classe ouvrière . Nous qui avons fait et faisons toujours partie de la classe ouvrière , savons que ces affirmations sont fausses. Prenez certains papiers de travail . Vous êtes également étonné par certaines des déclarations qu'ils font à propos des « capitalistes ». Et pourtant, des deux côtés, il y a une part de vérité. L'homme qui est capitaliste et rien d'autre, qui joue avec les fruits du travail des autres , mérite tout ce qu'on dit contre lui. Il appartient exactement à la même classe que le joueur bon marché qui escroque les ouvriers sur leur salaire. Les déclarations que nous lisons sur la classe ouvrière dans la presse capitaliste sont rarement écrites par des dirigeants de grandes industries, mais par une classe d'écrivains qui écrivent ce qu'ils pensent plaire à leurs employeurs. Ils écrivent ce qui, selon eux, plaira. Examinez la presse ouvrière et vous découvrirez une autre classe d'écrivains qui cherchent de la même manière à chatouiller les préjugés qu'ils conçoivent chez les travailleurs . Les deux types d'écrivains ne sont que de simples propagandistes. Et la propagande qui ne diffuse pas les faits est autodestructrice. Et ça devrait l'être. Vous ne pouvez pas prêcher le patriotisme aux hommes dans le but de les amener à rester immobiles pendant que vous les volez – et vous en tirer très longtemps avec ce genre de prédication. Vous ne pouvez pas prêcher le devoir de travailler dur et de produire abondamment, et en faire un écran pour un profit supplémentaire pour vous-même. Et l'ouvrier ne peut pas non plus dissimuler par une phrase l'absence d'une journée de travail.

Il ne fait aucun doute que la classe des employeurs possède des données dont les salariés devraient disposer pour se forger des opinions saines et porter des jugements justes. Il ne fait aucun doute que les employés possèdent des faits qui sont tout aussi importants pour l'employeur. Il est cependant extrêmement douteux que l'une ou l'autre des parties dispose de tous les faits. Et c'est là que la propagande, même si elle pouvait réussir pleinement, est défectueuse. Il n'est pas souhaitable qu'un ensemble d'idées soit « transmis » à une classe possédant un autre ensemble d'idées. Ce dont nous avons réellement besoin, c'est de rassembler toutes les idées et de construire à partir d'elles.

Prenez, par exemple, toute cette question du travail syndical et du droit de grève.

Le seul groupe d'hommes syndiqués fort dans le pays est celui qui perçoit les salaires des syndicats. Certains d'entre eux sont très riches. Certains d'entre eux souhaitent influencer les affaires de nos grandes institutions financières. D'autres sont si extrémistes dans leur soi-disant socialisme qu'ils confinent au bolchevisme et à l'anarchisme – leurs salaires syndicaux les libérant de la nécessité de travailler pour qu'ils puissent consacrer leurs énergies à la propagande subversive. Tous jouissent d'un certain prestige et d'un certain pouvoir qu'ils n'auraient pas pu conquérir autrement dans le cadre d'une compétition naturelle.

Si le personnel officiel des syndicats était aussi fort, aussi honnête, aussi honnête et aussi manifestement sage que la plupart des hommes qui les composent, le mouvement dans son ensemble aurait pris un visage différent ces dernières années. Mais ce personnel officiel, pour l'essentiel — il y a des exceptions notables — ne s'est pas voué à une alliance avec les qualités naturellement fortes de l'ouvrier ; il s'est plutôt consacré à jouer sur ses faiblesses, principalement sur les faiblesses de cette partie nouvellement arrivée de la population qui ne sait pas encore ce qu'est l'américanisme et qui ne le saura jamais si elle est laissée à la tutelle de ses dirigeants syndicaux locaux.

Les ouvriers, à l'exception de ceux qui ont été inoculés avec la doctrine fallacieuse de la « guerre des classes » et qui ont accepté la philosophie selon laquelle le progrès consiste à fomenter la discorde dans l'industrie (« Quand vous aurez vos 12 dollars par jour, ne vous arrêtez pas là ». " Agite pour 14 $. Quand tu as tes huit heures par jour, ne sois pas idiot et sois content ; commence quelque chose ! ", ayez le bon sens qui leur permet de le reconnaître. principes acceptés et observés, les conditions changent. Les dirigeants syndicaux n'ont jamais vu cela. Ils souhaitent que les conditions restent telles qu'elles sont, des conditions d'injustice, de provocation, de grèves, de ressentiment et de paralysie de la vie nationale. Ailleurs, où y aurait-il besoin de dirigeants syndicaux ? Chaque grève est pour eux un nouvel argument ; ils le montrent du doigt et disent : « Vous voyez ! Vous avez toujours besoin de nous.

Le seul véritable leader syndical est celui qui conduit les travailleurs au travail et aux salaires, et non celui qui conduit les travailleurs aux grèves, au sabotage et à la famine. L'union du travail qui apparaît au premier plan dans ce pays est l'union de tous ceux dont les intérêts sont interdépendants, dont les intérêts dépendent entièrement de l'utilité et de l'efficacité du service qu'ils rendent.

Il y a un changement à venir. Lorsque le syndicat des « dirigeants syndicaux » disparaîtra, avec lui disparaîtra le syndicat des patrons aveugles – des patrons qui n'ont jamais fait quelque chose de décent pour leurs employés jusqu'à ce qu'ils y soient contraints. Si le patron aveugle était une maladie, le dirigeant syndical égoïste était l'antidote. Quand le dirigeant syndical est devenu la maladie, le patron aveugle est devenu l'antidote. Tous deux sont inadaptés, tous deux n'ont pas leur place dans une société bien organisée. Et ils disparaissent tous les deux ensemble.

C'est le patron aveugle dont on entend aujourd'hui la voix : « Il est maintenant temps d'écraser les travailleurs , nous les avons en fuite ». Cette voix est en train de se taire avec celle qui prône la « guerre des classes ». Les producteurs, depuis les hommes qui travaillent à la planche à dessin jusqu'à ceux qui travaillent à l'atelier de moulage , se sont regroupés au sein d'un véritable syndicat et géreront désormais leurs propres affaires.

L'exploitation de l'insatisfaction est aujourd'hui une activité bien établie. Son objet n'est pas de régler quoi que ce soit, ni de faire avancer quoi que ce soit, mais de maintenir l'insatisfaction. Et les instruments utilisés pour y parvenir sont tout un ensemble de fausses théories et promesses qui ne pourront jamais se réaliser tant que la terre restera ce qu'elle est.

Je ne suis pas opposé à l'organisation du travail . Je ne suis pas opposé à toute organisation qui fait avancer les choses. C'est l'organisation pour limiter la production – que ce soit par les employeurs ou par les travailleurs – qui compte.

L'ouvrier lui-même doit se garder de certaines idées très dangereuses, dangereuses pour lui-même et pour le bien-être du pays. On dit parfois que moins un travailleur travaille, plus il crée d'emplois pour d'autres hommes. Cette erreur suppose que l'oisiveté est créatrice. L'oisiveté n'a jamais créé d'emploi. Cela ne crée que des fardeaux. L'homme travailleur ne met jamais son collègue au chômage ; en fait, c'est l'homme travailleur qui est le partenaire du manager industrieux, qui crée de plus en plus d'entreprises et donc de plus en plus d'emplois. Il est vraiment dommage que des hommes sensés aient jamais eu l'idée qu'en « combattant » dans leur travail, ils aident quelqu'un d'autre. Un instant de réflexion montrera la faiblesse d'une telle idée. L'entreprise saine, l'entreprise qui offre toujours de plus en plus de possibilités aux hommes de gagner leur vie honorablement et largement, est l'entreprise dans laquelle chaque homme accomplit un travail quotidien dont il est fier. Et le pays qui résiste le mieux est celui dans lequel les hommes travaillent honnêtement et ne jouent pas de tours avec les moyens de production. Nous ne pouvons pas jouer avec les lois économiques, car si nous le faisons, elles nous manipuleront de manière très dure.

Le fait qu'un travail soit aujourd'hui effectué par neuf hommes, alors qu'autrefois il était fait par dix hommes, ne signifie pas que le dixième homme est au chômage. Il n'est tout simplement pas employé à ce travail, et le public ne supporte pas le fardeau de son soutien en payant plus qu'il ne le devrait pour ce travail – car après tout, c'est le public qui paie !

Une entreprise industrielle qui est suffisamment éveillée pour se réorganiser dans un souci d'efficacité, et assez honnête avec le public pour lui facturer les coûts nécessaires et pas plus, est généralement une entreprise si entreprenante qu'elle a de nombreux emplois pour embaucher le dixième homme. Elle est vouée à croître, et la croissance est synonyme d'emplois. Une entreprise bien gérée cherche toujours à réduire le coût du travail pour le public ; et il est certain qu'elle emploiera plus d'hommes que l'entreprise qui traîne et fait payer au public le prix de sa mauvaise gestion.

Le dixième homme représentait un coût inutile. Le consommateur final le payait. Mais le fait qu'il n'ait pas été nécessaire dans ce travail particulier ne signifie pas qu'il soit inutile dans le travail du monde, ni même dans le travail de son atelier particulier.

Le public paie pour toute mauvaise gestion. Plus de la moitié des problèmes du monde d'aujourd'hui sont dus à la « guerre », à la dilution, au bon marché et à l'inefficacité pour lesquels les gens paient leur cher argent. Partout où deux hommes sont payés pour ce qu'un seul peut faire, les gens paient le double de ce qu'ils devraient. Et c'est un fait qu'il y a peu de temps encore, aux États-Unis, homme pour homme, nous ne produisions pas ce que nous faisions plusieurs années avant la guerre.

Une journée de travail signifie bien plus que simplement être « de service » au magasin pendant le nombre d'heures requis. Cela signifie donner un équivalent en service au salaire perçu. Et lorsque cet équivalent est altéré d'une manière ou d'une autre – lorsque l'homme donne plus qu'il ne reçoit, ou reçoit plus que ce qu'il donne – il ne faut pas longtemps avant qu'une grave dislocation se manifeste. Étendez cette situation à tout le pays, et vous aurez un bouleversement complet des affaires. Tout ce que signifie la difficulté industrielle, c'est la destruction des équivalents de base dans l'atelier. La direction doit partager la responsabilité avec les syndicats . La direction a également été paresseuse. La direction a trouvé plus facile d'embaucher cinq cents hommes supplémentaires que d'améliorer ses méthodes de manière à ce que cent hommes de l'ancienne force puissent être affectés à d'autres travaux. Le public payait, les affaires étaient en plein essor et la direction s'en fichait. Ce n'était pas différent au bureau de ce qui se passait dans le magasin. La loi des équivalents était violée aussi bien par les dirigeants que par les ouvriers. Pratiquement rien d'important n'est assuré par une simple demande. C'est pourquoi les grèves échouent toujours, même si elles semblent réussir. Une grève qui apporte des salaires plus élevés ou des horaires plus courts et qui fait porter le fardeau sur la communauté est un véritable échec. Cela ne fait que rendre l'industrie moins à même de servir et diminue le nombre d'emplois qu'elle peut soutenir. Cela ne veut pas dire qu'aucune grève n'est justifiée : cela peut attirer l'attention sur un mal. Les hommes peuvent frapper avec justice – qu'ils obtiennent ainsi justice est une autre question. La grève pour des conditions adéquates et des récompenses justes est justifiable. Il est dommage que les hommes soient obligés de recourir à la grève pour obtenir ce qui leur revient de droit. Aucun Américain ne devrait être obligé de faire grève pour ses droits. Il doit les recevoir naturellement, facilement, comme une évidence. Ces grèves justifiables sont généralement la faute de l'employeur. Certains employeurs ne sont pas adaptés à leur emploi. L'emploi des hommes, la direction de leurs énergies, l'organisation de leurs récompenses en proportion honnête de leur production et de la prospérité de l'entreprise, n'est pas une mince affaire. Un employeur peut être inapte à son travail, tout comme un homme travaillant au tour peut être inapte. Les grèves justifiées sont le signe que le patron a besoin d'un autre travail, un travail qu'il peut gérer. L'employeur inapte cause plus de problèmes que l'employé inapte. Vous pouvez remplacer ce dernier par un autre emploi plus adapté. Mais le premier doit généralement être laissé à la loi de la compensation. La grève justifiée est donc une grève qui n'aurait jamais dû être déclenchée si l'employeur avait fait son travail.

Il existe un deuxième type de frappe : la frappe à motif caché. Dans ce genre de grève, les ouvriers deviennent les outils d'un manipulateur qui cherche à ses fins à travers eux. Pour illustrer : voici une grande industrie dont le succès est dû au fait d'avoir répondu à un besoin public avec une production efficace et habile. Il a un bilan en matière de justice. Une telle industrie présente une grande tentation pour les spéculateurs. S'ils parviennent seulement à en prendre le contrôle, ils pourront récolter de riches bénéfices de tous les efforts honnêtes qui y ont été déployés. Ils peuvent détruire le salaire des bénéficiaires et la participation aux bénéfices, priver le public, le produit et l'ouvrier jusqu'au dernier dollar, et le réduire au sort d'autres entreprises gérées selon des principes bas. Le motif peut être l'avidité personnelle des spéculateurs ou bien ils peuvent vouloir changer la politique d'une entreprise parce que son exemple est embarrassant pour les autres employeurs qui ne veulent pas faire ce qui est juste. L'industrie ne peut pas être touchée de l'intérieur, car ses hommes n'ont aucune raison de faire grève. Une autre méthode est donc adoptée. L'entreprise peut occuper de nombreux magasins extérieurs qui lui fournissent du matériel. Si ces magasins extérieurs peuvent être bloqués, alors cette grande industrie pourrait être paralysée.

Des grèves sont donc fomentées dans les industries extérieures. Tout est mis en œuvre pour réduire la source d'approvisionnement de l'usine. Si les ouvriers des magasins extérieurs savaient ce qu'est ce jeu, ils refuseraient d'y jouer, mais ils ne le savent pas ; ils servent d'outils pour concevoir des capitalistes sans le savoir. Il est cependant un point qui devrait éveiller les soupçons des ouvriers engagés dans ce genre de grève. Si la grève ne peut pas être réglée, peu importe ce que l'une ou l'autre des parties propose de faire, c'est une preuve presque positive qu'il existe une tierce partie intéressée à ce que la grève se poursuive. Cette influence cachée ne veut pas d'un règlement à quelque condition que ce soit. Si une telle grève est gagnée par les grévistes, le sort des ouvriers est-il amélioré ? Après avoir jeté l'industrie entre les mains de spéculateurs extérieurs, les ouvriers bénéficient-ils d'un meilleur traitement ou de meilleurs salaires ?

Il existe un troisième type de grève : la grève provoquée par les intérêts financiers dans le but de donner une mauvaise réputation aux travailleurs . L'ouvrier américain a toujours eu la réputation d'être un bon jugement. Il ne s'est pas laissé entraîner par tous les crieurs qui ont promis de créer le millénaire à partir de rien. Il a eu sa propre idée et il l'a utilisée. Il a toujours reconnu la vérité fondamentale selon laquelle l'absence de raison n'a jamais été compensée par la présence de violence. A sa manière, l'ouvrier américain a acquis un certain prestige auprès de son propre peuple et dans le monde entier. L'opinion publique a été encline à considérer avec respect ses opinions et ses désirs. Mais il semble y avoir un effort déterminé pour réparer la tache bolchevique sur le parti travailliste américain en l'incitant à des attitudes tellement impossibles et à des actions totalement inouïes qui feront passer l'opinion publique du respect à la critique. Toutefois, le simple fait d'éviter les grèves ne favorise pas l'industrie. On peut dire à l'ouvrier :

"Vous avez un grief, mais la grève n'est pas un remède : elle ne fait qu'empirer la situation, que vous gagniez ou perdiez."

L'ouvrier peut alors admettre que cela est vrai et s'abstenir de faire grève. Est-ce que ça règle quelque chose ?

Non! Si le travailleur abandonne la grève, considérée comme un moyen indigne d'instaurer des conditions souhaitables, cela signifie simplement que les employeurs doivent s'employer de leur propre initiative et corriger les conditions défectueuses.

L'expérience des industries Ford avec l'ouvrier a été entièrement satisfaisante, tant aux États-Unis qu'à l'étranger. Nous n'avons aucun antagonisme envers les syndicats, mais nous ne participons à aucun accord avec les organisations d'employés ou d'employeurs. Les salaires versés sont toujours plus élevés que ce que tout syndicat raisonnable pourrait imaginer exiger et les heures de travail sont toujours plus courtes. Il n'y a rien qu'une adhésion syndicale puisse faire pour notre peuple. Certains d'entre eux sont peut-être membres de syndicats, mais ce n'est probablement pas le cas de la majorité. Nous ne le savons pas et ne cherchons pas à le savoir, car cela ne nous préoccupe pas le moins du monde. Nous respectons les syndicats, sympathisons avec leurs bons objectifs et dénonçons leurs mauvais. En retour, je pense qu'ils nous respectent, car il n'y a jamais eu de tentative autoritaire de s'interposer entre les hommes et la direction de nos usines. Bien sûr, des agitateurs radicaux ont essayé de semer le trouble de temps en temps, mais les hommes les ont pour la plupart considérés comme de simples bizarreries humaines et leur intérêt pour eux a été le même genre d'intérêt qu'ils auraient pour un homme à quatre pattes.

En Angleterre, nous avons abordé directement la question des syndicats dans notre usine de Manchester. Les ouvriers de Manchester sont pour la plupart syndiqués, et les restrictions syndicales anglaises habituelles en matière de production prévalent. Nous avons repris une usine de carrosserie dans laquelle se trouvaient plusieurs charpentiers syndiqués. Immédiatement, les dirigeants syndicaux ont demandé à voir nos dirigeants et à convenir des conditions. Nous traitons uniquement avec nos propres employés et jamais avec des représentants extérieurs, c'est pourquoi nos employés ont refusé de rencontrer les responsables syndicaux. Là-dessus, ils appelèrent les menuisiers à la grève. Les menuisiers n'ont pas voulu faire grève et ont été expulsés du syndicat. Ensuite, les expulsés ont intenté une action contre le syndicat pour réclamer leur part du fonds de prévoyance. Je ne sais pas comment le litige s'est terminé, mais c'est la fin de l'ingérence des dirigeants syndicaux dans nos opérations en Angleterre.

Nous ne cherchons pas à dorloter les personnes qui travaillent avec nous. Il s'agit absolument d'une relation de donnant-donnant. Pendant la période au cours de laquelle nous avons largement augmenté les salaires, nous disposions d'une force de contrôle considérable. La vie familiale des hommes a été étudiée et des efforts ont été déployés pour découvrir ce qu'ils faisaient de leur salaire. Peut-être qu'à l'époque c'était nécessaire ; cela nous a donné des informations précieuses. Mais cela ne suffirait pas du tout à devenir une affaire permanente et a été abandonnée.

Nous ne croyons pas à la « main heureuse », à la « touche personnelle » professionnelle ou à l'« élément humain ». Il est trop tard pour ce genre de choses. Les hommes veulent quelque chose de plus qu'un sentiment valable. Les conditions sociales ne sont pas faites de mots. Ils sont le résultat net des relations quotidiennes entre l'homme et l'homme. Le meilleur esprit social se manifeste par un acte qui coûte quelque chose à la direction et qui profite à tous. C'est le seul moyen de prouver ses bonnes intentions et de gagner le respect. Propagande, bulletins, conférences, ce n'est rien. C'est l'acte juste, sincèrement posé qui compte.

Une grande entreprise est vraiment trop grande pour être humaine. Il devient si grand qu'il supplante la personnalité de l'homme. Dans une grande entreprise, l'employeur, comme l'employé, se perd dans la masse. Ensemble, ils ont créé une grande organisation productive qui envoie des articles que le monde achète et paie en échange d'argent qui assure la subsistance de tous les acteurs de l' entreprise. L'entreprise elle-même devient la grande affaire.

Il y a quelque chose de sacré dans une grande entreprise qui fait vivre des centaines et des milliers de familles. Quand on regarde les bébés qui viennent au monde, les garçons et les filles qui vont à l'école, les jeunes travailleurs qui, forts de leur travail, se marient et s'installent, les milliers de foyers qui se construisent payés en plusieurs versements à partir des gains des hommes — quand on considère une grande organisation productive qui permet de faire toutes ces choses, alors la continuité de cette entreprise devient un mandat sacré. Cela devient plus grand et plus important que les individus.

L'employeur n'est qu'un homme comme ses salariés et est soumis à toutes les limites de l'humanité. Il n'est justifié d'occuper son poste que dans la mesure où il peut le remplir. S'il peut diriger l'entreprise dans le bon sens, si ses hommes peuvent lui faire confiance pour mener à bien leur travail correctement et sans mettre en danger leur sécurité, alors il occupe sa place. Autrement, il n'est pas plus apte à sa position que ne le serait un enfant. L'employeur, comme tout le monde, doit être jugé uniquement sur ses capacités. Il n'est peut-être qu'un nom pour les hommes – un nom sur une pancarte. Mais il y a l'entreprise : c'est plus qu'un nom. Il produit le vivant – et vivre est une chose assez tangible. Le business est une réalité. Ça fait des choses. C'est une entreprise en activité. La preuve de sa pertinence est que les enveloppes salariales continuent d'affluer.

Il est difficile d'avoir trop d'harmonie dans les affaires. Mais vous pouvez aller trop loin dans la sélection des hommes car ils s'harmonisent. Vous pouvez avoir tellement d'harmonie qu'il n'y aura pas assez de poussées et de contre-poussées qui sont la vie, assez de compétition qui signifie effort et progrès. C'est une chose pour une organisation de travailler harmonieusement vers un objectif, mais c'en est une autre de travailler harmonieusement avec chacune de ses unités. Certaines organisations dépensent tellement d'énergie et de temps à maintenir un sentiment d'harmonie qu'elles n'ont plus aucune force pour travailler à l'objectif pour lequel l'organisation a été créée. L'organisation est secondaire par rapport à l'objet. La seule organisation harmonieuse qui vaille quelque chose est une organisation dans laquelle tous les membres sont concentrés sur un seul objectif principal : s'entendre vers l'objectif. Un objectif commun, auquel on croit sincèrement et qui est sincèrement souhaité, tel est le grand principe harmonisateur.

Je plains le pauvre garçon qui est si mou et si flasque qu'il doit toujours avoir autour de lui « une atmosphère de bonne humeur » avant de pouvoir faire son travail. Il y a de tels hommes. Et en fin de compte, à moins qu'ils n'obtiennent suffisamment de robustesse mentale et morale pour les sortir de leur douce dépendance au « ressenti », ils sont des échecs. Non seulement ce sont des faillites d'entreprises ; ce sont aussi des échecs de caractère ; c'est comme si leurs os n'avaient jamais atteint un degré de dureté suffisant pour leur permettre de se tenir debout. On compte trop trop sur la bonne humeur dans nos organisations professionnelles. Les gens aiment trop travailler avec les gens qu'ils aiment. En fin de compte, cela gâche bon nombre de qualités précieuses.

Ne te méprends pas; Quand j'utilise le terme « bon sentiment », j'entends cette habitude de faire de ses goûts et de ses aversions personnels la seule norme de jugement. Supposons que vous n'aimiez pas un homme. Est-ce que c'est quelque chose contre lui ? Cela peut être quelque chose contre vous.

Qu'est-ce que vos goûts ou dégoûts ont à voir avec les faits ? Tout homme de bon sens sait qu'il y a des hommes qu'il n'aime pas, qui sont en réalité plus capables que lui.

Et en sortant tout cela du magasin et dans des domaines plus vastes, il n'est pas nécessaire que les riches aiment les pauvres ou que les pauvres aiment les riches. Il n'est pas nécessaire que l'employeur aime l'employé ou que l'employé aime l'employeur. Ce qu'il faut, c'est que chacun s'efforce de rendre justice à l'autre selon ses mérites. Il s'agit là d'une véritable démocratie et non de la question de savoir à qui appartiennent les briques, le mortier, les fourneaux et les usines. Et la démocratie n'a rien à voir avec la question : « Qui devrait être le patron ? »

C'est un peu comme demander : « Qui devrait être le ténor du quatuor ? Évidemment, l'homme qui sait chanter du ténor. Vous n'auriez pas pu destituer Caruso. Supposons qu'une théorie de la démocratie musicale ait relégué Caruso au prolétariat musical. Cela aurait-il donné naissance à un autre ténor pour prendre sa place ? Ou les dons de Caruso seraient-ils restés les siens ?

CHAPITRE XIX

CE À QUE NOUS POUVONS S'ATTENDRE

Nous sommes – à moins que je ne lise pas bien les signes – en plein changement. Cela se passe autour de nous, lentement et à peine observé, mais avec une ferme certitude. Nous apprenons progressivement à relier les causes et les effets. Une grande partie de ce que nous appelons perturbations – une grande partie des bouleversements dans ce qui semblait être des institutions établies – n'est en réalité que l'indication superficielle de quelque chose qui s'approche d'une régénération. Le point de vue du public évolue, et il suffit en réalité d'un point de vue quelque peu différent pour faire du très mauvais système du passé le très bon système de l'avenir. Nous remplaçons cette vertu particulière qui était jadis admirée comme une têtue, et qui n'était en réalité qu'une têtue de bois, par l'intelligence, et nous nous débarrassons également du sentimentalisme pâteux. Le premier confondait la dureté avec le progrès ; le second confondait douceur et progrès. Nous avons une meilleure vision des réalités et commençons à savoir que nous avons déjà dans le monde tout ce qui est nécessaire pour une vie la plus complète et que nous les utiliserons mieux une fois que nous aurons appris ce qu'ils sont et ce qu'ils signifient.

Tout ce qui ne va pas – et nous savons tous que beaucoup de choses ne vont pas – peut être corrigé par une définition claire du mal. Nous nous sommes tellement regardés les uns les autres, sur ce que l'un a et sur ce qui manque à l'autre, que nous avons fait de quelque chose de trop grand pour les personnalités une affaire personnelle. Il est certain que la nature humaine joue un rôle important dans nos problèmes économiques. L'égoïsme existe et il colore sans aucun doute toutes les activités compétitives de la vie. Si l'égoïsme était la caractéristique d'une classe donnée, il serait facile de s'en débarrasser, mais il est présent partout dans la fibre humaine . Et la cupidité existe. Et l'envie existe. Et la jalousie existe.

Mais à mesure que la lutte pour la simple existence s'amenuise – et elle est moindre qu'elle ne l'était auparavant, même si le sentiment d'incertitude a pu s'accroître – nous avons l'occasion de révéler certains des motifs les plus subtils. Nous pensons moins aux fioritures de la civilisation à mesure que nous nous y habituons. Le progrès, tel que le monde l'a connu jusqu'à présent, s'accompagne d'un grand accroissement des choses de la vie. Il y a plus d'équipement, plus de matériaux travaillés, dans le jardin américain moyen que dans tout le domaine d'un roi africain. Le garçon américain moyen a plus d'attirail autour de lui que toute une communauté esquimaude. Les ustensiles de cuisine, de salle à manger, de chambre et de cave à charbon constituent une liste qui aurait stupéfié le potentat le plus luxueux d'il y a cinq cents ans. L'augmentation des obstacles à la vie ne fait que marquer une étape. Nous sommes comme l'Indien qui vient en ville avec tout son argent et achète tout ce qu'il voit. On ne se rend pas compte de manière adéquate de la grande proportion du travail et du matériel industriel qui est utilisé pour fournir au monde ses bibelots et ses bibelots, qui sont fabriqués uniquement pour être vendus et achetés simplement pour être possédés – qui ne rendent aucun service dans l'industrie. le monde et ne sont finalement que de simples déchets comme au début ils n'étaient que de simples déchets. L'humanité sort du stade de la fabrication de bibelots, et l'industrie s'effondre pour répondre aux besoins du monde, et nous pouvons donc nous attendre à de nouveaux progrès vers cette vie que beaucoup voient maintenant, mais que le stade actuel « assez bon » nous empêche d'atteindre.

Et nous sortons de ce culte des possessions matérielles. Être riche n'est plus une distinction. En effet, être riche n'est plus une ambition commune. Les gens ne se soucient plus de l'argent en tant qu'argent, comme autrefois. Certes, ils ne le craignent pas, ni celui qui le possède. Ce que nous accumulons sous forme de surplus inutiles ne nous fait aucun honneur .

Il suffit d'y réfléchir un instant pour comprendre qu'en ce qui concerne l'avantage personnel individuel, de vastes accumulations d'argent ne signifient rien. Un être humain est un être humain et est nourri par la même quantité et qualité de nourriture, est réchauffé par le même poids de vêtements, qu'il soit riche ou pauvre. Et personne ne peut habiter plus d'une pièce à la fois.

Mais si l'on a des visions de service, si l'on a de vastes projets qu'aucune ressource ordinaire ne pourrait réaliser, si l'on a l'ambition de faire fleurir le désert industriel comme la rose et que la vie quotidienne de travail s'épanouisse soudainement en une vie fraîche et des motivations humaines enthousiastes, d'un caractère et d'une efficacité supérieurs, alors on voit dans de grosses sommes d'argent ce que le fermier voit dans ses semences de maïs : le début de nouvelles et plus riches récoltes dont les bénéfices ne peuvent pas plus être égoïstement confinés que les rayons du soleil.

Il y a deux imbéciles dans ce monde. L'un est le millionnaire qui pense qu'en thésaurisant l'argent, il peut d'une manière ou d'une autre accumuler un pouvoir réel, et l'autre est le réformateur sans le sou qui pense que si seulement il pouvait prendre l'argent d'une classe et le donner à une autre, tous les maux du monde seraient guéris. . Ils sont tous deux sur la mauvaise voie. Ils pourraient tout aussi bien essayer de coincer tous les pions ou tous les dominos du monde, dans l'illusion qu'ils accaparent ainsi de grandes quantités de compétences. Certains des créateurs d'argent les plus prospères de notre époque n'ont jamais ajouté un seul centime à la richesse des hommes. Un joueur de cartes ajoute-t-il à la richesse du monde ?

Si nous créions tous de la richesse jusqu'aux limites, les limites faciles, de notre capacité créatrice, alors il s'agirait simplement d'en avoir assez pour tout le monde, et que tout le monde en reçoive suffisamment. Toute pénurie réelle des choses nécessaires à la vie dans le monde – et non une pénurie fictive causée par l'absence de disques métalliques tintant dans le sac à main – est due uniquement au manque de production. Et le manque de production est trop souvent dû au manque de connaissances sur comment et quoi produire.

* * * * *

Nous devons croire ceci comme point de départ :

Que la terre produit, ou est capable de produire, suffisamment pour assurer une subsistance décente à chacun – non seulement de nourriture, mais de tout ce dont nous avons besoin. Car tout est produit de la terre.

Qu'il est possible que le travail , la production, la distribution et la récompense soient organisés de manière à garantir que ceux qui contribuent recevront des parts déterminées par une justice exacte.

Quelles que soient les fragilités de la nature humaine, notre système économique peut être tellement ajusté que l'égoïsme, même s'il n'est peut-être pas aboli, peut être privé du pouvoir de provoquer de graves injustices économiques.

* * * * *

Les affaires de la vie sont faciles ou difficiles selon la compétence ou le manque de compétence manifestée dans la production et la distribution. On pensait que les entreprises existaient dans un but lucratif. C'est faux. Les affaires existent pour le service. C'est un métier, et il faut avoir une éthique professionnelle reconnue, pour la violer qui déclasse un homme. Les entreprises ont davantage besoin d'un esprit professionnel. L'esprit professionnel recherche l'intégrité professionnelle par fierté et non par contrainte. L'esprit professionnel détecte ses propres violations et les sanctionne. Les affaires redeviendront un jour propres. Une machine qui s'arrête de temps en temps est une machine imparfaite, et son imperfection est en elle-même. Un corps qui tombe malade de temps en temps est un corps malade, et sa maladie est en lui-même. Il en va de même pour les affaires. Ses défauts, dont beaucoup sont purement des défauts de la constitution morale de l'entreprise, entravent son progrès et la rendent de temps en temps malade. Un jour, l'éthique des affaires sera universellement reconnue et, ce jour-là, les affaires apparaîtront comme la profession la plus ancienne et la plus utile de toutes.

* * * * *

Tout ce que les industries Ford ont fait – tout ce que j'ai fait – c'est de s'efforcer de démontrer par des œuvres que le service passe avant le profit et que le genre d'entreprise qui rend le monde meilleur grâce à sa présence est une profession noble. Il m'est souvent venu à l'esprit que ce qu'on considère comme la progression un peu remarquable de nos entreprises — je ne dirai pas « succès », car ce mot est une épitaphe, et nous ne faisons que commencer — est dû à quelque accident ; et que les méthodes que nous avons utilisées, bien qu'assez efficaces à leur manière, conviennent uniquement à la fabrication de nos produits particuliers et ne conviendraient pas du tout à un autre secteur d'activité ni même à des produits ou à des personnalités autres que les nôtres.

Autrefois, il était tenu pour acquis que nos théories et nos méthodes étaient fondamentalement erronées. C'est parce qu'ils n'ont pas été compris. Les événements ont tué ce genre de commentaire, mais il reste une conviction tout à fait sincère que ce que nous avons fait ne pourrait être fait par aucune autre entreprise – que nous avons été touchés par une baguette magique, que ni nous ni personne d' autre ne pouvions fabriquer des chaussures, ou des chapeaux, ou des machines à coudre, ou des montres, ou des machines à écrire, ou toute autre nécessité de la manière dont nous fabriquons des automobiles et des tracteurs. Et que si seulement nous nous aventurions dans d'autres domaines, nous découvririons très vite nos erreurs. Je ne suis d'accord avec rien de tout cela. Rien n'est sorti de l'air. Les pages qui précèdent devraient le prouver. Nous n'avons rien que d'autres n'auraient pas. Nous n'avons eu de bonne fortune que celle qui accompagne toujours quiconque met le meilleur de lui-même dans son travail. Il n'y avait rien de « favorable » dans nos débuts. Nous avons commencé avec presque rien. Ce que nous avons, nous l'avons gagné, et nous l'avons gagné par un travail incessant et par la foi en un principe. Nous avons pris ce qui était un luxe et l'avons transformé en nécessité et sans astuce ni subterfuge. Lorsque nous avons commencé à fabriquer notre automobile actuelle, le pays disposait de peu de bonnes routes, l'essence était rare et l'idée était fermement ancrée dans l'esprit du public qu'une automobile était au mieux un jouet d'homme riche. Notre seul avantage était l'absence de précédent.

Nous avons commencé à fabriquer selon une croyance, une croyance qui était alors inconnue dans le monde des affaires. Le nouveau est toujours considéré comme étrange, et certains d'entre nous sont tellement constitués que nous ne pouvons jamais nous empêcher de penser que tout ce qui est nouveau doit être étrange et probablement étrange. Le fonctionnement mécanique de notre credo est en constante évolution. Nous trouvons continuellement de nouvelles et meilleures façons de le mettre en pratique, mais nous n'avons pas jugé nécessaire de modifier les principes, et je ne peux pas imaginer comment il pourrait être nécessaire de les modifier un jour, car je considère qu'ils sont absolument universels et doivent conduire à une vie meilleure et plus large pour tous.

Si je ne le pensais pas, je ne continuerais pas à travailler, car l'argent que je gagne n'a aucune importance. L'argent n'est utile que dans la mesure où il sert à transmettre, par l'exemple pratique, le principe selon lequel l'entreprise n'est justifiée que dans la mesure où elle sert, qu'elle doit toujours donner plus à la communauté qu'elle n'en retire, et qu'à moins que tout le monde ne profite de l'existence d'une entreprise, les affaires ne devraient pas exister. Je l'ai prouvé avec les automobiles et les tracteurs. J'ai l'intention de le prouver auprès des chemins de fer et des sociétés de service public, non pas pour ma satisfaction personnelle ni pour l'argent que l'on peut gagner. (Il est parfaitement impossible, en appliquant ces principes, d'éviter de réaliser un profit beaucoup plus important que si le profit était l'objectif principal.) Je veux le prouver afin que nous puissions tous avoir plus et que nous puissions tous vivre mieux en augmentant notre capital. le service rendu par toutes les entreprises. La pauvreté ne peut pas être abolie par une formule ; elle ne peut être abolie que par un travail dur et intelligent. Nous sommes en effet une station expérimentale pour prouver un principe. Le fait que nous gagnions de l'argent n'est qu'une preuve supplémentaire que nous avons raison. Car c'est une sorte d'argumentation qui s'établit sans mots.

Dans le premier chapitre était exposé le credo. Permettez-moi de le répéter à la lumière du travail qui a été réalisé dans le cadre de ce document, car il est à la base de tout notre travail :

(1) Une absence de peur de l'avenir ou de vénération pour le passé. Celui qui a peur de l'avenir, qui a peur de l'échec, limite ses activités. L'échec n'est que l'occasion de recommencer plus intelligemment. Il n'y a aucune honte à échouer honnêtement ; il y a une honte à craindre d'échouer. Ce qui est passé n'est utile que dans la mesure où il suggère des voies et moyens de progrès.

(2) Un mépris de la concurrence. Celui qui fait le mieux une chose devrait être celui qui la fait. Il est criminel d'essayer d'arracher des affaires à un autre homme – criminel parce que l'on essaie alors d'abaisser, pour un gain personnel, la condition de ses semblables, pour gouverner par la force plutôt que par l'intelligence.

(3) La mise du service avant le profit. Sans profit, les affaires ne peuvent pas se développer. Il n'y a rien de mal en soi à réaliser un profit. Les entreprises commerciales bien dirigées ne peuvent manquer de générer des bénéfices, mais les bénéfices doivent et seront inévitablement une récompense pour un bon service. Cela ne peut pas être la base, cela doit être le résultat du service.

(4) Le secteur manufacturier n'achète pas au bas prix et ne vend pas au prix élevé. Il s'agit du processus consistant à acheter des matériaux de manière

équitable et, avec le plus petit coût supplémentaire possible, à transformer ces matériaux en un produit consommable et à le distribuer au consommateur. Le jeu, la spéculation et les transactions frauduleuses ont tendance à entraver cette progression.

* * * * *

Il faut produire, mais c'est l'esprit qui compte le plus. Ce type de production qui est un service suit inévitablement un réel désir de rendre service. Les diverses règles totalement artificielles établies pour la finance et l'industrie et qui passent pour des « lois » s'effondrent avec une fréquence telle qu'elles prouvent qu'elles ne sont même pas de bonnes suppositions. La base de tout raisonnement économique est la terre et ses produits. Faire en sorte que le rendement de la terre, sous toutes ses formes, soit suffisamment grand et suffisamment fiable pour servir de base à la vie réelle – la vie qui va au-delà de manger et de dormir – est le plus grand service. C'est le véritable fondement d'un système économique. Nous pouvons fabriquer des choses : le problème de la production a été résolu avec brio. Nous pouvons fabriquer toutes sortes de choses différentes par millions. Le mode matériel de notre vie est magnifiquement pourvu. Il existe suffisamment de processus et d'améliorations désormais classés et en attente d'application pour amener l'aspect physique de la vie à une complétude presque millénaire. Mais nous sommes trop absorbés par les choses que nous faisons – nous ne nous préoccupons pas assez des raisons pour lesquelles nous les faisons. Tout notre système compétitif, toute notre expression créatrice, tout le jeu de nos facultés semblent centrés sur autour de la production matérielle et de ses sous-produits de réussite et de richesse.

On a par exemple le sentiment que des avantages personnels ou collectifs peuvent être obtenus aux dépens d'autres personnes ou groupes. Il n'y a rien à gagner à écraser qui que ce soit. Si le bloc paysan devait écraser les fabricants, les agriculteurs s'en porteraient-ils mieux ? Si le bloc des constructeurs devait écraser les agriculteurs, les constructeurs s'en porteraient-ils mieux ? Le capital pourrait-il gagner en écrasant le travail ? Ou le Travail en écrasant le Capital ? Ou un homme d'affaires gagne-t-il à écraser un concurrent ? Non, la concurrence destructrice ne profite à personne. Le genre de compétition qui aboutit à la défaite du plus grand nombre et à la domination d'une minorité impitoyable doit disparaître. La concurrence destructrice ne possède pas les qualités nécessaires au progrès. Le progrès vient d'une forme généreuse de rivalité. Une mauvaise concurrence est personnelle. Cela fonctionne pour l'agrandissement d'un individu ou d'un groupe. C'est une sorte de guerre. Il est inspiré par le désir de « trouver » quelqu'un. C'est totalement égoïste. C'est-à-dire que sa motivation n'est pas la fierté du produit, ni le désir d'exceller dans le service, ni encore une saine ambition de s'approcher des méthodes scientifiques de production. Elle est motivée simplement par le désir d'évincer les autres et de monopoliser le marché pour le plaisir de gagner de l'argent. Ceci étant accompli, il substitue toujours un produit de qualité inférieure.

* * * * *

Se libérer de la petite concurrence destructrice nous libère de nombreuses notions établies. Nous sommes trop liés aux anciennes méthodes et aux usages uniques et à sens unique. Nous avons besoin de plus de mobilité. Nous avons utilisé certaines choses d'une seule manière, nous avons envoyé certaines marchandises par un seul canal - et lorsque cette utilisation est relâchée ou que ce canal est arrêté, les affaires s'arrêtent également et toutes les tristes conséquences de la « dépression » s'installent. . Prenez le maïs, par exemple. Il y a des millions et des millions de boisseaux de maïs stockés aux États-Unis sans débouché visible. Une certaine quantité de maïs est utilisée comme nourriture pour l'homme et la bête, mais pas la totalité. Avant la Prohibition, une certaine quantité de maïs était utilisée pour fabriquer de l'alcool, ce qui n'était pas une très bonne utilisation du bon maïs. Mais pendant de longues années, le blé a suivi ces deux canaux, et lorsque l'un d'eux s'est arrêté, les stocks de maïs ont commencé à s'accumuler. C'est la fiction monétaire qui retarde généralement le mouvement des stocks, mais même si l'argent était abondant, nous ne pourrions pas consommer les réserves de nourriture que nous possédons parfois.

Si les denrées alimentaires deviennent trop abondantes pour être consommées comme nourriture, pourquoi ne pas leur trouver d'autres utilisations ? Pourquoi utiliser le maïs uniquement pour les porcs et les distilleries ? Pourquoi s'asseoir et déplorer le terrible désastre qui s'est abattu sur le marché du maïs ? Le maïs ne sert-il à rien en dehors de la fabrication du porc ou du whisky ? Il doit sûrement y en avoir. Il devrait y avoir tellement d'utilisations du maïs que seules les utilisations importantes pourraient être pleinement satisfaites ; il devrait toujours y avoir suffisamment de canaux ouverts pour permettre au maïs d'être utilisé sans gaspillage.

Autrefois, les agriculteurs brûlaient du maïs comme combustible : le maïs était abondant et le charbon rare. C'était une façon grossière de se débarrasser du maïs, mais elle contenait le germe d'une idée. Il y a du carburant dans le maïs ; L'huile et l'alcool combustible peuvent être obtenus à partir du maïs, et il est grand temps que quelqu'un ouvre cette nouvelle utilisation afin que les récoltes de maïs stockées puissent être déplacées. Pourquoi n'avoir qu'une seule corde à notre arc ? Pourquoi pas deux ? Si l'un casse, il y a l'autre. Si le commerce du porc ralentit, pourquoi l'agriculteur ne transformerait-il pas son maïs en carburant pour tracteurs ?

Nous avons besoin de plus de diversité à tous les niveaux. Le système à quatre voies partout ne serait pas une mauvaise idée. Nous avons un système monétaire à voie unique. C'est un très bon système pour ceux qui le possèdent. C'est un système parfait pour les financiers collecteurs d'intérêts et contrôlant le crédit qui possèdent littéralement la marchandise appelée Argent et qui possèdent littéralement la machinerie par laquelle l'argent est fabriqué et utilisé. Laissez-les garder leur système s'ils l'aiment. Mais les gens découvrent que ce système est inefficace pour ce que nous appelons les « temps difficiles », car il bloque la ligne et arrête la circulation. S'il existe des protections spéciales pour les intérêts, il devrait également y avoir des protections spéciales pour les citoyens ordinaires. La diversité des débouchés, des utilisations et des moyens financiers constitue la défense la plus solide que nous puissions avoir contre les urgences économiques.

Il en va de même pour le parti travailliste . Il devrait sûrement y avoir des escadrons volants de jeunes hommes qui seraient disponibles en cas d'urgence dans les champs de récolte, les mines, les magasins ou les chemins de fer. Si les incendies d'une centaine d'industries menacent de s'éteindre faute de charbon et si un million d'hommes sont menacés de chômage, il semblerait à la fois une bonne affaire et une bonne humanité qu'un nombre suffisant d'hommes se portent volontaires pour les mines et les chemins de fer. Il y a toujours quelque chose à faire dans ce monde, et nous seuls pouvons le faire. Le monde entier peut être inactif et, dans le sens d'une usine, il n'y a peut-être « rien à faire ». Il n'y a peut-être rien à faire ici ou là, mais il y a toujours quelque chose à faire. C'est ce fait qui devrait nous pousser à nous organiser de telle sorte que ce « quelque chose à faire » puisse être réalisé et que le chômage soit réduit au minimum.

* * * * *

Chaque progrès commence modestement et avec l'individu. La masse ne peut pas être meilleure que la somme des individus. L'avancement commence au sein de l'homme lui-même ; quand il passe du demi-intérêt à la force du dessein ; quand il passe de l'hésitation à la franchise décisive ; lorsqu'il passe de l'immaturité à la maturité du jugement ; quand il passe de l'apprentissage à la maîtrise ; lorsqu'il passe d'un simple *dilettante* au travail à un ouvrier qui trouve une véritable joie dans le travail ; quand il passe du statut de serviteur visuel à celui à qui on peut confier la tâche de faire son travail sans surveillance ni incitation – eh bien, alors le monde avance ! L'avancée n'est pas facile. Nous vivons une époque molle où l'on enseigne aux hommes que tout doit être facile. Un travail qui vaut quoi que ce soit ne sera jamais facile. Et plus on monte dans l'échelle des responsabilités, plus la tâche devient difficile. La facilité a bien sûr sa place. Tout homme qui travaille doit avoir suffisamment de loisirs. L'homme qui travaille dur doit avoir son fauteuil, son coin du feu confortable, son environnement agréable. Ce sont les siens de droit. Mais personne ne mérite la facilité tant que son travail n'est pas terminé. Il ne sera jamais possible de mettre des fauteuils rembourrés au travail. Certains travaux sont inutilement pénibles. Elle peut être allégée par une bonne gestion. Tous les moyens doivent être employés pour laisser un homme libre d'accomplir son travail. La chair et le sang ne devraient pas supporter des fardeaux que l'acier peut supporter. Mais même lorsque le mieux est fait, le travail reste du travail, et tout homme qui s'investit dans son travail aura le sentiment que c'est du travail.

Et il ne peut pas y avoir beaucoup de choix. La tâche assignée peut être moindre que prévu. Le véritable travail d'un homme n'est pas toujours celui qu'il aurait choisi de faire. Le véritable travail d'un homme est ce pour quoi il a été choisi. À l'heure actuelle, il y a plus d'emplois subalternes qu'il n'y en aura à l'avenir ; et tant qu'il y aura des travaux subalternes, quelqu'un devra les faire ; mais il n'y a aucune raison pour qu'un homme soit pénalisé parce que son travail est subalterne. Il y a une chose que l'on peut dire des emplois subalternes qu'on ne peut pas dire d'un grand nombre d'emplois dits plus responsables, c'est qu'ils sont utiles, respectables et honnêtes.

Le moment est venu où il faut supprimer la corvée du travail . Ce n'est pas le travail que les hommes critiquent, mais l'élément pénible. Nous devons chasser la corvée partout où nous la trouvons. Nous ne serons jamais complètement civilisés tant que nous n'aurons pas retiré le tapis roulant de notre travail quotidien. L'invention fait cela dans une certaine mesure maintenant. Nous avons réussi dans une très large mesure à soulager les hommes des travaux les plus lourds et les plus onéreux qui sapaient leurs forces, mais même en allégeant les travaux les plus pénibles , nous n'avons pas encore réussi à supprimer la monotonie. C'est un autre domaine qui nous interpelle : l'abolition de la monotonie, et en essayant d'y parvenir, nous découvrirons sans doute d'autres changements qui devront être apportés à notre système.

* * * * *

Les opportunités de travailler sont désormais plus grandes que jamais. Les possibilités d'avancement sont plus grandes. Il est vrai que le jeune homme qui entre aujourd'hui dans l'industrie entre dans un système très différent de celui dans lequel le jeune homme d'il y a vingt-cinq ans commençait sa carrière. Le système a été renforcé ; il y a moins de jeu ou de friction ; moins de questions sont laissées à la volonté aléatoire de l'individu ; l'ouvrier moderne se trouve intégré à une organisation qui ne lui laisse apparemment que peu d'initiative. Pourtant, malgré tout cela, il n'est pas vrai que « les hommes ne soient que de simples machines ». Il n'est pas vrai que l'organisation ait perdu des opportunités. Si le jeune homme se libère de ces idées et considère le système tel qu'il est, il découvrira que ce qu'il pensait être un obstacle est en réalité une aide.

L'organisation de l'usine n'est pas un moyen d'empêcher l'expansion des capacités , mais un moyen de réduire le gaspillage et les pertes dus à la médiocrité. Il ne s'agit pas d'un moyen destiné à empêcher l'homme ambitieux et lucide de faire de son mieux, mais plutôt d'un moyen destiné à empêcher l'individu indifférent de faire le pire. Autrement dit, lorsque la paresse, l'insouciance, la paresse et le manque d'intérêt peuvent agir à leur guise, tout le monde en souffre. L'usine ne peut pas prospérer et ne peut donc pas payer des salaires décents. Lorsqu'une organisation oblige la classe des indifférents à faire mieux qu'elle ne le ferait naturellement, c'est dans son intérêt : elle est meilleure physiquement, mentalement et financièrement. Quels salaires devrions-nous être en mesure de payer si nous faisions confiance à une grande classe indifférente à ses propres méthodes et à son rythme de production ?

Si le système des usines qui élève la médiocrité à un niveau plus élevé fonctionnait également pour maintenir les capacités à un niveau inférieur, ce serait un très mauvais système, un très mauvais système en fait. Mais un système, même parfait, doit pouvoir compter sur des individus capables pour le faire fonctionner. Aucun système ne fonctionne tout seul. Et pour fonctionner, le système moderne a besoin de plus de cerveaux que l'ancien. Il faut aujourd'hui plus de cerveaux que jamais auparavant, même s'ils ne sont peut-être plus nécessaires au même endroit qu'autrefois. C'est exactement comme le pouvoir : autrefois, chaque machine était actionnée par la force du pied ; le courant était directement au niveau de la machine. Mais aujourd'hui, nous avons repoussé le pouvoir, nous l'avons concentré dans la centrale électrique. Ainsi également, nous avons rendu inutile l'engagement des capacités mentales les plus élevées dans chaque opération de l'usine. Les meilleurs cerveaux se trouvent dans la centrale mentale.

Chaque entreprise qui se développe crée en même temps de nouveaux lieux pour des hommes compétents. Il ne peut s'empêcher de le faire. Cela ne veut pas dire que de nouvelles ouvertures arrivent chaque jour et en groupe. Pas du tout. Ils ne viennent qu'après un dur travail ; c'est celui qui peut supporter les gaffes de la routine tout en restant en vie et alerte qui finit par trouver une direction. Ce n'est pas une brillance sensationnelle qu'on recherche en affaires, mais une fiabilité solide et substantielle. Les grandes entreprises évoluent nécessairement lentement et prudemment. Le jeune homme ambitieux doit anticiper longuement et se laisser suffisamment de temps pour que les choses se passent.

* * * * *

Beaucoup de choses vont changer. Nous apprendrons à être des maîtres plutôt que des serviteurs de la Nature. Malgré toutes nos capacités imaginaires, nous dépendons encore largement des ressources naturelles et pensons qu'elles ne peuvent pas être déplacées. Nous extrayons du charbon et du minerai et abattons des arbres. Nous utilisons le charbon et le minerai et ils ont disparu ; les arbres ne peuvent pas être remplacés au cours d'une vie. Nous exploiterons un jour la chaleur qui nous entoure et ne dépendrons plus du charbon : nous pouvons désormais créer de la chaleur grâce à l'électricité produite par l'énergie hydraulique. Nous allons améliorer cette méthode. À mesure que la chimie progressera, je suis tout à fait certain qu'on trouvera une méthode pour transformer les choses en croissance en substances qui dureront mieux que les métaux – nous avons à peine abordé les utilisations du coton. On peut produire un meilleur bois que celui qui est cultivé. L'esprit de vrai service créera pour nous. Nous n'avons que chacun de nous pour faire sa part sincèrement.

* * * * *

Tout est possible… « la foi est la substance des choses qu'on espère, l'évidence de celles qu'on ne voit pas ».